감사의 마음을 담아

 에게 드립니다.

홍익희의
유대인 경제사

일러두기

• 본《유대인 경제사》시리즈의 일부 내용은 저자의 전작《유대인 이야기》(행성B잎새, 2013)를 참조하였습니다.

중상주의를 꽃피운 유대인들
근대 유럽 경제사 上

JEWS WHO FLOURISH
MERCANTILISM

홍익희의
유대인
경제사

5

한스미디어

머 리 말

6·25전쟁의 잿더미에서 맨손으로 시작한 우리 경제가 이제는 교역 규모 세계 9위이자 수출 5강이다. 무에서 유를 창조한 것이나 진배없다. 1950년대 한국은 아프리카 나라들과 별 차이가 없는 극빈국이었다. 아니, 그보다도 못했다. 전쟁이 끝난 1953년의 1인당 소득은 67달러로 세계 최빈국의 하나였다. 그 뒤 8년이 지난 1961년에조차 1인당 소득은 82달러로, 179달러였던 아프리카 가나의 절반에도 못 미쳤다. 그마저도 미국 원조 덕분이었다. 전쟁 복구가 시작된 1953년부터 1961년까지 원조액은 무려 23억 달러였다. 당시 우리의 수출액과 비교해보면 미국 원조가 얼마나 큰 금액이었는지 알 수 있다. 1962년 우리 수출실적은 5000만 달러였다.

그해 정부주도로 처음으로 경제개발계획이 시작되었다. 같은 해 대한무역투자진흥공사KOTRA가 설립되었다. 변변한 자원 없는 우리 민족도 한번 해보자고 무역 진흥의 기치를 높이 내걸고 달리기 시작하였다. 2년 뒤 1964년에 1억 달러 수출을 달성했다. 이를 기념하여 '수출의 날'이 제정되었다.

그로부터 6년 뒤인 1970년에 수출 10억 달러를 넘어섰다. 또 그로부터 7년 뒤 "친애하는 국민 여러분, 드디어 우리는 수출 100억 달러를 돌파하였습니다. 이 기쁨과 보람은 결코 기적이 아니요, 국민 여러분의 고귀한 땀과 불굴의 집념이 낳은 값진 소산이며, 일하고 또 일하면서 살아온 우리 세대의 땀에 젖은 발자취로 빛날 것입니다"라고 박정희 대통령은 떨리는 목소리로 수출의 날 기념식에서 말하였다.

100억 달러! 당시로는 쉽게 믿기지 않는 숫자였다. 대통령은 그날 일기에 이렇게 적었다. "10억 달러에서 100억 달러가 되는 데 서독은 11년, 일본은 16년 걸렸다. 우리는 불과 7년 걸렸다. 새로운 출발점으로 삼자. 새로운 각오와 의욕과 자신을 가지고 힘차게 새 전진을 다짐하자."

이렇게 달려와 2008년 수출액은 4200억 달러를 넘어섰다. 46년 사이에 8400배 증가한 것이다. 세계은행에 따르면 1960년대 이후 30년 동안 한국의 경제성장률이 세계 197개국 가운데 가장 높았다 한다. 자그마치 30년을 1등으로 달려온 민족이다. 세계 경제사에 유례가 없는 것이라 하였다. 바깥을 향한 경제정책이 우리 민족을 일으켜 세운 것이다. 해외에 나가보면 우리 수출기업들이 정말 열심히 뛰고 있다. 그들의 활약상을 보고 있노라면 누구라도 애국자가 아니 되려야 아니 될 수 없다. 우리 경제가 이만큼이나마 클 수 있었던 것은 수출기업들 덕분이다.

　그런데 이러한 수출의 비약적인 발전에도 오늘날 우리 경제가 활력을 찾지 못하는 원인은 무엇일까? 내수경기는 좀처럼 불붙지 못하고 청년실업은 갈수록 늘어나고 있다. 상품 수출로 벌어들인 무역흑자는 서비스수지와 소득수지 적자로 까먹고도 모자랄 판이다. 이제는 세상이 바뀌어 상품 수출만으로는 안 된다. 서비스산업의 발전 없는 제조업 수출만으로는 한계가 있다.

　필자는 해외 7개국에서 근무했다. 그 가운데 1990년대 중반 뉴욕 무역관에 근무할 때, 제조업 고용비중이 10%도 안 되는 미국이 세계 경제를 호령하는 힘은 어디서 나오는지 궁금했다. 속내를 들여다보니 미국은 서비스산업 고용비중이 80%를 넘어선 서비스산업 강국이었다. 특히 금융산업 경쟁력은 세계 최강이었다. 뭔가 월스트리트에 답이 있을 듯했다. 그 속내를 들여다보고 싶었다.

　세계의 제조업이 산술급수적으로 커가고 있을 때 금융산업은 기하급수적으로 성장하였다. 미국 경제에서 GDP 성장에 대한 금융산업 기여도는 3할에 이른다. 세계는 바야흐로 금융자본이 산업자본을 이끄는 금융자본주의 시대다. 이러한 금융자본주의 정점에 미국이 있었다. 제조업의 열세로 무역적자에 허덕이는 미국을 세계 각국에 투자된 미국의 금융자본이 먹여 살리고 있었다.

2001년부터는 스페인에서 두 번째로 근무하는 행운을 얻었다. 세계적인 제조업이나 변변한 첨단산업 하나 없는 스페인이 10여 년 전 첫 근무를 할 때에 비해 급속도로 발전하고 있는 데 놀랐다. 관심을 갖고 들여다보니 그 힘 역시 서비스산업이었다. 20세기에 힘들었던 스페인 경제가 21세기 들어 관광산업과 금융산업이 주도하기 시작하면서 활기차게 돌아갔다. 고용창출 효과 또한 대단했다.

해외 근무를 더 계속하면서 가는 곳마다 유대인들을 만날 수 있었다. 중남미에서부터 미국, 유럽에 이르기까지 필자가 근무한 나라를 더해갈수록 그들의 힘을 더 크게 느낄 수 있었다. 금융은 물론 유통 등 서비스산업의 중심에는 언제나 유대인들이 있었다.

도대체 그들의 힘의 원천이 무엇인지 알고 싶었다. 우리나라도 이제 예외가 아니었다. 이미 우리 생활 곳곳에 알게 모르게 유대인들의 영향력이 강하게 미치고 있었다. 이제는 유대인이 그동안의 개인적인 관심사의 대상을 넘어 우리 경제에서 그냥 지나칠 수 없는 거대한 상대방이 되어 있었다.

서비스산업의 실체에 대해 제대로 공부해보고 싶었다. 뿌리부터 알고 싶었다. 금융산업을 비롯한 서비스산업의 뿌리를 살펴보니 거기에는 어김없이 유대인들이 있었다. 경제사에서 서비스산업의 창시자와 주역들은 대부분 유대인이었다. 더 나아가 세계 경제사 자체가 유대인의 발자취와 궤를 같이하고 있었다. 참으로 대단한 민족이자 힘이었다.

매사에 '상대를 알고 나를 아는' 지피지기가 우선이라 하였다. 그들을 제대로 알아야 한다. 그리고 그들에게 배울 게 있으면 한 수 배워야 한다. 이런 의미에서 우리 경제가 도약하는 데 작은 힘이나마 보탬이 되고자 능력이 부침에도 감히 이 책을 쓰게 되었다. 우리도 금융강국이 되어야 한다. 그리고 다른 서비스산업에서도 경쟁력을 갖추어야 21세기 아시아 시대의 주역이 될 수 있다.

책을 쓰면서 '경제사적 시각'과 '자본의 공간적 흐름'에 주목했다. 지금 세계에는 직접투자자본FDI이 인건비가 높은 나라에서 낮은 나라로 물 흐르듯 흐르고 있다. 그 덕에 제조업의 서진화西進化가 빠른 속도로 이루어지고 있다. 중국이 대표적인 사례다. 이를 통해 아시아 시대가 우리가 예상했던 것보다 더 빨리 다가오고 있다.

그러나 그보다 더 거센 물결은 세계 금융자본의 초고속 글로벌화다. 대부분의 글로벌 금융자본은 돈 되는 곳이라면 어디든 가리지 않는다. 인터넷 거래를 통해 빛의 속도로 세계 각국을 헤집고 다니며 엄청난 규모의 자본소득을 빨아들이고 있다.

아시아 시대는 이러한 거대하고도 빠른 복합적 흐름으로 가속화되고 있다. 흐름의 가속화는 곧 급류요 소용돌이다. 변혁의 시기인 것이다. 이렇게 급속도로 펼쳐지고 있는 아시아 시대를 맞아 우리나라가 외부의 물살에 휩쓸려서는 안 된다. 더구나 중국이나 일본의 변방에 머물러 있어서도 안 된다. 그 흐름의 중심에 올라타야 한다.

필자는 경제학자도, 경제 관료도 아니다. 경제 전문가는 더더욱 아니다. 그러나 해외 여러 나라에서 근무하면서 보고 듣고 느낀, 서비스산업의 중요성과 유대인의 힘에 대해 같이 생각해보고 싶었다. 필자는 그동안 주로 제조업 상품의 수출을 지원해왔다. 그러나 제조업도 중요하지만 앞으로는 금융, 관광, 교육, 의료, 영상, 문화, 지식산업 등 서비스산업의 발전 없이는 우리의 미래도 한계에 부딪힐 수밖에 없다고 생각한다. 미래 산업이자 고용창출력이 큰 서비스산업이 발전해야 내수도 살아나고 청년실업도 줄일 수 있다. 그래야 서비스수지와 소득수지도 적자를 면하고, 더 나아가 우리 서비스산업이 수출산업으로 자리매김할 수 있다.

무엇보다 금융산업은 우리 미래의 최대 수출산업이 되어야 한다. 우리 모두가 서비스산업의 중요성에 대해 인식을 깊이 하고 지평을 넓혀야 한다. 21세기 우리 경제를 이끌 동력은 한마디로 서비스산업과 아이디어다. 1970년대에 우리가 '수출입국'을 위해 뛰었듯이, 이제는 '서비스산업 강국'을 위해 매진해야 한다.

이 책은 오늘날의 유대인뿐 아니라 역사 속 유대인의 궤적도 추적하였다. 이는 역사를 통해 서비스산업의 좌표를 확인하고자 함이요, 또한 미래를 준비하고 대비하기 위한 되새김질이기도 하다. 경제를 바라보는 시각도 역사의식이 뒷받침되어야 한다고 믿는다.

책을 쓰면서 몇 가지 점에 유의했다. 먼저, 유대인에 대한 주관적 판단이나 감정을 배제하고 객관성을 유지하고자 노력했다. 가능하면 친유대적도 반유대적도 아닌, 보이는 그대로 그들의 장점을 보고자 애썼다.

두 번째로, 유대인 이야기와 더불어 같은 시대 동서양의 경제사를 씨줄로, 그리고 과학과 기술의 발달 과정을 날줄로 함께 엮었다. 이는 경제사를 입체적으로 파악하기 위해서다. 그리고 경제사를 주도한 유대인의 좌표를 그 시대 상황 속에서 살펴보고자 함이요, 동양 경제사를 함께 다룬 것은 서양의 것에 매몰된 우리의 편중된 인식을 바로잡는 데 조금이라도 보탬이 되고자 함이었다. 유대인도 엄밀히 말하면, 셈족의 뿌리를 갖고 있는 동양인이다. 다만 오랜 역사에 시달려 현지화되었을 뿐이다.

과학과 기술의 발달 과정을 함께 엮은 것은, 경제사를 입체적으로 이해하기 위해서는 시대 상황과 함께 과학과 기술의 변천을 함께 살펴야 한다는 믿음 때문이다. 과학기술사는 경제사와 떼려야 뗄 수 없는 불가분의 관계다. 실제 역사적으로 과학기술의 발전이 경제 패러다임을 바꾼 사례가 많았다. 이미 과학과 기술의 트렌드를 알지 못하고는 경제와 경영을 논하기 어려운 시대가 되었다.

날줄과 씨줄이 얽히면서 만들어내는 무늬가 곧 경제사의 큰 그림이다. 만약 이러한 횡적·종적인 연결고리들이 없다면 상호 연관성이 없는 개별적인 역사만 존재하게 되고, 경제사는 종횡이 어우러져 잘 짜여진 보자기가 아니라 서로 연결되지 않은 천 쪼가리들에 지나지 않을 것이다.

세 번째로, 독자들의 이해를 돕기 위해 이번 유대인 시리즈의 전작들인《유대인 경제사》1~4권의 내용도 다수 포함시켰다.

마지막으로 고백해야 할 것은, 이 책의 자료 가운데 많은 부분을 책과 인터넷 검색으로 수집하였다는 점이다. 이를 통해 여러 선학들의 좋은 글을 많이 인용하거나 참고했음을 밝힌다. 한 조각, 한 조각의 짜깁기가 큰 보자기를 만들 수 있다는 생각에서다. 널리 이해하시리라 믿는다.

특히《유대인 경제사》를 내면서 먼저 출간된 필자의 책들《유대인 이야기》(행성B, 2013)와《유대인 창의성의 비밀》(행성B, 2013),《세 종교 이야기》(행성B, 2014)에서 많은 내용을 가져왔다.

그리고 이번《유대인 경제사》5권에서는 근대 초 네덜란드의 중상주의와 영국의 산업혁명을 다루었다. 이베리아 반도에서 추방당한 유대인들이 네덜란드로 자리를 옮겨 중상주의를 발흥한 이야기와 산업혁명기의 유대인 활약상을 함께 살펴보며 그들이 어떻게 근대의 경제를 열어갔는지를 추적하였다.

　참고문헌은 익명의 자료를 제외하고는 본문의 각 페이지와 책 후미에 밝혀두었다. 그럼에도 이 책에 있는 오류나 잘못은 당연히 필자의 몫이다. 잘못을 지적해주시면 감사한 마음으로 고치겠다. 끝으로 이 책을 사랑하는 코트라KOTRA 식구들에게 바친다.

지은이 홍익희

CONTENTS

II

도버 해협을 건너: 영국

I

동전의 양면, 중상주의와 유대인: 네덜란드

JEWISH ECONOMIC HISTORY

근대의 시작, 중상주의

세계사는 시대 구분을 크게 보아 '고대, 중세, 근대'로 나눈다. 고대는 찬란했던 그리스·로마 문명이 붕괴되는 서기 476년 서로마 제국의 멸망까지다. 이후의 중세를 '암흑의 중세'라 부르는 이유는 무엇보다 통화제도 붕괴로 시장이 기능을 잃어 물물교환 경제로 회귀했기 때문이다.

이 때문에 도시 경제가 파탄이 나 시민 대부분이 시골로 내려가 봉건 영주에 몸을 의탁하고 땅을 빌려 경작하는 농노의 신세로 전락하였다. 이러한 중세가 1000년 이상 지속되었다. 그 시기 서양의 패권은 7세기에 발흥한 이슬람에 넘어 갔다.

그들은 무력 면에서 첨단 무기인 화약과 대포를 갖고 서양 세력을 농락하였다. 그리고 나침반을 사용해 지중해 해상을 장악하였다. 당시 프랑코 왕조를 중심으로 하는 서양 세력은 그야말로 독 안에 든 쥐 꼴이었다. 사라센 제국이 아라비아 반도 일대와 북부 아프리카 그리고 발칸 반도와 이베리아 반도까지 점령해 서양 세력은 포위된 형국이었다. 그들은 바다로도 진출이 불가능했다. 지중해는 이슬람이, 북해와 발트 해는 바이킹들이 장악하고 있었기 때문이다. 게다가 이슬람은 과학기술뿐 아니라 문화 측면에서도 서양을 압도했다. 그들에게는 종이와 인쇄술이 있었다.

그런데 이슬람의 '화약, 나침반, 종이, 인쇄술', 어디서 많이 들어본 내용 아닌가? 바로 우리 동양의 4대 발명품이다. 곧 이슬람은 중국으로부터 이 4대 발명품을 전파받아 서양 세력보다 월등한 우위를 차지할 수 있었다.

그렇게 막강하던 이슬람이 15세기 말에 이르러 서양 기독교 세력에게 밀리기 시작했다. 1492년에는 이베리아 반도의 이슬람 세력이 기독교 세력인 스페인 왕국에 져 이베리아 반도에서 완전히 퇴각하였다. 같은 해 콜럼버스가 신대륙을 발견해 서양 열강들의 대항해시대가 시작되었고, 스페인 왕국은 유대인 추방령을 발표해 그들을 이베리아 반도에서 몰아냈다. 이해가 바로 근대의 시작이었다.

스페인 왕국에서 쫓겨난 유대인들은 사방으로 흩어졌으나 가장 많이 몰려간 곳이 종교의 자유가 보장된 네덜란드 저지대 지방이었다. 당시 척박한 환경이었던 네덜란드가 유대인들 덕분에 그 뒤 무서운 기세로 발전하여 중상주의의 꽃을 피웠으며, 현대 자본주의의 맹아인 '주식회사, 주식거래소, 중앙은행'의 모태를 발아했다.

유대인의 시대가 열리다

근대가 시작된 16~18세기 유럽은 중상주의重商主義 시대였다. 중상주의란 말 그대로 상업을 중시하는 정책이다. 이로써 상업의 귀재인 유대인의 시대가 열린 것이다.

중상주의 사상은 한 나라가 부강하려면 무역을 통하여 국부를 늘려야 한다는 생각이다. 곧 당시의 돈인 금, 은을 벌어 축적해야 한다는 것이다. 이렇게 중상주의mercantilism는 중금주의bullionism라고 할 만큼 화폐를 중시했다. 그래서 이를 늘리는 데 최고의 정책목표를 두어 수출을 장려하고 수입을 억제했다. 한편 값싼 원료의 확보와 수출 확대를 위해 해외 식민지를 개척하는 것도 정부의 중요한 몫이었다. 한마디로 중상주의는 국부를 증대하기 위한 정부의 전방위적인 강력한 계획과 간섭을 의미했다.

이를 위해 모든 특권은 경제를 주도하는 계층에 주어졌다. 따라서 상인들이 유통을 장악해 이윤을 독점했다. 이들은 자본을 축적하자 공장까지 만들어 생산과 유통을 함께 지배했다. 이렇게 상인주의 시대가 도래하여 자본주의가 본격적으로 시작되었다. 이 시대에는 개인의 이익과 사회의 이익이 상충될 경우, 공익을 위해서는 개인을 통제할 수 있다고 생각했다. 그리고 엘리트주의에 입각해서 일부 유능한 사람들에게 공익을 맡겨야 한다고 믿었다. 이 과정에서 가장 득을 많이 본 계층이 유대인들이다. 그들이 가장 중요한 생산과 유통 그리고 무역활동의 중심에 있었기 때문이다.

중상주의는 기본적으로 국가를 강력하게 만들려는 시스템인 반면 자본주의는 능력 있는 개인을 부유하게 만드는 시스템이다. 근대 초기 유럽의 많은 나라에서는 큰 갈등 없이 두 시스템이 공존했다. 하지만 유럽 다른 나라와는 달리 절대왕정을 거부하고 공화정을 추구한 네덜란드는 좀 특이했다. 네덜란드 사회는 1000년 동안 지속된 봉건주의와 완전히 결별하고 정치, 경제, 사회, 문화가 철저히 다시 태어나는 변화의 시기였다. 따라서 국가보다는 개인의 자유와 행복권이 우선했다. 이렇게 네덜란드는 중상주의를 추구하면서도 개인의 자유무역을 우선적으로 존중했다. 중상주의보다 자본주의 원칙에 더 충실했던 것이다. 한마디로 유대인의 세상이 열린 것이다.

경제사에서는 중상주의 시대를 15세기 중반부터 18세기 중반까지 300년간으로 보고 있다. 곧 스페인 제국에서부터 시작하여 네덜란드의 국제무역 중흥기를 거쳐 영국의 산업혁명 직전까지다. 자본주의가 본격적으로 태동했던 시기다. 정복 시대처럼 약탈한 재물로 국부를 늘리는 것이 아니라 상인 자본의 힘으로 국부를 늘리기 시

작한 것이다. 이러한 국가 주도의 중상주의에 격렬히 반발하여 일어
난 것이 1776년 미국의 독립혁명이고, 또 같은 해에 나온 애덤 스미
스의《국부론》이다. 이로 미루어 중상주의는 바로 그 직전까지다.

플랑드르, 지리적 이점으로 생산과 유통의 중심지가 되다

유럽의 자본주의는 두 지역에서 피어났다. 하나는 중세 시대 크게
부흥했던 북부 이탈리아 도시국가들이고, 또 다른 하나는 플랑드르
이다. 플랑드르Flandre(영어로 플랜더스Flanders)라는 이름은 8세기에 처음
나타났는데, '저지대' 또는 '물이 범람하는 땅'이라는 뜻이다. 그 뒤
플랑드르라는 명칭은 더 넓은 지역을 일컫게 되어 벨기에 북서부, 네

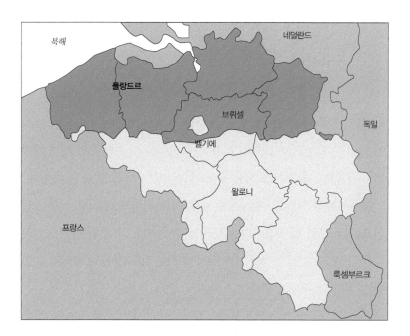

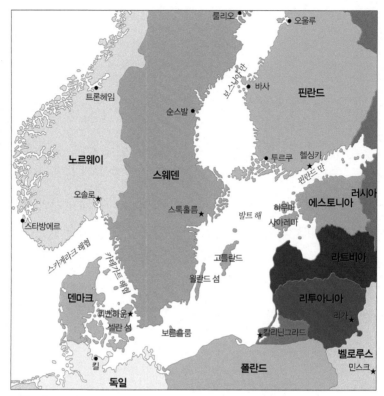

∷ 발트 해

덜란드 남서부, 프랑스 북부를 포함한 지역을 가리키는 역사적 명칭
이 되었다. 지금도 이 지역이 북부 이탈리아와 더불어 유럽 대륙 내에
서 지역 단위 경제규모와 1인당 소득수준이 가장 크고 높은 곳이다.

12~13세기 지금의 벨기에 연안 저지대 플랑드르 지방은 북유럽
의 모직물산업 중심지이자 교통의 요충지였다. 그 무렵 플랑드르는
북쪽의 발트 해 연안 국가들과 남쪽의 지중해 국가들을 맺어주고 또
한 영국과 대륙을 연결해주고 있었다. 이렇게 교통의 십자로에 위치
하여 바닷길은 물론 라인 강 및 그 지류들을 교역로로 이용하고 있

었다. 이러한 지리적 이점으로 플랑드르가 생산과 유통의 중심지가 되었다. 특히 브뤼헤(브뤼주)와 앤트워프(안트베르펜) 항구를 중심으로 상권이 발달했다.

플랑드르, 중요한 상거래는 무조건 문서로 수행하다

그 무렵 플랑드르 지방의 상업과 모직물산업은 유대인들이 주도했다. 당시 플랑드르의 시장은 의무적으로 문서를 통해 중요한 상거래를 수행하도록 했다. 그 무렵 대부분의 기독교도들이 문맹이었으므로 글을 쓸 수 있는 유대인들이 상거래를 주도할 수밖에 없었다.

원래 모직물은 기원전 3000년경 고대 수메르 유목민들의 면양 사육에서부터 유래되었는데 뒤에 중앙아시아를 거쳐 비잔틴 제국의 중심 산업이 되었다. 이후 모직물 직조기술은 비잔틴 제국과 거래가 많았던 북부 이탈리아를 거쳐 양모 수입이 원활했던 플랑드르로 퍼져나갔다.

모직 기술, 이탈리아 유대인에 의해 플랑드르에 전해진 듯

비잔틴 제국은 6세기 중엽 동양으로부터 훔쳐 온 누에고치로 양잠산업과 비단 직조기술도 갖고 있었다. 제국은 이 직조기술들이 외부에 유출되지 않도록 철저히 보호했다.

그 무렵 비잔틴 제국 내 테살로니카와 테벤에서 이들 직물산업이

∴ 테살로니카

번창했는데 대부분 유대인에 의해 주도되었다. 그러던 중 1147년 제2차 십자군 원정 때 시칠리아 왕국도 비잔틴 제국 원정에 참가하였다. 그때 시칠리아 왕은 당시 중요한 상업 중심지였던 지금의 그리스 지역 테살로니카와 테벤을 침공하여 유대인 직조공들을 포로로 잡아가 시칠리아 왕국의 수도 팔레르모에 궁정 작업장을 세웠다. 이들을 통해 견직물과 모직물산업이 시칠리아 왕국에 뿌리내려졌다.

뒤에 이 기술들은 유대인들에 의해 북부 이탈리아 도시국가들로 퍼져나갔다. 그 뒤 밀라노 유대인들은 지력이 좋은 포 강 근처에서 누에를 치고 양을 길러 때가 되면 누에고치와 양털을 시칠리아와 나폴리 유대인들에게 내려보냈다. 그러면 남부에서 이를 가공하여 생사와 털실을 만들어 비단과 모직물을 짰다. 밀라노 유대인들은 이를 다시 수거해 아랍과 프랑스 남부에서 독점 수입한 천연염료로 포 강과 코모 호수 가에서 '자색' 염색을 했다. 이 자색 염색이 유대인의 비기 ^秘技 였다. 누구도 흉내 낼 수 없는 색깔이었다.

그 무렵 이탈리아산 자색 비단과 모직물은 모든 유럽인에게 부러움의 대상이었다. 당시 자색은 누구나 입을 수 있는 옷이 아니었다. 처음에는 귀족과 성직자에게만 허용되었던 색깔이다. 그 무렵 직조기술과 염색기술은 극비 사항이었다. 그럼에도 유대인 간의 끈끈한 연대감은 이를 뛰어넘었다. 결국 북부 이탈리아 유대인들이 플랑드르 유대인들에게 모직 기술을 전파한 것으로 보이는데 이후 모직물 산업은 플랑드르의 중심 산업이 되었다.

02

브뤼헤 시대

유대인, 플랑드르 지방으로 모여들다

1096년 제1차 십자군 전쟁이 일어나자 영국 내 반유대 정서가 고조되면서 유대인 박해와 살해가 잇달았다. 그러자 많은 유대인이 바다 건너 플랑드르로 탈주했다. 이러한 이주는 거의 100년간 지속되었다.

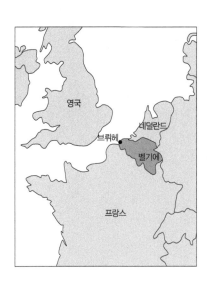

플랑드르 지방은 11세기 이래 영국령이었다. 플랑드르 유대인들은 영국의 양모를 가져다 이를 상파뉴 정기시定期市에 내다 팔았다. 당시 영국에서 '무역상merchant'이라 함은 양모를 사 가는 유대인을 지칭하는 단어였다. 그들은 이후 플랑드르에 모직물산업을 일으켜 상업도시들을 발전시켰다.

이후 제3차 십자군 전쟁 때인 1290년 11월에 에드워드 1세에 의해 영국에서 유대인들이 일시에 추방당하는 사건이 발생했다. 대부업에 종사하던 1만 6000명 모두를 한꺼번에 내쫓은 것이다. 반유대 정서의 민심을 달래기 위한 것도 있었지만 그보다는 국왕과 귀족들이 그간 유대인에게 진 빚을 무효화시키고 그들의 재산마저 몰수하기 위해서였다. 당시 추방당한 유대인들이 바다 건너 제일 먼저 도착한 곳이 바로 영국에서 가장 가까운 플랑드르 지방의 브뤼헤 항구였다. 그 무렵까지만 해도 대륙의 플랑드르와 보르도 지방은 영국 국왕의 영지였다.

브뤼헤에 정착한 유대인들은 기존 유대인들과 손잡고 당시 최고의 상품인 모직물의 고급화에 주력했다. 질 좋은 북부 이탈리아 모직물과 경쟁하기 위해서였다. 먼저 자기들이 살았던 영국 본토에서 품질 좋은 고급 양모를 선별해 들여와 이를 유통시켜 모직물의 질을 한 단계 높였다. 모직물은 주로 프랑스 샹파뉴 정기시에 내다 팔고 일부는 영국에 수출했다. 샹파뉴 정기시는 이때 번영이 절정에 달했다. 또한 유대인들은 브뤼헤를 대부업 중심 도시로 만들었다.

브뤼헤 직항로가 개설되다

그 무렵 1291년 제노바가 지브롤터 해협을 발견한 이후 1293년에 카스티야-제노바 연합 함대에 의해 이슬람 해군이 결정적으로 패배하였다. 이로써 북부 이탈리아 도시국가들의 지중해 무역이 대서양 연안 및 북해까지 확대되었다. 이후 제노바, 베네치아와 브뤼헤의 직접교역은 정기적인 형태로 자리 잡을 수 있었다. 해적의 출몰에도 안전한 최신형 대형 갤리선에 의해 브뤼헤에 직항로가 개설되었기 때문이다. 그 뒤 이탈리아 상인들이 육로보다는 해로를 선호하게 되어 프랑스 상파뉴 정기시를 통한 상거래보다 브뤼헤를 직접 방문하는 직교역 횟수가 늘어났다. 이것이 브뤼헤의 상권이 상파뉴 정기시를 앞서게 된 이유이다.

교역에 힘입어 눈부시게 발전하다

유대인들이 자리 잡고 지중해 국가들과 양모와 모직물 직교역이 활성화되면서 도시는 눈부시게 변화했다. 1296년 양모시장이 브뤼헤에 개설되었다. 그리고 도시가 급격히 팽창하면서 1297년 새로운 성벽이 빠르게 건설되어 도시의 규모는 3배로 확장되었다. 하지만 새로운 저택과 창고들로 급속히 채워졌다. 성 밖을 둘러 파 못으로 만든 오래된 해자는 상품을 수송하는 운하로 사용되었다. 해상무역이 발달하자 1300년에는 브뤼헤가 한자동맹의 일원이 되었다. 여기서 한자Hansa는 '집단'을 뜻하는 중세 독일어이다. 하지만 그 뒤 이 말은 상인조합을 의미하는 낱말로 변했다.

∴ 중세 초 브뤼헤의 지도

그 뒤 1306년에 프랑스에서 추

방당한 유대인들이 브뤼헤에 합세했다. 이들의 합류로 브뤼헤는 그들이 취급하던 프랑스산 포도주, 아마포와 양모 등 프랑스 상품의 중심 수출입 항구가 되어 경제가 더욱 활성화되었다. 이로써 브뤼헤는 통과通過무역이 번창하였고, 유럽 최대의 모직물산업 지역이 되었다.

브뤼헤, 북유럽 최대의 중계무역 도시로 성장

무역과 금융은 본래 실과 바늘의 관계다. 중세 이래로 무역이 발달하면 이를 지원하는 금융이 발전했다. 무역과 금융업이 발달하자 브뤼헤에 큰 건물들이 들어서고 상설시장이 열렸다. 나중에는 브뤼헤 직물시장에 제노바 상인뿐만 아니라 베네치아, 스페인, 이집트 알렉산드리아의 먼 거리 상인들도 찾아왔다.

당시 제노바와 베네치아로부터 들어오는 갤리선들은 대개 이탈리아로부터 사치품, 이탈리아산 비단, 벨벳 그리고 레반트로부터 동양 비단, 향신료를 싣고 왔다. 갤리선은 고대부터 지중해에서 주로 군함으로 쓰였는데, 돛도 사용하기는 하지만 바람보다는 수많은 노군이 북소리에 맞춰 노를 저어 운항하는 배다. 중세 이후 상선으로 쓰이는 갤리선이 지중해와 대서양을 거쳐 그 먼 길을 주로 사람의 힘으로 항해하여 온 것이다. 이렇게 먼 길을 배로 오는 이유는 그래도 육상보다 안전하고 통과세도 덜 물기 때문이었다. 이후

∷ 운하가 많아 서유럽의 베네치아라 불리는 브뤼헤

∴ 갤리선

지중해에서 북해까지 먼 길을 정기 운항하게 되면서 갤리선은 3개의 대형 삼각돛을 장착해 노군의 힘보다는 바람의 힘을 더 많이 이용하는 대형 '갤리상선'으로 진화하게 된다. 플랑드르 노선에 투입된 베네치아 갤리상선은 길이 50m에 폭이 9m로 약 250톤가량의 화물을 선적할 수 있었다.

브뤼헤는 북유럽 최대의 무역도시로 성장해 14세기 전반에는 200여 도시의 연합체인 한자동맹의 지도적 역할을 수행했다. 그 무렵 한자동맹 상인단들이 북유럽의 소금, 목재, 곡물, 모피, 꿀, 청어 등을 해상로로 실어다 브뤼헤를 통해 서유럽 전역에 판매하면서 14세기에는 프랑스 샹파뉴와 이탈리아 반도를 능가하는 번영을 보였다. 그러자 플랑드르에 더 많은 유대인이 모여들었다. 동플랑드르 주의 주도인 헨트는 인구수가 14세기에 8만 명으로 유럽에서 가장 큰 도시 중의 하나였다. 브뤼헤도 4만 명 정도로 비교적 큰 편이었는데 이는 당시 런던의 인구와 비슷했다. 15세기 전반부에는 독일 지역, 그리고 후반부에는 이탈리아 도시국가들에서 추방당한 유대인들이 많이 몰려와 브뤼헤 경제가 더욱 부흥했다.

부르고뉴 공국, 1384년 플랑드르의 주인이 되다

그 무렵 플랑드르의 주인이 바뀌었다. 14세기 후반 부르고뉴 공국의 필리프 선공膳公이 이른바 베네룩스 3국이라 불리는 현재의 네덜란드, 벨기에, 룩셈부르크 전역을 지배하게 된다. 원래 부르고뉴 공국은 프랑스의 중심부에 있던 나라인데 좋은 지도자 덕분에 국력이 급팽창하여 지금의 독일-프랑스 접경지대 알사스 로렌을 점령하였다. 그 뒤 플랑드르 백작 집안과의 결혼으로 저지대의 지배자가 된다.

포도주로 유명한 프랑스 부르고뉴 지방에 뿌리를 둔 부르고뉴 공국은 저지대의 도시국가들을 강력하게 통치하며 정치적 안정을 이루어 경제적 성장 또한 가져왔다. 저지대 사람들의 근면성과 오랜 상업의 전통이 좋은 지도자와 어울려 15세기의 번영을 가져온 것이다.

합스부르크가의 신성 로마 제국이 플랑드르를 지배하다

그 뒤 15세기 후반에 플랑드르의 지배자가 또 바뀌었다. 이번에도 결혼동맹으로 합스부르크가의 신성 로마 제국이 새로운 주인이 되었다. 경제사에서 보면 왕가의 흥망성쇠는 경제적인 부와 밀접한 관계가 있다. 합스부르크가도 예외가 아니다. 여기에 운도 따랐다. 남부 독일과 북부 스위스에 걸친 지역의 소영주로 일개 백작에 불과했던 합스부르크가는 뜻하지 않은 어부지리를 얻는다. 실력 있는 국왕의 출현을 꺼린 독일 제후들이 이 집안의 루돌프 폰 합스부르크를 1273년 독일 왕으로 선출한 것이다. 합스부르크라는 성性은 그의 스위스 영지 내에 있는 합스부르크 성城에서 유래했다. 당시 독일 왕국은 여러 공국들의 연합체였다.

이렇게 선출된 루돌프 왕은 소금에 부과하는 고율의 세금이 왕에게 큰 재력과 힘이 된다는 걸 알았다. 당시 이를 상징하는 도시가 있었다. 그야말로 소금이 왕에게는 보물이었다. 잘츠부르크 외곽도시인 잘츠캄머굿Salzkammergut은 독일어로 '황제의 소금 보물창고'란 뜻이다. 알프스 산과 70여 개의 평화로운 호수가 그림처럼 펼쳐진 이런 도시의 호수 주변이야말로 소금 동굴이나 광산이 많은 곳이다. 실제로 이곳이 오스트리아 소금 광산의 주主 광맥이다.

이런 곳은 빙하시대 이전, 지반이 침하되고 해수면이 상승하면서 바닷물이 산골짜기까지 올라오게 되었고, 그 후 시간이 흘러 지반이 올라오고 바닷물이 모두 증발하여 땅속, 동굴, 골짜기 등에 소금만 남게 되었다. 이후부터 인류는 그곳에서 돌소금(암염)을 채굴하였다. 그리고 주변 지하 샘물에서는 끓이면 소금 결정이 되는 소금물이 솟아났다. 무려 7000여 년 전의 일이다. 그럼에도 소금은 여전히 귀하여 중세 소금 가격은 비쌌다.

루돌프 1세는 영지 내의 소금세금 덕에 재정이 튼튼해지자 실제 실력자가 되었다. 그의 왕위를 부인하는 보헤미아군을 1278년 전투에서 격파하여 오스트리아에서 내쫓기도 했다. 이로써 그는 오스트리아, 슈타이어마르크 및 케른텐을 소유하게 되었다. 합스부르크가

❀ 소금 광산으로 유명한 잘츠부르크

❀ 소금 보물창고, 잘츠캄머굿

가 오스트리아를 본령本領으로 삼게 된 것은 이때부터였다.

이후 그의 아들 알브레히트도 독일 왕으로 선출되었다. 왕은 소금 채굴 이권을 찾아 잘츠부르크 대주교와 소금 전쟁을 벌였으나 패했다. 잘츠부르크Salzburg라는 이름 자체가 소금Salz 성Burg이라는 뜻이고, 지금도 유럽의 소금 공급지다. 잘츠부르크는 금, 은, 구리의 산지이기도 하지만 그보다는 라이헨할 소금 광산으로 유명하며, 소금을 파내부를 이용해 만들어진 도시다. 그만큼 당시 소금은 비쌌다.

1308년 알브레히트 왕이 암살된 뒤로 15세기까지 합스부르크가는 독일 왕위에서 멀어졌다. 그러나 가문의 영토를 넓혀 프리드리히 5세(재위 1440~1493년) 때 지금의 오스트리아 전체를 통합했다. 이후 합스부르크가는 오스트리아 알프스 산맥의 소금 광산에서 파낸 돌소금에 고율의 세금을 부과하여 큰 부자가 된다. 잘츠부르크 인근 할슈타트의 경우, 'hal'이 켈트어로 소금이라는 뜻으로 소금 도시라는 의미다. 거부가 된 오스트리아의 프리드리히 5세는 1440년 독일 왕에 선출되었다. 이후 오스트리아 영주이자 독일 국왕인 프리드리히 5세는 유럽에서 가장 큰 인수부르크의 은 광산과 은 주조공장 그리고 소금 광산 덕분에 더 큰 부를 이루었다.

*¸ 신성 로마 제국의 프리드리히 황제

재력은 곧 국력이었다. 1452년에는 프리드리히 5세가 독일 왕 겸 신성 로마 제국 황제로 선출되었다. 독일 왕 프리드리히 '5세'가 신성 로마 제국 프리드리히 '3세'가 된 것이다. 당시까지만 해도 여러 공국들의 연합체 성격인 신성 로마 제국 황제의 자리는 선출직이었다. 계몽주의

막시밀리안과 마리

철학자 볼테르는 신성 로마 제국에 대해 이렇게 말한 바 있다. "신성 로마 제국은 신성하지도 않고, 사실 로마와 상관도 없고, 게다가 제국도 아니다."

같은 해 프리드리히 3세는 로마에서 포르투갈의 항해왕 엔리케 왕자의 질녀인 엘레오노라와 결혼하게 된다. 이 결혼은 후일 합스부르크 가문의 결혼정책의 초석이 된다. 그 뒤 프리드리히는 무려 50년 이상 황제의 자리를 지키면서 합스부르크의 왕위 '세습'을 이루어냈다. 막대한 부가 있었기에 가능한 일이었다. 이후 합스부르크가가 신성 로마 제국의 제위를 계속적으로 계승하는 합스부르크 시대가 시작되었다. 그는 자신의 아들 막시밀리안을 부르고뉴 공국의 상속녀 마리(마리아) 공주와 결혼시켜 부르고뉴 공국의 영지를 확보하였다. 이때부터 플랑드르는 합스부르크가의 지배를 받게 된다.

이베리아 반도의 유대인들이 몰려오다

15세기 말, 세계에서 유대인이 가장 많이 살았던 스페인과 포르투갈에서 약 30만 명의 유대인이 추방당했다. 엄청난 숫자였다. 이들 유대인이 가장 많이 모여든 곳이 동족의 연고가 있는 브뤼헤와 앤트워프였다. 그리고 일부가 북부 이탈리아와 당시 유대인을 환대하던 오스만 제국으로 이동해 테살로니카는 세파르디 유대인의 중심지가 되었다.

오스만 제국으로 이동해 유대인들은 경제를 부흥시켰을 뿐만 아니라 튀르크(터키)족에게 대포, 화승총, 탄약, 탄환을 비롯한 군수 제조기술과 인쇄술도 보급해주었다. 이후 대포와 화기를 갖춘 오스만 제국 보병은 발칸 반도의 전쟁에서 대포의 위력을 여실히 보여주었다. 그리고 또 일부 유대인 수천 명이 멀리 인도까지 가 정착한 후 본토인과 피를 섞어 인도인처럼 변했다. 유명한 지휘자 주빈 메타_{Zubin Mehta}가 바로 인도계 유대인이다.

브뤼헤의 유대인들, 중계무역에 주력하다

15세기 말 이베리아 반도에서 추방당한 유대인들이 대거 합세한 이후 브뤼헤는 명실공히 전 유럽 최고의 무역 및 금융 중심지로 떠올랐다. 유대인들이 떠나간 스페인과 포르투갈의 항구가 제 기능을 상실했기 때문이다. 브뤼헤는 이베리아 반도에서 추방당해 쫓겨 온 유대인들 덕분에 '중계무역'이 발달했다. 중계무역은 통과무역과 달리 무역의 주체가 유대인이었다.

이곳에 온 이베리아 유대인들은 처음에는 그들이 살았던 이베리아 반도의 특산품들을 특히 많이 취급했다. 스페인산 양모와 피혁 그리고 천일염이 주류를 이루었다. 여기에 더해 스페인 북부 바스크 지방의 철과 남부산 과일, 올리브, 쌀, 포도주 등이 포함되었다. 진귀한 품목으로는 스페인령 카나리아 제도와 남부 안달루시아에서 재배되는 커피가 있었다. 당시 스페인과 포르투갈 남부 지역에는 이슬람들이 재배했던 유럽 유일의 커피 농장이 있었다. 이런 식으로 취급 품목과 무역량이 급격히 늘어났다.

그리고 유대인들은 중계무역을 위해 들여온 상품을 다양한 방법으로 부가가치를 높였다. 또한 교역망도 승계되어 확대되었다. 유대인들은 이베리아 반도 상품의 중계무역 이외에도 발트 해 연안국으로 수출하는 상품으로 플랑드르산 아마와 모직물, 프랑스산 포도주, 독일 맥주가 있었다. 특히 15세기 말에 이르러 수요를 감당치 못하는 브뤼헤의 직물은 황금직물이 된다.

그러나 어쩔 수 없는 운명이 닥쳐온다. 바닷물이 들어오던 츠빈 강의 수로가 침전물로 막히면서 브뤼헤가 바다로 통했던 길이 단절되었다. 항구의 기능을 잃어버린 것이다. 퇴적작용으로 인해 더 이상 배들이 접안할 수 없게 되자 결국 도시는 역사의 전면에서 물러나 얼어붙은 듯 잠들어버리고 말았다. 브뤼헤를 중심으로 해상교역에 주로 종사했던 유대인들에게는 불운이자 재앙이었다. 그러나 유대인들은 항상 그렇듯이 이러한 불운 앞에 무릎 꿇지 않았다. 그 뒤 유대인들은 인근의 또 다른 항구도시인 앤트워프로 발길을 옮겨 다시 시작했다.

앤트워프 시대

유대인, 앤트워프를 다이아몬드 유통의 중심지로 키우다

1492년 스페인에서 추방당한 유대인들이 브뤼헤와 앤트워프 두 곳으로 나누어 정착할 때, 앤트워프에 도착한 유대인들이 가장 먼저 시작한 것이 보석 장사였다. 스페인에서 추방될 때 숨겨 가지고 온 것들이 그것이었다. 당시 스페인은 유대인들이 돈과 금, 은 등을 갖고 나가다 발각되면 사형했으나 보석류는 상관하지 않았다. 그 무렵은 보석이 많지도 않았거니와 또 보석의 가치가 그리 알려지지도 않았던 때였다. 유대인들은 돈과 귀금속을 보석류와 바꾸어 모두 다 한 움큼씩 가져와 유통량이 상당했다. 이를 바탕으로 바르셀로나에서 보석 장사를 했던 유대인들을 중심으로 보석시장이 쉽게 형성되어 활성화되었다. 얼마 지나지 않아 앤트워프는 국제 보석거래의 중심지가 되었다.

유대인들의 보석거래 가운데서도 다이아몬드가 가장 이윤이 많

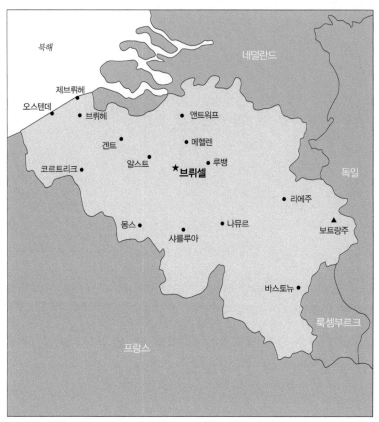

.※. 벨기에 북부의 제 2의 도시 앤트워프

이 남았다. 그러자 유대 보석 상인들은 인도에 있는 유대인 커뮤니티 와 협력하여 직접 다이아몬드 원석을 들여와 이를 가공해 팔았다. 기 원전 3세기부터 2000년간 인도는 세계에서 유일한 다이아몬드 생 산국이었다. 그 뒤 17세기 말 베네치아의 유대인 페르지가 다이아몬 드 특유의 '브릴리언트 커팅' 연마 방법을 개발한 뒤로 다이아몬드 가 명실상부하게 최고의 보석이 되었다. 그러다 18세기에 브라질에 서 다이아몬드 광산이 발견됨으로써 다이아몬드의 주산지는 브라질로 넘어갔다. 그러나 정작 본격적인 다이아몬드의 시대를 열게 된 것은 1866년 남아공의 강 근처에서 유레카라는 약 21캐럿짜리 다이아몬드 원석이 발견되면서부터다. 이어서 남아프리카공화국에서 대규모 광상鑛床이 발견되어 다이아몬드가 급속히 대중화되었다.

❖ 브릴리언트 커팅 다이아몬드

앤트워프 유대인들은 점차 보석 물량이 커지자 이번에는 가공한 물건들을 외국에 있는 유대인 커뮤니티와 손잡고 수출하기 시작했다. 이로써 다이아몬드 산업은 유대인들이 수입-가공-수출-유통 프로세스 일체를 장악하여 유대인 커뮤니티 간의 완전한 독점산업이 되었다. 독점이다 보니 부르는 게 값이었다. 유대인들은 이 시장을 확고히 지배했다. 앤트워프는 훗날 스페인으로부터 독립하여 네덜란드에 귀속되었다가 지금의 벨기에에 속하게 된다. 지금까지도 벨기에는 유대인들의 다이아몬드 중계무역으로 유명하다.

포르투갈의 배, 유대인 찾아 앤트워프로 들어오다

바다와 단절되면서 몰락해버린 브뤼헤의 패권은 그 뒤 온전히 앤트워프로 넘어간다. 브뤼헤의 유대인들이 앤트워프로 모두 옮겨 갔기 때문이다. 브뤼헤가 플랑드르 지역 직물산업의 중심 항구였다면, 앤트워프는 브라반트 공국의 직물산업 중심 항구였다. 1500년께 이르러 앤트워프가 완벽히 브뤼헤를 대체한 후 국제 무역시장으로 급속히 발전한다. 이렇게 앤트워프를 짧은 시간에 발전시킨 것은 포르투갈이 인도에서 가져온 향신료 후추 등 동방물품이었다. 1497년 유대인들을 추방한 포르투갈은 동방에서 향신료를 실어 와도 이제 이를 유통시킬 능력이 없었다. 결국 1501년에 리스본에서 동방의 계피와 후추 등 향신료를 실은 포르투갈의 배가 유대인을 찾아 앤트워프로 들어온다. 그 뒤 포르투갈에게 앤트워프는 동방의 향신료를 유럽 대륙에 유통시킬 수 있는 유일한 거점이 된다. 이는 유대인을 추방한 스페인도 마찬가지였다.

그 뒤 앤트워프 유대인들이 다루었던 주요 교역품은 이베리아 반도와 브뤼헤 시절 다루었던 교역품목에 인도산 향신료와 금은보석, 다이아몬드가 추가되었다. 당시로선 최고의 고부가가치 품목들이었다. 16세기 전반에 앤트워프는 발틱 무역의 중심지로서, 그리고 포르투갈과 스페인의 중계무역항으로서 번영을 누렸다. 이로써 유대인들은 당시 유럽과 동인도는 물론 신대륙의 상품을 거의 다 다루었다. 역사상 최초로 세계 상품의 대부분이 한곳에서 거래되었다는 의미에서 '세계시장'이 출현했다. 그러자 앤트워프의 정기시들이 일 년 내내 열리는 상설시장으로 변모했다.

유대인, 설탕산업 프로세스 일체를 장악하다

앤트워프에서 유대인들이 취급하는 상품은 더욱 다양해졌다. 북유럽의 타르(역청)와 호밀, 스페인의 양모·소금·포도주·올리브유 등 당시의 대표 수출상품들이 북유럽과 스페인에서 직수출되지 못하고 모두 이 도시에서 거래되었다. 여기에 커피와 차, 코코아, 담배, 설탕이 더해졌다. 이 품목들이 이후 몇 세기를 풍미하는 최고 히트상품이 된다.

특히 포르투갈이 신대륙에서 가져온 설탕은 유대인이 떠난 리스본에서 유통될 수가 없었다. 이후 리스본을 경유하여 들어온 브라질산 설탕이 유대인에 의해 1508년부터 앤트워프에서 거래되었다. 그뒤 신대륙의 설탕은 모두 이곳으로 모여들었다. 그때까지만 해도 설탕이 금값이어서 일반인들은 설탕을 구경하기 어려웠다.

서구에 설탕이 처음 알려진 것은 알렉산더 대왕의 인도 침공 때였다. 기원전 325년 인더스 강 동부 지역을 답사한 대왕의 부하 장군은 "인도에서 자라는 갈대는 벌의 도움 없이도 '꿀 같은 것'을 만들어낸다. 인도인들은 그 즙으로 단 음료수를 만든다"고 기록했다. 유럽인의 눈에는 신기하기만 했다. 이후 서기 600년 페르시아의 땅에서 사탕수수를 재배하기 시작했다. 그 뒤 페르시아를 멸망시킨 이슬람 세계는 승전의 전리품으로 사탕수수와 설탕의 제조 비법을 챙겨 가는 곳마다 이를 전파하였다. 이후 이베리아 반도를 점령한 이슬람들이 비교적 기후 조건이 비슷한 스페인의 마리다 섬을 필두로 카나리아 제도와 남부 연안 지방에서 사탕수수를 재배했다. 드디어 유럽 대륙 내에서 사탕수수 즙의 생산이 가능해진 것이다. 그러나 양이 적고 귀하여 값이 비쌌다.

그 무렵 설탕은 왕이나 귀족들만 애용하는 고급 향신료이자 의약품이었다. 설탕은 권위의 상징이었다. 심지어 몇몇 유럽 왕실은 중요한 행사 때 그들의 위용을 과시하기 위해 화려한 설탕조각을 만들어 전시했다. 물론 값은 엄청났다. 영국에선 설탕 4파운드(1.8kg)가 송

아지 한 마리 값이었다. 그나마 예전에 비해 싸진 것이다. 1372년 레반트에서 베네치아를 경유해 들어온 설탕 1kg의 가격은 수소 2마리 값이었고 14세기 말에는 수소 10마리 값까지 폭등하기도 했다.

그 뒤 15세기 내내 보통 소 한두 마리 가격은 유지하였다.

예나 제나 이러한 고이윤을 오래도록 보장할 수 있는 길은 독과점 체제를 유지하는 것이다. 이를 위해 유대인들은 설탕의 독과점 유통 체제를 완성한다. 곧 설탕의 유통 경로 일체를 장악한 것이다. 유대인들은 브라질과 서인도제도의 사탕수수 농장을 직접 경영함으로써 사탕수수 재배에서부터 운반-정제-판매의 핵심 프로세스를 일괄 장악하는 독과점체제를 완성했다.

사탕수수 농장에 흑인노예를 투입하다

사탕수수는 특히 사람 손이 많이 가는 식물이다. 심고 나서 12개월간 많은 물을 꾸준히 대야 하는데, 심고 나서 베기까지 30여 차례에 걸쳐 물을 대야 한다. 그리고 사탕수수는 땅을 황폐하게 만드는 성질이 있어 재배 지역을 자주 옮겨야 한다. 심고 물 주고 길러 4m가 넘는 사탕수수를 솎아내는 것도 힘들지만 무엇보다 단시간에 즙을 내기 위해 제때에 수확해야 했다. 그렇지 않으면 건조해져 즙을 충분히 짜낼 수 없었다. 또 즙을 내면 바로 끓여야 했다. 이를 위해 많은 땔감을 마련하고 붙어 앉아서 오랜 시
간 동안 불 관리를 직접 해야 했다.
그러려면 따가운 햇볕 아래에서
등골이 빠지도록 일해야 했다. 그
때문에 이때부터 본격적으로 흑인
노예들이 사탕수수 농장에 투입되
었다.

그 뒤 유대인들은 사탕수수를 토대로 유럽-아프리카-신대륙을
잇는 삼각무역을 주도했다. 그리고 앤트워프에 설탕 정제산업도 발
달시켰다. 설탕 정제산업은 유대인들이 이미 베네치아에서 오래전
부터 해봤던 일이라 그리 어려운 일도 아니었다. 이러한 유대인 커뮤
니티(디아스포라) 간의 결집력을 이용하여 생산-교역-가공-유통의
일괄 독점 체제의 완성은 이후 다른 산업에서도 유대인의 주특기가
된다.

∗∗ 설탕 정제공장의 모형

신용을 기반으로 무역과 금융을 연계시킨 유대인들

유대인들의 특기는 중계무역이었다. 대부분 스페인, 포르투갈, 인도 등을 연결하는 삼각무역이 주류를 이루었다. 앞서 언급했듯 중계무역은 통과무역과 달리 유대인이 무역의 주체가 되어야 했다. 그러기 위해서는 무역을 주도할 수 있는 자본력 또는 금융 운용실력이 관건이었다. 후자를 택했던 유대인들은 그들의 무역을 금융과 연계시켰다.

처음에는 담보금융이 주를 이루었다. 그러나 머지않아 신용대출을 상품에 연결시켰다. 유대인이기에 가능한 일이었다. 역사적으로 약속어음을 담보로 한 신용대출은 중세 초기에 계약을 목숨처럼 중히 여기는 유대인들 사이에서 시작되었다. 그 뒤 유대인들은 믿을 만한 이방인들에게도 신용대출을 확대해나갔다. 이것이 상인들 사이에서는 외상 장사로 발전했다. 신용대출과 외상 장사로 인해 상업활동에 필요한 유동성이 크게 늘어나는 효과를 보았다. 이것이 상업뿐아니라 해상교역을 폭발적으로 늘리는 기폭제가 된다.

유대인, 상품과 연계시킨 '환어음'을 개발하다

또 유대인들은 앤트워프 상설시장에서 처음에는 신용대출을 상품에 밀접하게 연계시켰으나 나중에는 3개월에 2~3%, 곧 연간 8~12%의 이자율로 정기시 상인들 사이에서 거래되는 '환어음'을 개발하여 유통시켰다. 원래 환어음의 역사도 중세 시대로 거슬러 올라

간다. 그 무렵 사람들은 당시의 화폐 격인 금이나 은을 집에 보관하기에는 너무 소중하다 못해 위험한 물건이었기 때문에 튼튼한 금고를 갖고 있는 금 거래상들에게 맡겼다. 그리고 증서를 받아서 화폐 대용으로 사용하기 시작했다. 이 증서가 환어음의 시초이자 종이화폐의 기원이다. 그 뒤 이것이 진일보하여 유대인들은 금·은 이외에도 상품에 연계시킨 환어음도 개발했다. 이것이 발전하여 1630년경에는 부유한 상사들이 상품과도 연계되지 않은 순수한 금융상의 환어음을 다루었다.

환어음은 당시 유통되던 약속어음보다 훨씬 발전된 금융기법이었다. 약속어음은 발행인 자신이 지급할 것을 약속한 것인 데 반해 환어음은 제3자가 지급의무를 진다. 주로 물건을 외상으로 준 수출업자가 채무자인 수입업자를 지급인으로 지정해 발행한다. 이는 누가 됐든 어음을 갖고 있는 사람에게 약정된 시기에 어음에 표시된 금액을 무조건 지급할 것을 위탁한 증권이다. 한마디로 요사이 수표와 같은 기능을 했다. 당시 교역활동을 하기 위해 금·은 주화를 많이 가지고 먼 길을 여행하는 것은 너무나 위험한 일이었다. 게다가 무척 무거웠다. 이러한 위험과 고충을 한 방에 해결한 것이 환어음이다. 이후 서로 멀리 떨어져 있는 유대인 커뮤니티 사이에서 이러한 환어음이 여행 중간의 위험부담을 줄이면서 유용하게 사용되었다.

부를 쌓는 일에 관해 유대인이 기여한 최대 공헌은 신용대출이라는 제도 자체를 만든 일이었다. 뒤이은 공헌이 유가증권을 발명한 다음 이를 보급시킨 일이다. 유대인은 안심하고 살 수 있는 지역뿐 아니라 박해 가능성이 있는 지역에서도 유가증권의 사용을 추진했다. 그들이 이렇게 세계를 하나의 시장으로 간주하는 선진적인 시각을 가질 수 있었던 것은 아이러니하게도 민족이 뿔뿔이 흩어진 이산離散의 결과였다. 일찍이 세계 곳곳에 흩어져 사는 유대인 디아스포라 간의 교류로 글로벌한 시야가 몸에 배어 있었기 때문이다.

유럽 5대 도시로 급성장한 앤트워프

앤트워프의 인구는 유대인이 몰려오기 전까지 2만 명이었다. 그러나 스페인과 포르투갈에서 추방당한 유대인들이 몰려온 1500년 무렵에 2배가 넘는 5만 명으로 급성장했다. 그 무렵 도시 인구의 반이 유대인이었다. 그 뒤 1516년 베네치아에 게토ghetto가 생겼다. 당시 베네치아에서 자유롭게 해상무역과 조선업 그리고 금융업에 종사하던 유대인들이 게토에 갇히게 되자 이를 피해 앤트워프와 암스테르담으로 몰려왔다. 이베리아 반도에서 올라온 유대인들과 베네치아에서 옮겨 온 유대인들이 합쳐지면서 여러 면에서 시너지 효과가 일어났다. 해상무역의 범위가 넓어졌으며, 금융기법이 발달하고, 특히 조선업이 강해졌다. 유대인들이 몰려온 앤트워프는 얼마 지나지 않아 해양 공국 베네치아의 뒤를 이어 유럽의 중요한 유통기지가 되었다. 이시기에 앤트워프는 중계무역을 바탕으로 금융업이 급속히 커져 갔다. 유대인을 추방한 영국은 무역과 금융 모두를 앤트워프에 전적으로 의존하였다.

이후 앤트워프 경제가 무섭게 급성장하였다. 1560년 무렵에는 인구가 10만 명이 되어 당시 스페인의 최대 항구 세비야를 능가하는 항구이자 대도시로 커졌다. 조그마한 앤트워프가 상업 면에서 스페인 제국을 능가한 것이다. 앤트워프는 당시 유럽에서 나폴리, 베네치아, 밀라노, 파리 다음의 큰 도시로 성장해 유럽 5대 도시의 하나가 되었다. 이후 유럽 경제의 중심지는 단연 활기찬 앤트워프였다. 세계 교역의 반이 이 도시를 통해 거래되었다. 완연히 국제적인 상업도시의 면모를 보였다.

우리가 여기서 주의 깊게 보아야 할 것이 있다. 경제사적인 측면에서 소도시에 지나지 않았던 앤트워프가 1500년 무렵을 전후해 어떻게 이렇게 빨리 성장할 수 있었는지를 밝히는 데 유대인을 빼놓고는 설명할 길이 없다는 점이다. 이후 16세기 중후반부터 쇠퇴의 길을 걸으며 스페인 지배에 들어간 앤트워프의 짧은 번영기와 유대인 거주 시기가 정확히 맞아떨어진다. 참으로 무서운 민족이다. 지금도 이 시기를 바탕으로 발전한 벨기에는 비록 나라는 작지만 강소국으로 유명하다. 오늘날 벨기에에는 유럽연합EU의 집행부가 있어 유럽의 수도 역할을 하고 있다.

유대인 경쟁력의 원천

그 무렵 소수 유대인이 무역을 독점할 수 있었던 배경은 교황이 기독교도들의 이슬람 접촉을 금지한 데 있다. 게다가 십자군 전쟁으로 기독교권과 아랍권이 전쟁으로 서로 적대시하는 가운데 유대인들만이 양 지역을 자유롭게 드나들 수 있어 어부지리를 얻은 일면도 있다. 하지만 그보다는 유대인들의 탁월한 능력에 따른 것이라고 보는 게 정확하다. 한마디로 경쟁력이 있었다. 유대인들은 모두 어려서부터 성서와 탈무드를 공부해야 했기 때문에 글을 읽고 쓰는 데 능했다. 계산에도 뛰어나 법적이나 물리적인 방해만 없다면 어느 곳에라도 쉽게 정착해 두각을 나타내었다. 또한 사방에 퍼져 있는 유대인 커뮤니티와의 연결로 상업 및 무역 정보에 밝았다. 1638년 중세 유럽의 변증론자였던 시몬 루자토는 〈베니스의 유대인에 대한 소고〉에 "유대인이 사는 곳에는 어디서나 무역과 상업이 넘쳐흐른다"라고 쓰고 있다.

유대인들은 당시 그 누구도 지니지 못한 탁월한 기술을 갖고 있었다. 그들은 외환 시세를 산정하고 사업상의 문서를 작성하는 능력 이외에도 세계 곳곳에 흩어진 유대인 공동체와의 연락망을 활용해 빠르고 안전하게 물품을 배달할 수 있는 능력을 갖추고 있었다. 자신들의 종교가 경제활동에도 큰 힘이 되었던 것이다. 사실 주도면밀하고 유능했던 무역업자들 가운데에는 학식이 높은 랍비들이 많았다. 그들이 자신들의 학문적 결정과 답장을 주고받기 위해 사용했던 루트가 무역의 통로로도 사용되었다. 당시 유대인은 한자동맹과 경쟁하기 위해 내륙의 교역로를 개발했고 결과적으로 바르샤바, 프라하, 빈 등의 동유럽 여러 도시는 중요한 무역 중심지가 되었다.

W.E.H. 레키는 자신의 저서 《합리주의의 역사》에서 몇 세기에 걸쳐 유대인이 국제무역을 추진하는 중요한 역할을 했다고 지적하고 있다. 그들에게는 잘 조직된 통화제도가 있었고 각국이 어떤 물자를 필요로 하는지를 파악하여 능동적으로 공급했을 뿐 아니라 장기적으로 투자할 의사도 갖고 있었기 때문이다. 랍비들이 주도했던 유대교는 '배움의 종교'이자 '노동의 복음' 그 자체였다. 랍비들은 항상 적절한 판단과 함께 근면, 내실을 기할 수 있는 능력과 실천을 강조했

다. 그들의 학문과 경제활동은 합리주의적 관점에서 이루어졌다. 유대교 또한 기본적으로는 합리주의적이었으며 유대인들은 역사상 최초의 합리주의자들이었다.

게다가 기독교인들은 성경을 바탕으로 이자를 죄악시 여겼으며 교회법인 캐논 법률에 이자놀이를 불법으로 명시하였다. 1179년부터는 이자 받는 사람들을 아예 파문시키기에 이르렀다. 하지만 교황 니콜라스 5세는 예수님을 팔아먹고 처형한, 영원히 저주받을 족속인 유대인들로 하여금 고리대금업을 하도록 '공식적으로' 허용했다. 그리하여 순결한 기독교인을 죄악으로부터 지키도록 했다. 가톨릭이 유대인에게 이자를 받고 돈을 빌려주는 행위를 허용한 것은 어차피 지옥으로 떨어질 사람들이니까 이런 역할을 맡겨도 괜찮지 않을까 하는 생각에서였다. 더구나 경제활동이 계속 확대되는 만큼 대금활동으로 효율성을 촉진시킬 필요도 있었다.

또한 유대교 율법책인 할라카에 따르면 유대인 동족 간에는 이자를 받고 돈을 빌려주는 행위가 금지되지만 이방인에게는 대금활동을 허용하고 있다. 유대인들은 고대 이래로 돈을 가장 먼저 '상품'으로 인식한 최초의 민족이다. 그들은 단지 돈을 이곳에서 다른 곳, 이 사람에서 저 사람에게로 옮겨줌으로써 경제적 가치를 더 늘릴 수 있다는 사실을 알았다. 유대인들은 금융업이란 것이 돈을 낮은 수익률에서 더 높은 수익률의 투자처로 옮겨다 주어 사회 전체적으로 부를 더 늘리도록 해주는 정보산업이란 걸 일찍부터 알았다. 이처럼 유대인들은 유럽의 공식적인 금융업자로서 없어서는 안 될 존재가 되었다.

더구나 유대인은 남달리 공동체 의식이 강하다. 공동체 복지제도도 잘 갖추어져 있어 기본적인 의식주와 자녀 교육은 걱정하지 않아도 된다. 그 때문에 사업상의 성패에 연연하지 않을 수 있어 매사에 도전의식이 강하다. 유대인은 사업이 성공하면 먼저 가족이나 친척을 참여시키고 번창하면 동족들을 불러 모은다. 또 본인이 새로운 사업을 시작할 경우에도 가족이나 친척들의 도움은 물론 유대인 사회의 무이자 대부제도를 활용할 수 있다. 일반적으로 성공한 유대인 상인들은 단체를 조직해 다른 유대인 사업을 돕기 위한 기금을 조성하고 사업 정보와 아이디어를 제공한다. 이것들이 유대인 경쟁력의 원천이었다.

04

암스테르담 시대

스페인 왕국이 플랑드르를 지배하다

신성 로마 제국 막시밀리안 황제의 아들 펠리페 왕자는 스페인 왕국의 후아나 공주와 결혼하여 훗날 스페인 왕위 계승권까지 가지게 된다. 합스부르크가에겐 엄청난 행운의 연속이었다. 이로써 그는 스페인 왕국 합스부르크가의 시조가 되었다. 그 무렵 유럽의 왕들은 나라를 마치 사유물처럼 취급했다. 그 뒤 펠리페는 스페인 왕국의 왕이 될 아들이 태어나자 그가 다스리던 플랑드르 지역을 아들에게 선물로 주었다. 그래서 플랑드르의 주인이 또다시 바뀌었다. 스페인 왕국의 땅이 된 것이다.

그러다 보니 플랑드르는 가톨릭이 극성을 부리는 이베리아 반도와는 달리, 비교적 유대인들

∴ 스페인 후아나 여왕

에게 안전한 곳이었다. 그 때문에 이베리
아 반도에서 박해가 있을 때 유대인들은
이곳으로 피신했다. 개종한 유대인을 일
컫는 마라노들 역시 종교재판을 피해 이
곳으로 옮겨 왔다. 저지대를 선물로 받은
이 아들이 훗날 유럽의 패자가 된 스페인
왕국의 카를로스 1세이다. 그는 16세의
어린 나이에 스페인 왕에 오른다. 1500년
플랑드르 헨트에서 태어나 자란 카를로
스는 스페인 왕국의 지배 아래 들어온 저
지대를 비교적 너그럽게 다스렸다. 카를로스는 1519년 할아버지 막
시밀리안 1세의 사망과 함께 신성 로마 제국의 왕관과 전 합스부르크
의 영지를 손에 넣으면서 스페인 왕국의 카를로스 1세이자 신성 로
마 제국의 카를 5세로 스페인에서 오스트리아에 이르는 대제국의
수장으로 등극하였다. 이 과정을 살펴보자.

'혼테크'의 달인, 막시밀리안

합스부르크가의 프리드리히 3세는 당시 프랑스와 네덜란드 일대
의 광대한 영토를 보유하고 있던 부르고뉴 공국의 용맹공 샤를에게
사돈을 맺을 것을 제안한다. 당시 사촌인 프랑스 루이 11세와 대립하
고 있던 샤를은 이 제안을 받아들이고 얼마 안 되어 낭시 외곽 전투
에서 그 특유의 용맹성 때문에 스위스 용병에게 허망하게 죽임을 당

했다. 그해 막시밀리안 왕자는 부르고뉴 공국의 유일한 상속녀 마리 (마리아)와 결혼하여 저지대에서 중부 프랑스에 이르는 부르고뉴 공국의 영토를 차지했다. 1477년 샤를 공작이 사망할 당시 부르고뉴 공국의 영토가 당시 프랑스의 영토보다 더 컸다.

그러자 샤를 사후의 영지에 대해 프랑스의 루이 11세가 영유권 분쟁을 시작하였다. 루이 11세는 막시밀리안을 공격하지만 막시밀리안은 1481년 구이네게이츠 전투에서 프랑스군을 격퇴한다. 이 전투의 결과로 막시밀리안은 프랑스로부터 플랑드르와 네덜란드의 독립을 지켜냈다. 막시밀리안은 홀로 된 부인을 지켜주어 '마지막 기사'라는 칭호와 함께 부르고뉴와 프랑슈-콩테, 플랑드르, 아르투아, 브라반트, 네덜란드, 림베르크, 구엘드레란트, 룩셈부르크 등의 영지들을 소유하는 행운도 같이 갖게 된다. 막시밀리안의 결혼은 유럽사에서 가장 중요한 결혼으로 손꼽힌다. 이후 결혼을 통한 영토 확보와 확장은 합스부르크 가문의 전통이 된다.

여기에 또 다른 결혼동맹이 막시밀리안에게 거대 영토를 주게 된다. 막시밀리안은 아들 펠리페와 딸 마르가레타를 결혼동맹의 핵심 수단으로 활용하여 1496년 스페인과 겹사돈 관계를 맺는다. 그의 딸을 카스티야 왕국과 아라곤 왕국을 물려받을 예정인 후안 왕자에게 시집보내고 카스티야 후아나 공주를 며느리로 맞이한 것이다. 이 결혼으로 훗날 막시밀리안은 스페인뿐 아니라 나폴리와 시칠리, 사르디니아 그리고 아메리카 대륙의 식민지를 획득하게 된다. 바로 후안 왕자가 일찍 죽는 바람에 막시밀리안의 아들 펠리페에게 시집온 며느리 후아나가 스페인 제국의 상속녀가 된 것이다. 이로써 합스부르크가는 1519년에 스페인 제국의 영토까지 지배하게 된다. 자식들만 결혼동맹에 동원한 게 아니었다. 부인의 낙마 사고로 홀아비가 된 막시밀리안 자신도 당시 이탈리아에서 가장 부유한 가문 중 하나였던 밀라노 스포르차 가문의 비안카 마리아와 결혼한다.

기존 오스트리아 영지를 바탕으로 프랑스와 네덜란드의 부유한 지역을 확보하고 다시 스페인 제국의 지역까지 손에 넣은 막시밀리안은 동유럽 쪽으로도 결혼동맹을 통해 영지를 넓힌다. 이번에는 손자를 동원했다. 손자 페르디난드와 헝가리의 라디슬라스 2세의 딸을 결혼시킨 것이다. 이번에도 얼마 안 있어 라디슬라스가 죽으면서 이 지역의 영지들이 막시밀리안의 품에 들어오게 된다. 막시밀리안의 결혼 프로젝트들은 상속 경쟁자들의 우연한 이른 죽음으로 더욱 빛을 발하였다. 이처럼 대영토를 확보한 것을 발판으로 손자 카를 5세 시대에 이르면, 신대륙과 동남아의 광대한 식민지까지 더하여 합스부르크가의 영토는 '해가 지지 않는 제국'이 되었다. 16세기 이후에도 합스부르크가의 위세는 수 세기간 지속됐다. 한마디로 합스부르크가는 역사상 최강의 '혼婚테크'의 달인이었다.

루터의 종교개혁과 유대인

16세기 종교개혁은 유대인들의 운명에 결정적인 영향을 끼쳤다. 장기적인 관점에서 프로테스탄트의 출현은 유대인들에게 크게 유리하게 작용했다. 종교개혁이 교황 중심의 기독교 세계의 통일성을 무너뜨렸기 때문이다.

15세기에 이르러 교회의 부패상은 하늘을 찔렀다. 예를 들어 돈 받

고 파는 하늘나라행 티켓 '면죄부'가 그것이었
다. 그 무렵 국왕의 수입은 금화 1만 5000개였는
데 비해 교황은 금화 30만 개를 수입으로 거두
어들였음에도 돈독이 올라 교황 산하의 수도원
과 교회는 돈놀이에 여념이 없었다. 교회의 직책
도 돈을 받고 팔았다. 심지어 어느 교황은 교황
청에서 공개적으로 윤락업소를 운영했다는 이
야기도 있다.

❖ 마틴 루터

　이때 교회의 타락과 부패에 반기를 들고 일어선 이가 마틴 루터였
다. 1517년 10월 그는 교회 입구에 〈95개조 반박문〉을 붙이고 교회
와 치열한 논쟁을 벌였다. 반박문은 한 달 만에 유럽 전체로 퍼져나
갔다. 사람들이 면죄부를 사지 않자 교황청은 타격이 컸다. 교황은 분
노했고 그에게 파문령을 내렸다. 이어 루터는 〈종교개혁 3대 논문〉을
발표하고 전면 투쟁에 돌입했다. 그 뒤 상당수 가톨릭 신자들이 교적
을 포기하고 스스로 '프로테스탄트(신교도)'라 부르며 교황청으로부
터 독립을 선언했다. 이렇게 하여 가톨릭으로부터 개신교가 떨어져
나와 종교개혁이 이루어졌다.

　종교개혁으로 유대인들에 대한 노골적인 격리는 끝났다. 유대인
들이 증오했던 수도사와 수도원들도 신교에서는 없어졌다. 유대인들
은 종교개혁을 환영했다. 초기에 개신교도와 유대인들은 비교적 잘
지냈다.

　마틴 루터도 처음에는 유대인을 옹호했다. 그가 가톨릭을 공격했
던 내용 중의 하나가 가톨릭이 유대인들을 너무 무자비하게 취급했
다는 것이었다. 가톨릭의 사제와 수사들이 유대인들을 공격하고 박

해한 일을 루터는 강렬한 어조로 비난했다. 루터는 "유대인들은 지상에서 가장 좋은 혈통이다. 성령은 그들을 통하여 성경의 모든 책을 세상에 주시기를 원했다. 그들은 자녀요, 우리는 손님이요 나그네다. 우리는 가나안 여인처럼, 주인의 상에서 떨어지는 부스러기를 먹는 개가 된 것으로 만족해야 한다"고 말했다. 그러면서 유대인들을 개종시키기 위한 최선의 방법은 그리스도의 사랑이요, 초대 교회 교부들이 권했던 친절과 관심이라고 주장했다.

일부 유대인들은 루터의 말에 큰 기대를 걸고 그를 환영했다. 하지만 대부분의 유대인들은 멀찌감치 떨어져서 관망했다. 그 뒤 루터는 교황의 박해를 피해 피신 중에 성서를 독일어로 번역했다. 독일 지역의 말들이 서로 달라 지난한 작업이었지만 그 통에 근대 독일어의 근간이 정리되었다. 그리고 이것이 인쇄술 덕에 각지로 전파될 수 있었으며 루터의 의견에 호응하는 사람들이 많아졌다. 그리고 루터는 교황의 권위를 정면으로 부정하면서 유대인에게 도움을 구했다. 1523년에 쓴《예수 그리스도는 나면서부터 유대인》이라는 소책자에서, 루터는 도대체 유대인이 그리스도를 받아들이지 않을 이유가 전혀 없다고 말하면서 유대인이 자발적으로 집단 개종하기를 바랐다. 그러나 루터가 번역한 성서보다는 탈무드 쪽이 훌륭한 성서 해석을 해놓았다면서 유대인들이 개종의 손짓을 거부했다.

그러자 이때부터 루터는 돌변했다. 그리고 유대인들을 거세게 비난하기 시작했다. 이어 간행된《유대인과 그 허위에 대해》라는 소책자는 홀로코스트를 향한 거대한 첫 발짝이라 할 만큼 유대인에 대해 과격한 독설을 퍼부었다. "먼저, 유대인의 시나고그에 불을 지르고, 타고 남은 것들은 몽땅 펄 속에 파묻은 다음, 그 초석이나 불탄

재가 사람 눈에 뜨이지 않도록 해야 할 것"이라고 루터는 부추긴다. "유대교의 기도서를 파기하고, 랍비가 설교하는 것을 금해야 한다. 그리고 유대인의 집을 '때려 부수고', 그곳에 사는 사람을 '한 지붕 밑이나 마구간에 몰아넣은 다음, 그들에게 이 땅의 지배자가 아니라는 것을 깨닫게' 해야 한다. 유대인이 길거리나 저잣거리에 들어갈 수 없도록 해야 한다. 그들의 재산을 몰수하고, 이 '유해하고 독기 있는 구더기들'을 강제 노동으로 내몰아서 '이마에 땀을 흘리고' 자신들이 먹을 빵을 벌게 해야 마땅하다. 그리고 최종적으로는 '영원히' 추방해야 한다."

루터는 그들의 부는 '높은 이자를 받아서 우리에게서 수탈한 것'이므로 유대인의 것이 아니라고 주장했다. 루터에 의하면 고리대금은 다음과 같다. "근본적으로 도둑질이요 살인이다. … 남이 갈무리해놓은 양식을 먹어치우고, 부패시키고, 훔치는 자는 누구나 살인을 하고 있는 것이다. 그것은 사람을 굶어 죽게 하거나, 살해하는 것과 똑같다. 고리대금업자는 그런 짓을 하면서 평안히 산다. 제대로 한다면 교수대에 매달고, 훔친 길더 은화와 똑같은 숫자의 까마귀에게 쪼아 먹혀야 마땅한데 말이다. … 그러므로 수전노와 고리대금업자는 이 세상에서 악마 다음으로 가증한 적이다. 그들은 신이 되어 모든 사람에게 군림하려 하고 있으니까 말이다. … 고리대금업자는 늑대인간처럼 무서운 괴물이다. … 노상강도, 살인자, 가택침입 강도를 수레바퀴(형틀)에 매달아 찢어 죽이고 목을 베듯이, 고리대금업자는 하나도 남김 없이 형틀에 매달아 죽이고 … 추적해서 붙잡아, 저주하고 목을 잘라야 할 것이다."

루터는 말로 공격하는 것만으로 만족할 수 없었다. 그의 영향력이 커지자 그는 유대인을 1537년에는 작센에서 추방했고, 1540년에는 독일 거리 곳곳에서 내쫓았다.

장 칼뱅, 상인 곧 유대인을 지지하다

이에 견주어 훗날 영국 청교도혁명의 사상적 지주가 된 프랑스인 장 칼뱅은 상인들을 지지하였다. 당시 유럽에서 상업에 종사하는 자들은 낮은 사회적 지위를 감수하고 있었다. 이러한 상인들에게 칼뱅은 자신의 직업에 충실한 것이 신에게 봉사하는 길이라고 설교하였다. 상인merchant이 유대인과 같은 뜻으로 쓰일 때였다. 해상무역에 직간접적으로 종사하는 유대인을 '머천트merchant'라 불렀다. 중세 말에 유대인들은 대부분 모직물 분야의 머천트 어드벤처스Merchant Adventurers 회사의 일원으로 활동했기 때문이다. 이러한 칼뱅의 주장은 당시로선 파격이었다. 그리하여 상업이 융성했던 네덜란드에 칼뱅파가 널리 퍼지게 된다. 칼뱅은 인간이 스스로의 구원을 확신하면서 세속적인 직업활동과 합리적이고 금욕적인 일상생활을 함께 영위해야 함을 강조했다. 이는 근대적인 직업관과 생활윤리를 제공하여 근대사회의 발전에 크게 기여했다.

** 장 칼뱅

칼뱅은 이렇게 유대인에 대해 호의적이었다. 이유는 여러 가지가 있겠지만, 그중 하나는 칼뱅이 이자를 받고 대부하는 일에 대해 찬성했다는 점이다. 칼뱅은 5% 이자율 한도 내에서는 빌려주어도 좋다고 했다. 그리고 루터의 반대에도 종교개혁 후 등장한 일부 신교도들은 고리대금업에 대해 관대한 입장을 폈다. 네덜란드 신교도와 영국 청교도들이 이자 상한선을 정해놓고 대부업을 허용한 것이다. 이것이 이 두 나라가 근대에 접어들어 금융산업을 기반으로 상업을 비약적으로 발전시킨 이유이기도 하다. 칼뱅은 그의 저서를 통해 유대인의 주장을 객관적으로 전하는 바람에 루터파로부터 유대화되고 있다는 질책을 받을 정도였다.

네덜란드, 1568년 독립전쟁을 시작하다

그 무렵 저지대 사람들 중 루터의 종교개혁 영향으로 신교를 믿는 사람들이 많았다. 부르고뉴 공국, 곧 지금의 네덜란드는 스페인 왕가가 혼인으로 합스부르크 왕가도 계승하자 1516년부터 스페인 왕 겸 독일 황제인 카를 5세의 통치를 받고 있었다. 그 무렵 그곳은 상공업이 발달하고 자유분방한 사회 풍조여서 신교가 확산될 조건이 성숙해 있었다. 넓은 영토를 통치하다 지쳐버린 카를 5세가 1555년 스스로 물러나 스페인계 합스부르크령과 스페인 왕국의 왕관은 아들인 펠리페 2세에게 물려주고 나머지 독일계 합스부르크령과 신성 로마 제국의 왕관은 동생인 페르디난트 1세에게 물려줌으로써 합스부르크가가 둘로 갈라서게 된다.

∴ 펠리페 2세

이로써 카를 5세의 뒤를 이은 펠리페 2세

가 1556년에 스페인 왕이 된다. 스페인의 전성기이자 쇠락기의 시작을 열게 되는 펠리페 2세는 독실한 가톨릭 신자였다. 그는 자신을 세계 가톨릭의 수호자라고 생각했다. 그래서 플랑드르 지방 저지대 신교도들을 이단으로 규정하고 종교재판소를 세워 가혹하게 탄압하기 시작했다. 신교도 가운데서도 칼뱅주의자들이 가장 행동적이고 저돌적이었다. 이들은 상공업에 열심히 종사하는 한편 종교 문제에 대해서는 매우 공격적이었다. 저지대의 상인들은 펠리페 왕의 중과세 정책과 상업 규제에도 반발했다. 합스부르크 왕가의 강력한 중앙집권 정책과 과다한 세금 징수, 종교 탄압은 북부 네덜란드로 하여금 독립을 염원하게 만들었다. 그들은 이윽고 1566년에 반란을 일으켜 저지대 전역의 가톨릭 성당들을 부수고 불태웠다.

당시 스페인 총독 알바 공은 대량 학살로 불온사상을 뿌리 뽑을 수 있다고 생각한 사람이었다. 이듬해 그는 급속하게 확산되던 반란을 진압하고 신교도 1만 8000명을 처형하였다. 그리고 무역에 대한 중과세를 부과하였다. 이러한 중과세로 인해 네덜란드 경제는 치명적인 타격을 받게 된다. 그러자 1568년 반란의 불길이 더욱 거세져 전국적인 반란이 일어났다. 펠리페 2세는 즉각 알바 공을 지휘관으로 삼아 1만 명의 진압군을 파견했다. 이에 네덜란드 17개 주 가운데 자유도시가 많았던 북부 저지대의 7개 주는 일제히 궐기하여 독립 전쟁에 돌입했다. 역사에서 보면 종교전쟁과 이념전쟁은 흑백논리의 대결이기 때문에 타협 없이 늘 참혹한 양상으로 전개된다. 스페인 진압군은 전쟁에서 포로를 인정하지 않고 무자비하게 살육했다. 이것이 80년간 계속된 네덜란드 독립전쟁의 시작이었다.

앤트워프 유대인들, 암스테르담으로 옮겨 오다

암스테르담이라는 이름은 원래 '암스텔 강의 둑'이란 뜻이다. 13세기에 어민들이 암스텔 강에 둑을 설치하고 정착한 데서 유래하였다. 그 뒤 14세기에는 한자동맹에 가입하여 함부르크의 맥주 수출항으로 번창했다. 16세기 중엽부터 유대인들이 가장 많이 모여든 곳은 앤트워프나 브뤼헤보다 스페인의 영향력이 미치지 않는 네덜란드의 암스테르담이었다. 이는 종교적 관용을 베푼 네덜란드의 유대인 수용 정책 덕분이었다. 네덜란드는 유대인들이 그리스도교들과 결혼하거나 국교를 비판하지 않는다는 조건으로 유대인들을 받아들였다. 이는 오히려 유대인들이 원하는 바였다.

16세기 후반 앤트워프는 스페인의 침공으로부터 도시를 지키기 위해 용병들을 끌어들였다. 그런데 이것이 화근이었다. 보수를 제대로 받지 못한 용병들처럼 위험한 존재는 없었다. 이들은 툭하면 폭동을 일으키고 약탈을 일삼았다. 무법천지였다. 1576년에는 6000여 명이 살해될 정도였다. 이것이 앤트워프 쇠락의 근본 원인이었다. 이때 많은 유대인이 암스테르담으로 옮겨 왔다.

반면 1579년 네덜란드는 건국헌장에 종교의 자유를 선언했다. 이 것이 강력한 흡입력을 발산하여 네덜란드는 유럽 전역에서 종교난민들을 흡수했다. 유대인들이 각지에서 네덜란드로 몰려들었다. 영국에서 국교인 성공회에 대항한 칼뱅주의자들도 심한 박해 때문에 네덜란드로 피신해 왔다. 이때부터 네

✲ 1538년의 암스테르담

∴ 네덜란드의 최대의 도시 암스테르담

덜란드에서는 양심의 자유와 내면적 신앙은 불가침의 영역으로서 존중되었다.

　"칼뱅주의자들은 이 세상에서 성공하는 것이 곧 신으로부터 선택 받은 증거라는 믿음을 가지고 있습니다." 막스 베버는 이들 청교도로 부터 자본주의가 유래했다고 설명했다. 반면 베르너 좀바르트는 "자 본주의는 유대인을 따라 들어왔다"고 이를 반박했다. 여하튼 유대교 와 개신교의 정신과 자본이 네덜란드를 세계의 무역, 금융, 산업 중심 지로 만들었다. 스페인에서 목숨을 지키기 위해 부득이하게 가톨릭 으로 개종했던 마라노들도 암스테르담의 자유로운 종교 환경 덕분에 다시 자신들의 본래 모습을 되찾았다. 이름을 다시 히브리어로 바꾸고 남자는 할례를 행하면서 유대교로 되돌아갔다.

게다가 앤트워프가 1585년 스페인에 다시 정복되자 절반 가까운 시민들은 북부 네덜란드로 탈주했다. 그나마 그때까지 남아 있었던 유대인들도 대부분 이때 암스테르담으로 옮겨 왔다. 그리고 앤트워프 시민 일부는 다른 나라로 떠나갔는데 그 가운데 1만여 명이 런던으로 이주했다. 상당수가 유대인이었다. 당시 영국은 유대인의 공식 입국을 허용하지 않을 때였지만 해상무역의 진흥을 위해 유대인의 입국을 눈감아주었다. 아니, 영국이 불러들였다고 보는 게 옳다. 이유는 두 가지였다. 하나는 당시 영국이 무역에 있어서 '양모'라는 단일 품목 수출과 '앤트워프'라는 단일 수출시장에 목매고 있을 때였기 때문이다. 또 하나는 영국 왕실의 긴급 자금 조달과 관련하여 영국 내 유대 금융인이 없어 국내에서 자금 조달을 할 수 없었기 때문이다. 그래서 앤트워프에 대리인을 파견하여 필요한 자금을 융통해 쓰던 실정이었다. 당시 그 대리인이 무역상이자 외교관이었던 토머스 그레셤 Thomas Gresham이었다. 이때 앤트워프에서 건너간 유대인들이 그 후 영국의 해상무역을 이끌었다. 그리고 그들이 1600년 영국 동인도회사와 1605년 레반트회사를 설립하여 동방무역을 주도하였다.

이러한 유대인의 이주는 당시 플랑드르 경제에 막대한 손실을 입히는 원인이 된다. 반면 반대급부로 암스테르담의 경제는 급속히 발전했다. 그러자 유럽 각지에 흩어져 살고 있던 유대인들이 암스테르담으로 대거 모여들었다. 더불어 암스테르담이 부흥하자 유럽 각국의 부유한 상인과 예술가들 또한 이곳으로 밀려들었다. 1580년대 말에 암스테르담의 규모는 이전보다 3배나 커졌다. 당시 암스테르담은 앤트워프 항구가 가지고 있던 시장을 빠르게 잠식해가면서 유럽 최대의 항구로 급성장했다. 유대인들은 16세기 말에 암스테르담 상권을 완전히 장악했다. 그 뒤 청교도들은 메이플라워 호를 타고 신대륙을 찾아 떠났다.

네덜란드, 최초의 '공화국'으로서 사실상의 독립 쟁취

저지대 측 독립전쟁의 지도자는 오라녜 공△ 빌럼 1세였다. 그는 침묵공이라고도 불렸다. 침묵공이라 불린 이유는 그가 종교 문제를 토론 대상으로 하기를 거부한 때문이다. 대신 그는 관용의 원칙을 제시했다. 이는 지금까지 이어져 내려오는 네덜란드의 독립정신이 되었다. 당시 영국은 스페인 세력의 팽창을 저지하기 위해 네덜란드의 독립을 도왔다. 궁지에 몰리던 빌럼의 독립군은 1572년 영국 해적의 도움을 받아 기사회생한다.

∴ 오라녜 공 빌럼 1세

당시 유대인과 청교도들도 빌럼의 독립군을 적극 도왔다. 덕분에 빌럼의 연합군에 소속되어 있던 용병들에게는 월급이 제날짜에 정확하게 지급되었고 용병들의 사기를 올리는 데 결정적인 계기가 되었고 곧 엄격한 훈련과 군 기강의 확립으로 연결되었다. 유럽 어디에도 이같이 기강이 바로 선 군대는 없었다. 빌럼의 연합군은 네덜란드의 운하를 이용하여 내륙 깊숙이 침입해 스페인 진압군이 장악하고 있던 도시와 마을들을 차례차례 탈환해갔다. 그리고 1581년, 네덜란드는 마침내 스페인군을 저지대에서 몰아내 신교도 국가로서 독립국가임을 선언했다. 그 뒤 1588년 스페인의 무적함대가 영국과 네덜란드 연합군에게 격파되자 이 틈을 놓치지 않고 네덜란드는 '공화국'으로 사실상의 독립을 쟁취하기에 이른다.

네덜란드, 해외 진출의 황금시대를 열다

스페인이 장악했던 해상권을 이제 영국과 네덜란드가 쥐게 되었다. 이때부터 유대인의 시대가 본격적으로 시작되었다. 그들은 해상무역에서 브뤼헤와 앤트워프 시절의 시장을 승계한 데다 동인도 항로까지 추가하였다. 그 무렵 16세기 말에 네덜란드 지역이 둘로 나누어진다. 전쟁에 참여한 북부와 그렇지 않은 지역은 현재의 네덜란드와 벨기에로 분리된다. 그 뒤 스페인의 국제적 지위가 하락하고 재정적으로 궁핍한 데다 1598년 펠리페 2세가 사망함으로써 네덜란드가 독립전쟁에서 유리한 고지를 차지한다.

전쟁 와중인 1602년 유대인들을 주축으로 한 동인도회사가 설립되어 동아시아 무역에 집중하게 된다. 당시로선 국운이 걸린 국가적 사업이었다. 그 뒤 동인도회사의 유대인들은 해상무역에 주력하여 네덜란드 시대를 활짝 연다. 그래서 1590년에서 1609년 사이의 20년 동안을 '유대 대상인의 1차 중흥기'라 부른다. 한편 유대인들은 전쟁도 적극 거들었다. 동인도회사가 거느린 함선들은 동인도 항로의 스페인 상선을 공격했을 뿐 아니라 신대륙과 서인도제도에서 은괴와 물건을 가득 싣고 스페인으로 돌아가는 상선들도 약탈하기 시작했다. 그러자 스페인군은 네덜란드 남부에 주둔시킨 군대의 급료조차 지불이 어렵게 되었다. 그 뒤 스페인에 펠리페 3세가 즉위하자 1609년 네덜란드 정부는 스페인과 12년간의 휴전조약을 체결한다. 네덜란드 정부로서는 안정적인 환경에서 동인도회사를 거국적으로 지원하기 위해서였다.

그들은 오라녜 공 빌럼 1세가 네덜란드인들을 하나로 결집시켜 스페인으로부터 자유를 쟁취했다는 사실을 상징하기 위해 그를 모세에, 네덜란드인을 다윗에, 그리고 스페인인을 골리앗에 비유했다. 그리고 이런 내용을 가장행렬 같은 형태로 많은 행사에서 표현했다. 독립전쟁 시기에 많은 지역에서 주조된 기념주화들, 또 독립전쟁을 옹호하는 벽화 같은 것들도 같은 이미지를 차용했다. 이런 민족주의적 태도가 구약성경에 많이 의존했으므로 '헤브루민족주의'라고도 부르는데, 북부 네덜란드는 물론 남부 지역에서조차 일부 받아들였을 정도였다. 또 사회계급이나 종파와도 별 관련 없이 수용되었다.[*]

이렇게 '네덜란드 연방공화국'이 성립되어 정치적으로 안정을 되찾은 네덜란드는 동인도회사를 적극 지원하여 해외 진출의 황금시대를 맞이한다. 네덜란드는 이처럼 세계 최초의 공화국으로 탄생하였다. 네덜란드 독립전쟁은 영국의 청교도혁명, 미국의 독립전쟁, 프랑스의 대혁명에 선행한 시민혁명의 승리였다. 이로써 이들의 선례가 되었으며, 특히 미국 독립과 연방제도의 모델이 되었다.

❖ 강철구, 〈강철구의 '세계사 다시 읽기'〉, 《프레시안》

다이아몬드 산업, 암스테르담과 앤트워프가 겨루다

앤트워프 유대인들이 암스테르담으로 옮겨 가자 이번에는 그곳이 다이아몬드 유통 중심지로 발돋움했다. 그 뒤 암스테르담은 지난 1980년대까지만 해도 세계 다이아몬드 시장의 중심이었다. 하지만 지금은 벨기에의 앤트워프가 다시 그 자리를 빼앗았다. 네덜란드가 세금 등 규제를 늘렸기 때문이다. 실제 오늘날 앤트워프에서는 세계 다이아몬드 원석의 80%, 가공석의 50%가 거래된다. 여기에 공업용 다이아몬드도 40% 정도를 취급해 전 세계 다이아몬드 총 유통 물량의 60%를 이곳에서 담당하는 셈이다.

지금도 앤트워프의 연간 다이아몬드 거래액은 약 220억 유로에 달하며 세계 1위의 다이아몬드 도매시장으로 자리 잡았다. 앤트워프의 다이아몬드 가공은 주로 가내수공업의 형태로 유대인들이 장악해 왔다. 지금도 중앙역 근처에 가면 다이아몬드 원석 전문 거래소 '크링Kring'을 비롯해 약 1500개의 다이아몬드 전문점들이 밀집해 있다. 그곳에서는 검은색 복장의 정통파 유대인들을 자주 볼 수 있다.

오늘날까지도 다이아몬드 산업은 유대인들의 독과점 사업이다. 워낙 이익이 많이 남기 때문이다. 유대인들의 주특기인 '일괄 독점체제의 완성'은 이 산업에서도 꽃을 피웠다. 그들은 생산지와 가공지 그리고 판매지의 모든 유통구조를 일괄 장악한 독점 시스템을 이용해 수급을 조절하여 고가의 판매정책을 고수하고 있다. 이는 세계 최대의 다이아몬드 유통업체인 드비어스De Beers의 창시자 세실 로즈Cecil John Rhodes의 작품이다. 그는 공급과 수요의 균형을 유지하는 것만이 다이아몬드의 가격을 고가로 묶어둘 수 있다는 것을 깨닫고 생산과 공급을 조절하기 시작했다. 그 첫 단계로 1888년 드비어스콘솔리데이티드마인스De Beers Consolidated Mines, Ltd를 설립하여 판매를 독점하였다. 그리고 광산을 사들이기 시작함으로써 공급을 장악하여 단일 채널의 다이아몬드 시장을 구축했다. 이는 다이아몬드가 만약 자유롭게 공급되기 시작하면 하루아침에 돌 값이 될 수 있음을 뜻한다.

유대인들이 주도하는 보석산업

보석의 역사는 곧 유대인의 근대사이기도 하다. 반복해서 설명한 것처럼 1492년 스페인의 유대인 추방령이 앤트워프와 암스테르담에 보석시장을 탄생시켰다. 이후 보석이 최고의 재화로 등극하면서 세계인의 사랑을 받게 된다. 하지만 아프리카에서 대규모 광맥이 발견되자 이는 축복이 아니라 악마의 저주로 변해버린다. 보석을 장악하려는 제국주의 만행은 보어 전쟁을 유발하여 수많은 보어인의 대학살이라는 전대미문의 참상을 가져왔다. 이를 취재하던 영국 특파원 존 홉슨이 쓴《제국주의론》은 레닌에 흡수되어 공산주의를 탄생시킨다.

그 뒤 오랜 세월 동안 다이아몬드는 유대인이 주도하던 '드비어스'라는 독점 괴물에 의해 장악되었다. '생산-유통-판매-재고관리'라는 일체의 프로세스가 철저히 관리되고 인위적으로 공급량이 조절되어 시장에서 높은 가격이 유지되었다. 하지만 드비어스는 또 다른 유대인 레브 레비에프Lev Leviev에 의해 도전받고 그 독점 아성이 깨진다. 여기에 더해 아프리카 곳곳에서는 정부군과 반군들 사이에 내전이 일어나면서 다이아몬드 쟁탈전이 일어나 피로 얼룩진 '블러드 다이아몬드' 참극이 벌어진다. 할리우드 영화로도 만들어져 세인의 관심을 끌었다.

유대인 공급업자들은 최근 세계적인 경기불황으로 수요가 급감하자 암묵적으로 공급량을 조절하여 오히려 가격을 인상시키고 있다. 참으로 유대인다운 공조 시스템이다.

상업적 의미에서 보석의 출생지는 16세기 초 앤트워프와 암스테르담이다. 그리고 그들의 부모는 유대인이다. 한낱 장신구에 지나지 않았던 보석에 생명을 불어넣었기 때문이다. 그들이 보석을 보석답게 재탄생시켰다.

보석에 생명을 불어넣어 준 유대인

중세 유대인들은 항상 그들이 살던 곳에서 언제 추방될지 모르는 불안 속에 살아왔다. 이 같은 상황에서 그들에게 필요한 것은 추방될 때 손쉽게 들고 갈 수 있는 재화였다. 무거운 귀금속보다는 더 작고 값진 재화나 보석들이 제격이었다. 유대인의 오랜 방랑과 시련이 남겨준 지혜였다. 주화는 편리하고 쓰기도 쉬웠지만 언제 어느 나라로 쫓겨 갈지 모르는 상황에서 각 나라에서 사용하는 주화를 다 모으기는 어려운 실정이었다. 게다가 무겁고 강탈의 위험에 노출되기 쉬웠다. 그러나 보석이란 어느 나라에서나 통하는 만국 공통의 화폐 구실을 했다. 게다가 유대인들은 대부업을 하면서 담보로 잡은 보석들이 많았다. 유대인들이 보석에 특화된 이유이다.

사실 보석은 유대인들이 이처럼 중요한 재화의 대용으로 사용하기 이전에는 일반인들에게 그리 대중적이지 않았다. 고대 이래로 법으로 일반인들에게 보석의 사용을 금한 적이 많았기 때문이다. 일반인이 보기에 보석은 왕관이나 검, 그리고 귀족이나 성직자 예복의 장식품에 불과했다. 유대인들이 근대 들어 보석을 중요한 교환가치의 하나로 승격시키면서 보석에 새로운 생명을 불어넣어 준 것이다. 이로써 유대인과 보석은 특별한 관계를 맺는다. 이후 보석은

유대인들에 의해 꾸준히 개발되면서 중요한 재화로 발전했다.

15세기 이베리아 반도의 유대인들이 쫓겨나 앤트워프로 피신해 와서 제일 먼저 한 장사가 그들이 탈출할 때 몸에 숨겨 지니고 온 보석 거래였다. 이후 자리를 잡자 그들이 가장 먼저 일으킨 산업은 바로 다이아몬드 가공 및 수출산업이었다. 당시 유일한 산출국이었던 인도에서 원석을 들여와 가공해 수출했다.

18세기 초에 브라질에서 다이아몬드 광상이 발견되기까지는 인도가 유일한 다이아몬드 산출국이었다. 앤트워프는 오늘날까지 그 전통을 이어받아 여전히 유럽 최대의 다이아몬드 유통지다. 1980년대까지 전 세계 원석 다이아몬드의 90%, 세공 다이아몬드의 50% 이상을 소화했고 유대인들은 이 시장에서 70% 이상의 점유율을 유지해왔다. 유대인 성姓 중에 골드(금)버그, 슈타인(돌)버그 등이 많은 것도 이들 중 다수가 금과 보석을 다루는 직업을 갖고 있었기 때문이다. 최근에는 인도인들이 유대인 자리를 대체하고 있다.

다이아몬드의 탄생

다이아몬드는 수억 년 전에 지하 120~200km의 깊은 땅속에 묻힌 탄소가 고온과 고압 상태에서 독특한 결정구조를 갖추게 됨으로써 지구상에 탄생하게 되었다. 하지만 이러한 다이아몬드의 존재가 인간에게 알려지게 된 것은 기원전 700년경으로 인도의 골콘다 지역 강바닥에서 처음 발견되면서부터라고 한다. 처음에 사람들은 찬란한 빛을 내는 돌을 발견한 후 이를 가공해보고자 망치로 쳐보기도 하고 불에 태워보기도 했으나 전혀 깨지지도, 타지도 않았다. 이후 이 보물 돌(보석)의 존재를 경외하기 시작하였고 결국에는 보석을 절대 권력자인 왕에게 바치게 되었다.

사람들은 이러한 성질을 갖는 이 보석의 이름을 '다이아몬드'라고 부르기 시작했는데, 이것은 그리스어의 'ADAMAS'에서 나왔다. '정복할 수 없다'라는 뜻으로 다이아몬드가 절대로 인간의 힘으로는 깨뜨릴 수 없는 신성한 존재라는 의미다. 우리말로 금강석金剛石이라고 하는데 이 말도 금강불괴金剛不傀, 곧 '단단하여 부서지지 않는 돌'이라는 뜻이다.

다이아몬드는 고대로부터 부와 신분의 상징

지금이야 다이아몬드가 돈만 있으면 누구나 가질 수 있을 정도로 대중화됐지만 로마 시대에는 귀족들만이 소유할 수 있는 보석이었다. 다이아몬드를 언제부터 인간이 사용했는지에 대해서는 정확한 기록이 없다. 하지만 일반적으로 기원전 500년경에 인도의 드라비다족이 이를 본격적으로 보석으로 활용한 것으로 본다.

1905년에 발견된 기록에 의하면 인도 마우리아 왕조의 창시자인 찬드라굽타 왕의 통치기간인 기원전 320~기원전 298년 중에 다이아몬드를 세금으로 거두어 왕가의 조세수입으로 사용했다는 사실이 적혀 있다. 또한 2세기경 천문학자 프토레미의 기록에 의하면 당시 인도의 다이아몬드가 알렉산드리아 항구를 경유하여 지중해 국가에 수출되었다는 내용이 있다. 그리고 구약성서 출애굽기 28장 18절에 등장하는 12가지 보석 중에 히브리어의 'YAHALOM'은 오늘날의 다이아몬드를 의미한다.

이외에도 다이아몬드는 돌 자체의 단단함 때문에 기원전 2세기에 로마 사람들이 돌을 정교하게 조각할 때 도구로 이용했다는 사실과 이 기술이 중국에 전파되어 5세기경에 중국어로 'KUN-WU'라고 부르는 끝

도구에 다이아몬드 팁을 붙여 사용했다는 기록도 있다. 중세에는 유럽에 수입되는 다이아몬드는 극소량이었다. 그 때문에 당시에는 법률로 왕족과 귀족만이 소유할 수 있도록 규제했었다.

비극을 잉태하고 태어난 다이아몬드

네덜란드어로 농부를 뜻하는 '부어'에서 나온 보어인boer人은 남아프리카 지역에 정착한 네덜란드계 사람들을 지칭하는 표현이다. 그들은 1650년대 동인도회사 소속 식민지 개척자들이었다. 한때 케이프타운은 세인트헬레나에서 봄베이, 벵갈 지역까지 영향을 미치는 동인도회사의 영화를 상징하는 거점 지역이었다. 네덜란드 사람들은 그곳에 눌러앉아 농사를 짓다가 '케이프 콜로니Cape Colony'라는 이름의 식민지를 만들었다.

하지만 좋은 시절은 그리 오래가지 못했다. 이 지역 네덜란드인들은

1795년 독립을 선언했지만 몇 년 안 되어 영국에 점령당한 뒤 영국의 신민으로 살아갔다. 그 뒤 영국의 지배에 불만을 품은 일부 네덜란드계 주민들은 영국과의 마찰을 피해 남아프리카 내륙으로 거주지를 옮겨 트랜스발 지역에 '남아프리카공화국'과 '오렌지자유국'이라는 네덜란드계 국가를 건설했다.

하지만 조용한 '농업 독립국'으로 남을 법했던 이들 지역의 운명을 바꾼 것은 다이아몬드였다. 1866년 오렌지 강 연안에서 에라스무스 야곱이라는 한 보어인 양치기 소년에 의해 21캐럿짜리 초대형 다이아몬드 원석이 발견된 것이다. 이 원석이 그 유명한 '유레카'이다. 유레카는 '발견했다 I found it'는 뜻이다.

다른 다이아몬드 산지와 달리 이곳에서는 누런 진흙 속에 다이아몬드들이 파묻혀 있었다. 그곳에는 다이아몬드가 진흙이나 모래 속에 드문드문 박혀 있거나 자갈 틈에 끼어 있었다. 그러자 사람들은 자신이 농사짓고 있는 발밑에 초대형 다이아몬드 광맥이 있다는 사실을 알아챘다. 그들은 원석을 캐기 위해 땅을 파 들어갔다.

이 같은 노다지판을 영국이 가만 놔둘 리 없었다. 1868년 영국은 2개의 독립국에서 발견된 다이아몬드 광산을 차지했다. 그리고 1877년에는 남아프리카공화국 내의 뤼덴부르크 금광 지역을 합병했다.

❖ 유레카. 10.73캐럿의 오벌형으로 가공되었으며, 현재 케이프타운 국회에 보관되어 있다.

다이아몬드와 금이 불러온 제국주의 만행, 보어인 대학살

이어 영국은 1860년대 킴벌리의 다이아몬드 광산이 발견된 네덜란드계 독립국인 남아프리카공화국을 전복시키기 위한 활동에 들어갔다. 이는 1881년 보어 전쟁을 촉발했다. 당시 영국은 식민지 확산에 혈안이 되어 있을 때였다. 식민지 확산정책의 일환으로 아프리카 종단정책을 펼치고 있었다. 게다가 1886년 현재 요하네스버그인 트란스발 지역에서 황금이 발견되자 골드러시가 일어났다. 그러면서 트란스발은 급속히 남아프리카공화국 경제의 중심지가 되어갔다.

이를 본 영국의 공세는 더욱 치열해졌다. 인구 50만 명에 총동원 병력이 7만 명에 불과한 보어인들을 정복하기 위해 영국은 45만 명의 군대를 파견하여 보어인의 집과 농지를 파괴하고 보어인 21만 명의 비전투원을 집단 수용소에 집어넣었다. 1881년과 1889년 2차례에 걸친 보어 전쟁의 결과는 2만 6000명의 보어인이 수용소에서 사실상 '살육'당한 보어인 대학살이었다. 행운이라고 믿었던 다이아몬드 광산과 금광의 발견이 불러온 재앙이었다.

사상 최대 크기의 다이아몬드와 대규모 다이아몬드 광산 그리고 금광의 발견은 대규모 전쟁이라는 피로 얼룩졌다. 이렇게 다이아몬드는 그 화려함 못지않게 인간의 욕망이 뒤엉킨 비극을 태생적으로 잉태하고 세상에 태어났다.※

※ 김동욱, 〈김동욱 기자의 역사책 읽기〉, 《한경닷컴》 블로그

피의 산물, 제국주의 왕관의 다이아몬드

이후 1905년 1월 26일 남아프리카공화국 트란스발 주 컬리넌 '프레미어 다이아몬드' 광산에서 나온 3105캐럿의 역대 최대 크기 다이아몬드 원석은 쪼개어져 영국 여왕의 왕관과 지휘봉을 장식하는 보석이 되었다.

❖ 엘리자베스 2세 여왕의 대관식, 1953년 6월 2일

제국주의 이론을 탄생시킨 다이아몬드

제국주의 이론은 1860년대 이후 남아프리카 보어인 대학살이라는 참상의 한가운데에서 태어났다. 남아프리카는 1860년대 킴벌리의 다이아몬드 광산 발견과 그 20년 후의 란드 금광 발견으로 내륙의 매장 광물자원이 개발되기까지는, 침체된 후진 지역에 지나지 않았다. 그 뒤 남아프리카의 발전은 대규모 자본투자에 의해 원시적 경제가 근대적 경제로 변모한 두드러진 예였다.

유대인 투자가들이 킴벌리와 란드 광산에 대한 투자에서 단기간에 얻

은 부는 엄청난 질투와 분노를 불러일으켰다. 비판
자의 한 사람으로 영국의 기자이자 경제학자인 존
앳킨슨 홉슨John Atkinson Hobson이 있었다. 그는 '저축
이 투자를 감소시켜 경제 발전을 저해할 것'이라는
당시로선 이해하기 어려운 특이한 경제이론을 발표
하여 한창나이인 31세에 런던대학 강단에서 잘린

** 존 앳킨슨 홉슨

후 기자가 되었다. 1899년에 일어난 보어 전쟁 취재를 위해 그는 〈맨체스
터 가디언〉지의 특파원으로 남아공에 부임했다. 이 전쟁으로 유명해진
2명의 언론인이 있었다. 한 명은 윈스턴 처칠이고 또 한 명은 존 홉슨이었
다. 처칠은 종군기자로 활동하다 포로로 잡혔으나 탈출하여 명성을 날
리기 시작했다.

홉슨이 취재하다 보니 싸움의 씨앗은 온통 유대인이 뿌려놓은 것이었
다. 그는 유대인들을 '사회도덕이 완전히 결핍된 자들'이라고 보았다. 그
는 남아공의 곳곳에서 유대인이 활약하고 있는 것을 보고 쇼크를 넘어
분노를 느꼈다. 그리고 "공표된 숫자에 의하면 요하네스버그에는 유대인
이 7000명밖에 살지 않는다. 그러나 상점, 사무소, 시장, 술집, 세련된 교
외 주택의 현관 등 거리의 광경은 여기에 선택된 자들(유대인)이 많이 있
음을 여실히 보여주고 있다"고 썼다. 특히 그가 불쾌하게 여기게 된 것은
요하네스버그의 증권거래소가 유대인의 속죄일이면 쉰다는 것을 알았
을 때다. 지금 미국이 그렇듯이.

전쟁 중인 1900년에 홉슨은 《남아프리카에서의 전쟁, 그 원인과 결
과》를 출판했다. 그가 보기에 보어 전쟁을 일으킨 것은 한 줌밖에 되지
않는 유대인으로 이루어진 국제 자본가 그룹이었다. '광산 소유자나 투

기가 등 소수 자본가들에게 프레토리아(남아공의 행정수도)에서 권력을 쥐게 하기 위해' 영국의 군대는 싸우고, 죽어갔다. "함부르크도, 빈도, 프랑크푸르트도 아니고, 요하네스버그야말로 새로운 예루살렘이다"라고 그는 혐오의 감정을 노골적으로 드러냈다.

이후 홉슨은 자유시장의 원리 뒤에 숨은 약탈적인 경제에 대해 회의하며 이상적이고도 자유로운 사회를 지향하는 사회운동에 전 생애를 바친 진보적인 경제학자의 길을 걷는다. 그는 2년 후《제국주의 연구》라는 유명한 저서에서 자신의 이론을 발전시켜 당시 영국이 취하고 있던 영토 팽창을 체계적으로 신랄하게 비판했다. 홉슨에 의하면 1870년대 이래 영국의 적극적 영토 확장은 무엇보다 경제적인 이유에서 비롯된 것으로, 특히 자본의 해외투자를 위한 것이었다. 그리고 식민지와 전쟁의 배후에 도사리고 있는 것은 주로 국제 자본가 세력이라고 주장했다. 이론의 핵심이라 할 '제국주의의 경제적 기생충'이라는 장chapter에는 다음과 같은 중요한 대목이 들어 있다.

"은행, 증권, 어음 할인, 금융, 기업 육성 등 대형 비즈니스가 국제 자본주의의 중추를 형성하고 있다. 이들은 단단하기 짝이 없는 조직적 유대로 묶여서 언제나 밀접하고도 신속하게 서로 연락될 뿐 아니라, 수많은 나라의 상업 중심지에 터전을 잡고 있다. 유럽에 관해 이야기해본다면, 과거 몇 세기를 지나오는 동안 금융에 관한 경험을 축적해온, 단일하고 특이한 민족에 의해 컨트롤되어 오고 있다. 이렇게 해서 이 국제금융자본은 국가의 정책을 좌우할 수 있는 특이한 지위에 터를 잡게 되었다. 그들의 동의 없이는, 그리고 그들의 대리인을 통하지 않고는 대규모 자본 이동이 불가능하다. 만일 로스차일드가와 그 측근이 단호히 외면한다면, 유럽의 어떤 나라가 감히 큰 전쟁을 일으키거나 대량의 국채를 공모할 수 있을 것인가. 이런 사실을 의심하는 자는 한 사람도 없을 것이다."

홉슨은 옥스퍼드대학에서 고전학을 공부하고, 경제학을 연구하였다. J. 라스킨, J. S. 밀, H. 스펜서 등의 영향을 받았으며 경제학뿐만 아니라 정치학, 사회학, 윤리학 분야에 걸쳐 많은 저서를 남겼다. 그가 보어 전쟁을 취재하고 돌아와서 쓴《제국주의 연구》(1902년)에서 제국주의를 선진 제국의 대외투자를 둘러싼 투쟁으로 파악하였다. 그 뒤《실업의 경제학》(1922년)에서는 소득 분배의 불균형이 과잉저축과 과소소비를 초래하고, 그것이 경기후퇴와 실업을 초래한다는 등 제국주의와 경기변동론에 관해 이론적으로 공헌하였다. 그의 이론은 제국주의를 연구한 후기의 사상가, 연구자들에게 중대한 영향을 미친 필독의 고전이 된다.

홉슨의 이론, 레닌 《제국주의론》의 알맹이가 되다

그러나 그의 제국주의 비판 입장은 한마디로 오늘날 영국 노동당의 점진적 사회주의인 '페이비언 사회주의'가 되었으며, 그의 과소소비설을 중심으로 하는 학설은 전통파 경제학에 대해 비판적이고 이단적이었다. 그 때문에 당시 영국 경제학계에 수용되지 않았을 뿐만 아니라 자기 자신도 스스로를 이단적 경제학자로 인정하고 여생을 저술가로 보냈다.

그가 죽은 뒤《제국주의론》은 레닌의《제국주의론》에 비판적으로 섭취되어 레닌 이론의 알맹이가 되었다. 이것이 레닌의《제국주의: 자본주의의 궁극적 단계》(1916년)로, 이 저작은 1917년부터 현재에 이르기까지 모든 공산주의 국가에서 제국주의에 관한 기초적 교의를 형성하고 있다. 레닌은 이 이론으로 러시아에서 공산주의 혁명에 성공하여 공산주의를 탄생시킨다. 그리고 제3세계의 많은 나라가 1950년대부터 1960년대에 걸쳐 독립을 획득함에 따라, 레닌의 이론은 이들 나라에서도 다양한 형태로 제국주의와 식민지주의에 대한 태도를 형성했다. 그리고 홉슨의 과소소비설은 케인스의 높은 평가를 받았다. 케인스 유효수요이론의 원형이 홉슨의 과소소비론이다. 다이아몬드가 홉슨을 통해 공산주의를 탄생시키고, 자본주의 핵심 이론도 탄생시켰으니 대단한 돌멩이다.

존 앳킨슨 홉슨, 세계대전을 예견하다

홉슨은 또 세계대전을 예견하였다. 전쟁은 자본주의가 일으키는 산물이라고 역설하며 머지않은 미래에 세계대전이 일어나리라고 예견했다. 그가 예로 든 것은 영국이 보어인들을 몰아내기 위해 일으킨 보어 전쟁이었다. 3만 명에 이르는 영국 군인들이 전사하는 등 피해를 입었지만, 영국은 포기하지 않고 끝내 트란스발, 오렌지자유국을 장악하였다. 큰 피해를 입어가면서도 이곳을 점령한 이유는 바로 당시 국부의 상징인 금과 다이아몬드가 가장 많이 생산되는 지역이 트란스발, 오렌지자유국이었기 때문이다.

영국은 경제적 수탈을 일삼고, 외국에 서슴없이 마약을 팔아 자국의 국부를 착실히 늘렸다. 그리고 그에 반발하는 국가나 지역에 대해서는 한 치의 부끄러움도 없이 많은 병력을 보내 진압하거나, 경제적으로 보복하였다. 이 과정에서 원주민들의 원시적 무기에 희생된 백인 젊은이들은 조국을 위해 싸우다 숨을 거둔 애국자로 칭송받았다. 이러한 짓을 서슴없이 저지른 국가들은 19~20세기에 제국주의를 지향하던 유럽 열강들이다. 하지만 유럽의 경제학자들은 그런 것에 관심도 없었다. 단지 애국적 열정, 군사적·정치적 야심에 영토를 넓혀가는 자국의 명분에 힘을 실어주기 위해 노력했다.

종속이론

존 앳킨슨 홉슨은 선진국 정부와 다국적기업들이 후진국들에 대해 경제적 침투와 수탈을 해온 결과 그 후진국 경제가 결국 선진국 경제에 종속된다는 '종속이론'을 내세웠다. 홉슨은 그 실제 사례로 쿠바 설탕산업의 대미 종속화를 들었다. 쿠바의 주력산업인 설탕산업은 20세기 초 이후 미국의 다국적기업들에 의해 수탈되었고, 쿠바 공산혁명이 일어나기 전까지는 미국 기업들이 쿠바 설탕산업을 좌지우지했다는 것이다. 그는 쿠바 설탕산업은 한 나라의 주력산업이 선진국에 철저히 종속화되는 과정을 여실히 보여준 실례라고 주장했다.

세실 로즈, 로스차일드 자금으로 드비어스를 설립하다

본격적인 다이아몬드 생산은 1866년 남아공 오렌지 강 유역에서 21캐럿짜리 '유레카' 다이아몬드가 발견되고 나서부터이다. 이 원석은 1년 후 파리 박람회에 전시되었고 이어 대규모 다이아몬드 광상이 발견되어 근대적 채굴법이 채택되었다. 이로써 다이아몬드가 대량 발굴되기 시작하여 널리 대중화되었다. 그 뒤 남아공에 다이아몬드 러시가 시작되었다. 영국인 세실 로즈가 로스차일드가의 자금을 받아 1888년 드비어스 사를 설립해 아프리카 남부를 지배했다.

드비어스란 원래 남아공 촌부인 원주민 형제의 이름이다. 평범한 농사꾼이었던 형제는 남아공의 어느 농장을 50파운드에 매입했는데 우연

∴ 세실 로즈

히 그 농장에서 키운 농작물 밑에서 다이아몬드가 발견되었다. 1871년의 일이었다. 드비어스 형제는 이 뜻하지 않은 복덩어리 농장을 매입가의 무려 126배인 6300파운드에 팔았다. 더욱이 형제는 이 농장을 팔면서 농장의 명칭을 자기들의 이름인 '드비어스 광산'으로 영구히 붙여줄 것을 요구했다. 오늘날 다이아몬드 시장을 장악하고 있는 드비어스는 이렇게 탄생했다.

드비어스 형제로부터 다이아몬드 농장을 사들인 사람이 바로 세실 로즈다. 로즈는 농장 밑에 묻혀 있었던 엄청난 다이아몬드 원석으로 큰돈을 벌어 재력가가 되었다. 다이아몬드 사업의 요체는 채굴권으로 집약되었다. 다이아몬드 산업이 발달한 계기는 고도의 기술을 요하는 깊은갱에서도 채굴할 수 있도록 막대한 자금을 모아 투자하는 광산 금융회사라는 새 제도를 채용한 데에 있다. 이러한 제도 자체를 세실 로즈가 생각해낸 것이다. 유대인들은 그 이전부터 줄곧 보석, 특히 다이아몬드와 금괴의 거래에 관여해왔기 때문에 남아공의 깊은 갱도 채굴과 이를 위한 자금을 모집하는 금융제도 양쪽에서 큰 역할을 해왔다. 로스차일드가 이러한 기회를 놓칠 리 없었다.

이후 세실 로즈는 정계에 진출하여 1890년 남아공 케이프 주 식민지 수상(총독)이 되었다. 그는 자신의 권력을 이용해 각종 정책과 법을 영국인과 드비어스 사에 유리하게 만들었다. 그사이 다이아몬드 광산을 통합 독점하고 거부가 되었다.

인근 지방에 대한 무력정복도 서슴지 않았다. 로즈는 군대를 동원해 보어 원주민들과 전쟁을 일으킨 '침략자'와 다름없었다. 그는 아프리카 남부 일대에 정복한 지역으로 '제국'을 건설했는데, 그의 이름을 따서 '로디지아'라고 불렀다. 로즈의 땅이란 뜻이다. 이 지역이 1980년 독립한 짐바브웨다.

로즈는 정계에서 은퇴한 뒤 자신의 이름을 따 '로즈 장학재단'을 설립했다. 클린턴 전 미국 대통령, 블레어 전 영국 총리를 비롯한 많은 영재들이 받은 '로즈 장학금'이 바로 로즈 재단에서 지급한 장학금이다.

유대인 오펜하이머, 금과 다이아몬드를 함께 장악하다

세실 로즈는 건강이 나빠져 1902년 49세의 나이로 후계자 없이 죽었다. 그 뒤 드비어스 사에서 일하고 있던 독일계 유대인 어니스트 오펜하이머가 주인 없는 회사의 주식을 늘려가기 시작했다. 마침내 1916년에 오펜하이머가 미국의 JP모건으로부터 투자를 유치해 '앵글로아메리칸'이라는 광산회사를 설립해 남아공의 다이아몬드 광산을 지배하기에 이르렀다. 그 뒤 아들 해리를 거쳐 3대째인 니콜라스 오펜하이머에 이르고 있다. 오래전부터 세계의 금 업계도 오펜하이머 일가가 움직여왔다. 이 오펜하이머가 다이아몬드 시장도 장악하고 있는 것이다.

1880년 독일에서 유대인 담배 상인의 아들로 태어난 오펜하이머는 17세에 영국으로 건너가 유대인 다이아몬드 중개상의 수습사원으로 입사해 보석 일을 배웠다. 1902년 영국 보석상의 대리인으로 남아프리카공화

** 어니스트 오펜하이머와 니콜라스 오펜하이머

국의 킴벌리 광산에 파견되어 원석을 선별하고 구매하는 일을 맡았다. 이후 남아프리카에 정착한 오펜하이머는 케이프타운 영국 총독을 지낸 세실 로즈가 창업한 드비어스 사에 들어가 능력을 인정받는다. 정치에도 관심이 많았던 그는 1912년 킴벌리 시장을 지냈다. 1916년 JP모건과 합작으로 광산회사 앵글로아메리칸 사를 설립한 후 앙골라, 콩고, 남아공 등지로 사업을 확장해나갔다.

다이아몬드가 값비싼 데는 이유가 있다. 지표 아래 깊숙한 곳에서 형성되어 격렬한 화산 폭발과 함께 분출된 다이아몬드는 주로 산의 바위나 돌 틈에 있다. 아주 드물게 강가에서 채취되기도 한다. 거의 모든 다이아몬드는 '킴벌라이트'라 불리는 독특한 형태의 감람석에 의해 지표로 운반되는데, 보통 1캐럿짜리 다이아몬드 한 개를 생산하기 위해서는 약 250톤의 자갈과 바위를 캐내야 할 만큼 어렵고 힘든 작업을 거쳐야 한다. 평지나 강가에서 1캐럿의 원석을 얻으려면 무려 1500톤의 흙을 파헤쳐야 한다.

결국 다이아몬드 채굴에는 체력 좋은 흑인의 단순 노동력이 필수다. 그런데 오펜하이머는 중노동에 시달리는 흑인 노동자의 임금을 쥐어짜며 이들을 착취했다. 또 공급량 조정과 가격 조작으로 경쟁사의 몰락을 유도하고 망한 경쟁사를 헐값으로 사들이며 악명을 높였다. 흑인 노동자가 임금에 불만을 갖고 인상 투쟁을 하자 그는 이들을 모두 내쫓고 더 값싼 중국인 노동력을 투입했다. 무자비한 경영으로 드비어스 사는 대형 기업으로 성장했다. 그러

♣ 킴벌라이트

면서 꾸준히 드비어스의 주식을 사들여 1929년 마침내 드비어스 회장 자리에 올랐다.

그러자 곧 대공황이 닥쳤다. 오펜하이머는 유대인답게 이 위기를 기회로 바꾸었다. 전 세계 거의 모든 다이아몬드를 헐값에 사들였다. 동시에 파산된 광산회사들을 사들여 독점을 위한 토대를 닦았다. 이로써 드비어스는 공급 물량을 독점적으로 조절하기 시작했다. 수요 내에서만 공급함으로써 고가정책을 실현할 수 있었다. '생산-유통-판매-재고관리'의 전 과정을 장악하고 최고가격정책을 기본 모토로 삼았다.

제2차 세계대전이 발발하자 공업용 다이아몬드의 수요가 급증해 사세는 더욱 커졌다. 무엇보다 런던에 자회사인 중앙판매기구cso라는 신디케이트를 만들어 전 세계 다이아몬드 원석의 생산, 유통, 판매를 폐쇄구조 안에서 독점적이고도 체계적으로 통제함으로써 드비어스 신화를 완성할 수 있었다. 이렇게 드비어스는 남아공에 본사를 두고 영국 런던에 판매 본사를 두고 있다.

오펜하이머는 킴벌리 시장과 남아공 국회의원을 역임한 정치가이기도 했다. 그는 정계와 경제계를 오가며 인맥을 넓히고 영향력을 확대했다. 자체 정보기관을 운영했고, 일종의 외교 담당 부서를 두어 각국의 정권과도 직접 접촉했다. 적대적 인수합병, 주가 조작, 가격 조정 등 갖가지 방법을 동원해 사업을 키웠다. 그가 사망할 무렵 드비어스는 세계 다이아몬드 시장의 80~90%를 장악하기에 이르렀다.

20세기에 들어와 드비어스 카르텔이 남아

∴ 드비어스 남아공 본사

공, 보츠와나, 나미비아에서의 생산과 기타 국가에서의 다이아몬드 원석을 독점 매집하면서 드비어스는 거의 100여 년간 전 세계의 다이아몬드 생산과 유통을 장악해왔다. 나미비아는 아프리카 남서부 대서양 연안에 있는 나라로 세계 제3위의 다이아몬드 생산국이다. 아프리카 최고 갑부인 오펜하이머 일가는 2010년 현재 재산이 60억 달러로 이들은 전 세계 다이아몬드 시장을 독과점하고 있는 드비어스 사의 최대주주다.

다이아몬드, 자유시장에 맡기면 돌 값으로 폭락할 수 있다

보석산업의 특징은 생산과 유통, 판매에 이르기까지 일련의 유통구조가 대부분 폐쇄적으로 운영되고 있다는 점이다. 한마디로 독과점체제로 이루어진 것이다. 그래야 수급 조절을 마음대로 할 수 있기 때문이다. 수급을 조절할 수 있어야 고가정책을 유지하여 마진 폭을 키울 수 있다. 만약 이들 유통 조직이 갖고 있는 다이아몬드가 모두 시장에 풀리면 다이아몬드 가격은 하루아침에 돌 값으로 폭락할 것이다. 다이아몬드와 같은 보석류는 상상 이상의 마진이 붙는다. 다이아몬드 원석에는 정확한 값이란 게 없다. 원석 채취비용은 지역에 따라 편차가 크기 때문이다. 드비어스의 사이트홀더sightholder들은 큰 원석을 절단도 하지 않고 그냥 한번 살펴본 뒤 입찰한다. 도박 같은 다이아몬드 사업에도 한 가지 법칙은 있다. 다이아몬드 가격은 채굴업자에서 사이트홀더와 소매업자를 거쳐 소비자까지 이르는 사이에 단계별로 껑충 뛴다는 점이다.

예를 들면 이런 식이다. 다이아몬드 원석은 품질과 유형에 따라 가격은 천차만별이지만 남아공에서 10캐럿짜리 다이아몬드 원석을 채취해 채굴업자가 캐럿당 15달러, 곧 150달러 내외의 금액으로 드비어스에 넘겼다고 가정하자. 품질이 좋을 경우 드비어스는 이것에 100배의 가격을 매겨 사이트홀더에 넘긴다. 사이트홀더는 1만 5000달러를 지불한다. 원석을 깎은 뒤 외면상 생각했던 것보다 품질이 나쁘거나 모양이 제대로 나오지 않으면 본전치기에 바쁘다. 하지만 운이 좋아 비교적 흠집 없는 3.5캐럿짜리 보석이 만들어진다. 그러면 소매업자는 이것을 7만 5000달러에 사 최종 소비자에게 12만 5000달러에 판다. 그것도 30% 폭탄 세일이라는 가격으로 말이다.

역사적으로 보석산업은 유대인이 주도해왔다. 15세기 말 앤트워프에서 보석산업이 탄생한 이래 지금까지 변함이 없다. 유대계 신디케이트인 '드비어스'는 다이아몬드의 대명사라고 해도 지나치지 않다. 다이아몬드 생산은 전 세계에 걸쳐 있지만 주로 남아공과 러시아가 주산지였다. 그러나 현재는 호주, 자이레, 캐나다 등이 새로운 공급원으로 떠오르고 있다. 가공 지역을 보면 값싼 것은 저임금의 인도에서, 고급품은 주로 벨기에의 앤트워프와 뉴욕에서 이루어지고 있다. 여기에 유대인의 본거지인 이스라엘을 합하면 바로 4대 가공지다.

드비어스가 장악한 다이아몬드 유통업계

드비어스는 1888년부터 오늘에 이르기까지 많을 때는 다이아몬드 시장의 90%까지 장악하기도 했다. 그 누구도 이 아성에 도전할 엄두를 내지 못했다. 조금이라도 그런 조짐이 보이면 이 '다이아몬드의 제왕'은 가차 없는 공격을 퍼부으며 시장에서 다이아몬드 왕국의 명예를 지켜왔다. 어쩌면 드비어스의 이런 마케팅 전략은 영국의 못된 식민지 정책에서 그 모델을 찾을 수 있을 것이다.

고대 그리스인들이 '신의 눈물'이라고 굳게 믿었던 탄소 결정체 다이아몬드는 이제 한 해 1000억 달러가 넘게 거래되는 거대한 산업이 되었다. 앞서 언급했듯 이 보석이 처음 사용된 것은 기원전 8세기 인도 드라비다족이었다. 그 뒤 로마 시대에는 오직 왕족만이 소유할 수 있었다. 1866년 남아프리카 공화국에서 발견되어 본격적인 채굴법이 도입되면서 비로소 대중화의 길을 걷게 된다. 오랜 세월 '사랑'과 '헌신'으로 각인된 다이아몬드이지만 한 꺼풀 벗겨보면 이 업계는 모순투성이다. 10여 년 전까지만 해도 드비어스가 전 세계 다이아몬드 공급의 80% 이상을 장악했었다. 이 회사는 가격결정 주도권을 빼앗기지 않기 위해 원산지를 불문하고 마구잡이로 사들여 수급을 조절했다. 창고에 40억 달러 이상의 원석이 쌓여 있지만 전 세계 물량 조절을 위해 계속 사들인 것이다. 당연히 무리가 뒤따랐다.

다이아몬드 원석거래 방식도 비합리성 그 자체였다. 드비어스는 다이아몬드 광석을 등급별로 분류해 가공 직전 단계의 원석을 파는 회사다. 그런데 이 거래 방식이 매우 희한하다. 1년에 딱 10번만 이뤄지는 이 판매기회는 '사이트홀더'라 부르는 전 세계적 150여 '고정 지정고객'에게만 구매 권한이 주어진다. 유대인이 주류를 이루고, 다음으로 인도계가 30명대로 가장 많다. 한국은 한 업체도 없다. 독점이다 보니 완전히 공급자 시장이었다.

지정고객들은 다이아몬드 원석에 대한 선택권이 전혀 없다. 회사 측에서 가격과 물량을 제시하면 불만 없이 '현금'으로 구입해야 한다. 가격에 불만을 나타내면 다음부터 초청되지 않는다. 완전히 '횡포한 셀러 마켓'인 것이다. 그럼에도 지정고객이 못 되어 안달이었다. 마진이 큰 중간 도매를 할 수 있기 때문이다. 그래서 지정고객이 되기 위한 물밑 경쟁은 항상 치열했다. 드비어스는 영국의 독점자본으로 출발해 남아공, 중앙아프리카, 앙골라, 보츠와나 등 영국의 과거 식민지에서 착취의 형태를 띠고 발전했다. 그러면서 전 세계 150여 개의 보석 가공회사에 마치 비밀결사 조직을 방불케 하는 공급 시스템을 갖추고, 가격이 내려가면 유통량을 줄이고 가격이 올라가면 유통량을 늘리는 등 가격을 자유자재로 조절했다. 다이아몬드에 관한 한 절대권력을 휘두른 것이다.

러시아가 변수로 등장하다

이런 아성과 권력에도 누수가 생기기 시작했다. 러시아는 1954년 레나 강 지류에서 처음 다이아몬드가 발견된 이후 1980년부터 본격적으로 다이아몬드를 생산했다. 현재 주 생산지인 러시아 사하공화국 야크츠크에서 연간 20억 달러어치의 다이아몬드 원석을 캐내고 있다. 사하공화국은 지난 1954년 젊은 여성 지질학자가 레나 강 지류에서 다이아몬드를 함유한 킴벌라이트 암석을 발견한 후 현재 러시아에서 생산되는 다이아몬드의 98%를 차지하는 세계 최대의 다이아몬드 생산지다. 사하공화국은 러시아 연방 가운데 최대 면적을 보유한 자치 공화국으로 극동아시아 지역의 대표적 자원 부국이다. 세계 다이아몬드 생산량의 25%가 이 지역에서 나오고 석유와 가스, 광물자원이 풍부하게 매장된 것으로 알려졌으며 자원 매장량이 러시아 내에서도 손꼽힐 만큼 풍부한 나라다. 그리고 최근 관심의 대상이 되고 있는 희토류 자원의 매장량도 풍부하다고 알려졌다.

러시아의 다이아몬드는 광산이 위치한 사하공화국이 전체 생산량의

＊＊ 레나 강을 끼고 있는 러시아 사하공화국

10%를, 러시아 국영기업인 알로사Alrosa가 90%의 유통을 관장하고 있다. 구소련은 붕괴되기 전까지 보츠와나에 이어 세계 2위의 다이아몬드 생산국이었다.

시베리아에서 원석을 채굴하기 시작하자 당시 드비어스의 회장이었던 해리 오펜하이머가 공산당과 밀약을 맺고 전량 수입하는 데 성공했다. 그러나 1991년 공산정권이 붕괴되면서 러시아는 드비어스 외에 다른 회사에도 다이아몬드 원석을 공급하였다. 즉 구소련의 절대권력 해체가 드비어스의 절대독점을 무너뜨리는 계기를 불러왔던 것이다.

다이아몬드는 속성상 비즈니스에 관여하는 모든 사람이 한 가족처럼 철저하게 서로 신뢰할 수 있어야 한다. 보통 비즈니스처럼 피고용자의 입장에서는 다이아몬드 거래를 하기가 어
렵다. 즉 원석이나 가공품의 가치를 판별
하는 과정에서 한순간의 실수로 쉽게 수
만 달러에서, 심지어 수십만 달러까지의
이익과 손실이 오갈 수 있기 때문이다. 그
래서 다이아몬드 비즈니스는 유대인의

:: 사하공화국의 다이아몬드 광산

가족사업으로 많이 이루어지고 있다. 세계 다이아몬드 시장은 드비어
스를 비롯해 도소매업도 유대인들이 이끌고 있다. 비록 드비어스의 다이
아몬드 영향력이 과거에 견주어 크게 위축되고 있기는 하지만, 2009년
기준으로 전 세계 다이아몬드 총생산의 41%에 해당하는 4700만 캐럿
을 생산하고 있다. 2008년 한 해 4800만 캐럿을 생산했던 드비어스는
2011년부터 한 해 생산량을 4000만 캐럿 이하로 줄일 것으로 보인다. 실
제 2011년 생산량은 2010년보다 5% 줄어든 3100만 캐럿이었다. 불황 탓
이다. 그들은 이렇게 생산량을 조절해 가격을 유지한다.

강력한 라이벌 등장, 레브 레비에프

비합리적인 독점거래는 언젠가 무너지는 법이다. 드비어스의 독점체
제가 도전받는 근본적인 이유는 강력한 라이벌 레브 레비에프의 등장이
다. 최근 들어 다이아몬드 시장에서 유대인들 간의 싸움이 치열하다. 드
비어스를 상대로 1990년대 말부터 급부상하고 있는 이스라엘 다이아몬
드 거상 레프 레비에프는 우즈베키스탄 출신의 유대인으로 현재 국적도
이스라엘인이다. 그는 세계 다이아몬드 원석 최대 생산국인 러시아와 앙
골라에서 이미 드비어스의 시장을 많이 잠식했다.

그는 원래 드비어스의 '150명 지정고객' 가운데 한 명이었다. 레비에프는 사이트홀더를 다루는 드비어스의 고압적 태도에 격분했다. 드비어스는 사이트홀더(지정고객)들에게 몇 상자의 원석을 제멋대로 정한 값에 떠넘겼고 드비어스의 심기를 거스를 경우 거래를 영원히 중단했다. 드비어스의 횡포가 계속되자 다이아몬드 가공업체 사장이었던 그는 드비어스의 사업 분야인 원석 개발에 주력하기 시작했다.

우즈베키스탄의 수도 타슈켄트에서 자란 레비에프는 가족과 함께 7년을 기다린 끝에 1971년 이스라엘로 이주했다. 그때 재산을 100만 달러 상당의 다이아몬드 원석으로 바꿔 이스라엘로 건너갔으나 다이아몬드의 질이 낮아 20만 달러밖에 안 나간다는 말을 들었다. 당시 15세였던 레비에프는 이러한 잘못을 바로잡겠다고 맹세했다.

그는 유대교 학교를 중퇴하고 다이아몬드 커팅을 배우기 시작해 1977년 다이아몬드 커팅공장을 설립했다. 당시 막 꿈틀대던 이스라엘 다이아몬드 시장의 투기 바람은 대단했다. 커팅업자 대다수는 가격이 계속 치솟으리라는 예상에 재고를 많이 확보했으나 3년 뒤 시장이 붕괴되면서 많은 커팅업체가 파산했다. 재정 상태가 양호했던 그는 오히려 이후 5년에 걸쳐 12개 소규모 공장으로 사업을 확장했다. 그리고 원석을 충분히 확보하기 위해 런던, 앤트워프, 남아공, 러시아로 뛰어다녔다. 게다가 레이저 기술과 당시 혁명적이었던 커팅 소프트웨어를 도입해 더 많은 부가가치를 창출해냈다. 1987년 드비어스는 레비에프에게 사이트홀더 자격을 부여했다. 그만큼 레비에프는 이스라엘에서 내로라하는 다이아몬드 세공업자로 성장해 있었다.

레비에프, 러시아에 최초로 첨단 연마공장을 설립하다

2년 뒤 레비에프는 러시아 국영 다이아몬드 채굴·판매업체, 곧 현재의 '알로사'로부터의 요청에 따라 러시아에 최초로 첨단기술 연마공장을 설립했다. 그는 러시아산 다이아몬드를 러시아에서 연마한 최초의 사람 중 하나이며, 그 결과로 당연히 드비어스의 사이트홀더 자격을 상실했다.

원석 생산에서부터 세공까지 마무리하는 최초의 합작회사 루이스Ruis는 그렇게 탄생되었다. 당시의 거래를 인연으로 레비에프는 러시아 원석 공급량의 일부를 확보하게 됐다. 드비어스가 발끈한 것은 물론이다. 하지만 1995년 사업에 탄력이 붙으면서 레비에프는 드비어스의 굴레로부터 벗어날 수 있게 됐다.

120억 달러 규모 다이아몬드의 행방

레비에프가 드비어스의 보복에 대비해 보석·금·예술품·고미술품 창고라고 할 수 있는 러시아 재무부 산하 국가귀금속준비국의 원석을 미리 확보했다는 게 통설이다. 당시 국가귀금속준비국장은 보리스 옐친 대통령의 친구인 예프게니 비치코프였다. 러시아 정부는 1955년부터 비축해놓았던 원석과 세공 다이아몬드 일부를 매각하기로 결정했다. 당시 물량은 무려 120억 달러 규모였고, 당시 금고에 쌓여 있던 다이아몬드 중에는 100캐럿이 넘는 진귀한 것도 포함되어 있었다. 국가귀금속준비국의 다이아몬드 비축량 중 상당 부분은 1997년 무렵 고갈되고 말았다.

그렇다면 이 중 상당량이 어디론가 팔려나간 것이다. 게다가 분명한 것은 매각수익이 정당하게 사용되지 않았으리라는 점이다. 레비에프가 이 거래를 중개했다면 떼돈을 벌었을 것이다. 레비예프는 러시아 국가귀금속준비국의 다이아몬드 처분에 대한 연루설을 '사실무근'이라며 전면 부인했다. 하지만 최소한 원석들은 루이스 사를 통해 가공되어 팔려나갔을 것으로 추정된다.

현재 레비예프는 루이스 지분 100%를 보유하고 있다. 루이스는 연간 1억 4000만 달러 상당의 다이아몬드를 커팅한다. 러시아인들이 볼 때 레비예프는 '좋은 사람'이었다. 왜냐하면 그의 성공을 보고 많은 사람이 러시아에서 다이아몬드를 연마하기 시작했으며, 이 때문에 대규모 고용이 일어나 러시아의 경제에 부가가치가 창출되었기 때문이다.

앙골라 진출

그와 푸틴의 관계는 1992년 시작됐다. 당시 상트페테르부르크 부시장이었던 푸틴은 시장이 주저하던 유대교 학교 설립을 허가했다. 레비예프가 자금을 지원한 유대교 학교는 50년 만에 처음 세워진 것이다. 그는 이런 인연을 계기로 푸틴 대통령과 알게 되었다. 러시아 푸틴 대통령과 앙골라 산토스 대통령은 매우 끈끈한 관계를 유지하고 있었다.

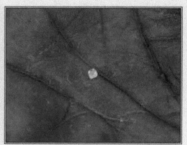

❖ 뜰채로 다이아몬드를 찾고 있는 소년들

앙골라는 다이아몬드의 힘이 평화를 위협한 곳으로서는 최초로 세상의 이목을 집중시킨 곳이다. 1990년대 중반 앙골라 내전 당시 다이아몬드 광산 지역을 장악하고 있던 반군으로부터 12억 달러 상당의 다이아몬드 원석을 밀반출시킨 드비어스에 대한 앙골라 정부의 반감이 높았다. 이것이 레비에프에게는 절호의 기회였다.

당시 다이아몬드는 앙골라의 유일한 수출산업이었다. 레비에프는 1996년 앙골라에 6000만 달러를 투자해 현지 최대 다이아몬드 광산의 지분 16%를 받아냈다. 이로써 연간 8억 5000만 달러에 이르는 앙골라 카토카 광산의 다이아몬드에 대해 독점계약을 맺게 되었다.

앙골라와 콩고, 시에라리온과 같은 아프리카 중서부의 소위 '피 묻은 다이아몬드Blood Diamond' 국가들은 향후 정치만 안정되면 캐나다, 러시아를 능가할 만큼의 잠재성이 무궁한 나라들이다. 최근 들어 다이아몬드 생산량이 급격히 늘어나고 있기 때문이다.

레비에프가 이들 나라 대통령에게 환심을 사는 방법은 '일자리 창출과 다이아몬드 산업 부흥'이다. 그는 "원석을 캐내자마자 영국의 본부로 가져가 그곳에서 비밀리에 거래하는 드비어스의 사업 방식은 원산지 국가에 전혀 도움이 안 된다"며 각국 정부를 설득했다. 생산지에서 원석 가공도 해 부가가치를 높이고 일자리도 창출하겠다는 것이다.

보츠와나의 실업률이 21%에 이르

고 남아공이 31%, 나미비아가 35%, 앙골라가 50%에 이르는 이때 왜 아프리카산 다이아몬드를 인도와 중국에서 연마해야만 하는가? 아프리카인들은 자신의 다이아몬드를 커팅할 능력이 없는가? 광산업체들은 아프리카인들에게서 노동의 기회 및 천연자원을 이용한 부가가치 창출기회를 앗아감으로써 아프리카 국가들의 발전을 저해하고 있지 않은가? 각정부가 이 질문에 대해 어떠한 결론을 내리느냐에 따라 그들의 흥망이 갈릴 것이다. 레비에프는 이러한 문제를 이슈화시켜 왔다. 이것이 먹혀들었다.

그는 나미비아, 앙골라, 보츠와나, 남아공 등에 첨단기술 연마공장을 설립했다. 이 공장들은 다이아몬드 연마산업이 투자유치를 통해 정부의 보조금 없이도 아프리카에 부를 창출할 수 있다는 사실을 각 정부에 보여주기 위한 본보기였다. 그는 만일 보츠와나가 원석을 자신에게 준다면 그는 보츠와나에 수만 개의 일자리를 창출할 수 있다고 공언해왔다.

대통령과 수상들은 레비에프의 말을 경청하고 있으며 일부는 그를 믿고 있다. 레비에프가 나미비아에 세운 새로운 공장의 규모는 겨우 600명의 노동자를 수용할 정도이지만 이는 아프리카에서 가장 큰 규모이다. 그는 또한 나미비아에서 파산한 '남코어Namcor'라는, 해저에서 다이아몬드를 채굴하는 회사에 3200만 달러를 투자하여 살려냈다. 그는 나미비아산 다이아몬드를 나미비아에서 커팅하여 이윤을 얻고 있으며 나미비아 정부에는 일자리와 부가가치를 안겨주었다.

❖ 앙골라에서 탱크, 총 등의 무기를 살 수 있는 원동력은 다이아몬드

그리고 러시아에서는 푸틴과의 돈독한 우

정을 과시하며 국영이던 알로사의 민영화에 참여해 대주주가 됐다. 러시아는 생산시장에서 파장을 일으키고 있다. 2005년 원석 생산량이 1억 75만 캐럿에 달했다. 드비어스에 이어 세계 2위다. 2005년 원석 31억 달러의 매출을 올려 원석 시장점유율을 전년도의 18%에서 25%로 늘렸다. 이로써 러시아의 다이아몬드는 굳이 드비어스 유통 시스템을 거치지 않아도 되었다.

앙골라에서는 반군의 다이아몬드를 구입해줌으로써 자금줄 구실을 했던 드비어스가 쫓겨났다. 레비에프는 이 틈을 이용해 앙골라의 다이아몬드 광산 개발에도 안착했다. 나미비아에서는 새로 지은 다이아몬드 공장에 대통령을 초청하여 500여 명의 젊은 직원들이 유니폼을 입고 세공하는 것을 보여줌으로써 '국내 산업 발전'에 이바지한다는 이미지를 심었다.❖

전방위로 사업을 키우다

레비에프가 이끄는 이스라엘의 LLGLev Leviev Group 그룹은 요즘 러시아, 앙골라, 나미비아, 보츠나와 등의 광산 개발 주도권을 쥠으로써 드비어스의 위상을 위협하고 있다. 그는 푸틴 대통령과의 특별한 관계를 이용해 러시아와 이스라엘의 외교관계 강화에도 크게 기여하고 있다. 현재 그룹 홀딩사인 '아프리카 이스라엘 인베스트먼트'의

❖ 시베리아 다이아몬드 광산

❖ 정선욱 자유기고가, 〈다이아몬드 시장 '드비어스' 독점 끝〉, 《매경이코노미》, 2004년 7월 29일

대주주로서 국내외 부동산 개발, 미국 유통업체, 이스라엘 현지 러시아어 TV 방송국 등의 다방면에 걸친 비즈니스를 하고 있다. 그는 이스라엘 최대 비즈니스맨 가운데 한 명이다. 2006년 기준 그의 재산은 26억 달러에 이른다.

제3의 변수들

드비어스에 대한 러시아의 배신은 단지 시작에 불과했다. 호주의 아질(아가일) 광산을 소유하고 있는 리오 틴토는 레비에프가 드비어스에 맞서는 것을 보고 자극받았다. 그는 1996년에 사상 처음으로 다이아몬드 4200만 캐럿을 드비어스를 거치지 않고 벨기에 앤트워프의 한 세공업체에 직접 판매했다. 대규모 중저가 다이아몬드를 안정적으로 공급하던 아질 광산이 직접 판매를 선언하고 드비어스의 그늘을 벗어난 것이었다. 특히 최근에는 호주가 전 세계 생산량의 40%를 차지하며 최대 생산지로 등극했다.

그뿐만이 아니다. 캐나다 등지에서 연달아 드비어스의 영향권에서 벗어난 독자적인 다이아몬드 광산이 발견됐다. 캐나다는 노스웨스트 테리토리스에서 엄청난 다이아몬드 매장량이 발견되자 지난 1998년부터 다

이아몬드를 생산하기 시작했다. 현재 전 세계적으로 가장 유망하고 고속성장하는 다이아몬드 원산지다. 캐나다 북서부 지방인 에카티, 다이빅, 윈스피어 등 3곳에서 대규모 광산이 발견되면서 캐나다가 제3의 다이아몬드 생산국으로 등장하여 드비어스를 더욱

❖ 호주 아질 광산

곤혹스럽게 만들고 있다.

‰ 캐나다 에카티 광산

이런 위기는 미국과 EU의 반독점법 규제와 맞물려 더욱 심각한 지경에 이르렀다. 아프리카의 내전 원인이 대부분 마약과 다이아몬드인 것으로 알려지면서 다이아몬드 산업 자체에 큰 부담을 안기기도 했다. 여러 악재가 겹쳐 드비어스의 시장지배력은 조금씩 줄어들고 있다.

호주는 연간 4000만 캐럿의 다이아몬드를 생산해 세계에서 가장 많은 양의 다이아몬드를 생산하였다. 그러나 전체 생산량의 90%가 공업용에 속하고 나머지 10%의 80%마저 가장 저품질인 갈색 다이아몬드들이기 때문에 가치 면에서는 전 세계 생산량의 약 3~5%에 불과하다. 하지만 드비어스를 제치고 직거래에 성공함으로써 세계 다이아몬드 시장의 질서를 재정립한 것은 큰 의미를 지니고 있다.

오펜하이머, 가족 지분을 앵글로아메리칸에 넘기다

드비어스는 1888년 창업 이래 100여 년에 걸쳐 다이아몬드의 유통량과 가격을 결정해왔다. 그러나 영원할 것만 같던 오펜하이머 가문의 다이아몬드 제국 전성시대가 점차 종말을 고하고 있다. 오펜하이머 가문이 드비어스 가족 지분을 앵글로아메리칸에 넘긴 것이다. 오펜하이머 가문의 투자회사인 '오펜하이머&선 인터내셔널'의 드비어스 지분 40%를 51억 달러에 글로벌 광산회사인 앵글로아메리칸에 넘긴 것이다. 이로써 앵글로아메리칸은 보츠와나 정부 지분 15%를 제외한 85%의 지분을 소유하게 되었다. 하지만 오펜하이머 가문은 예전부터 앵글로아메리칸의

그외 ─┐
32

드비어스
36

단위: %

리오 틴토
BHP빌리톤
카토카
4
4
6
18
└─ 알로사

자료: 킴벌리 프로세스

∴ 2011년 세계 다이아몬드 생산업체 시장점유율

대주주였기 때문에 이를 경영에서 완전히 손 뗀 것으로 보기는 어렵다.

그간 드비어스의 위세에 눌려 있던 경쟁업체들은 새로운 다이아몬드 광산을 잇달아 개척하면서 바야흐로 다이아몬드 시장의 춘추전국시대를 열고 있다. 호주의 BHP빌리턴과 리오틴토, 러시아의 알로사 등 글로벌 광산업체들은 아프리카와 러시아, 캐나다 등에서 노다지를 캐내고 있다. 러시아와 캐나다는 이미 보츠와나에 이은 세계 2, 3위의 다이아몬드 생산국으로 급부상했다.

다이아몬드가 피를 부른 시에라리온 잔혹사

지난 2001년 영국의 국제 인권단체 글로벌 위트니스Global Witness가 다이아몬드를 둘러싼 아프리카 내전의 실상을 폭로했을 때 전 세계는 충격에 휩싸였다. 시에라리온, 리베리아, 앙골라, 콩고민주공화국 등 일부 아프리카 국가들에서 다이아몬드가 피를 부르는 결정적 요인으로 작용했기 때문이다. 이들 분쟁 지역 국가들의 무장 세력은 다이아몬드를 무기와 맞바꿔 무장을 강화하고 다이아몬드 밀매로 벌어들인 수입으로 세력을 키웠다. '피의 다이아몬드'로 불리는 그 참상의 중심에는 시에라리온이 있었다.

테일러 전 라이베리아 대통령은 리비아의

카다피 대통령이 후원하는 게릴라 훈련캠프인 타주라 군사훈련학교에서 1985년부터 1989년까지 수학했다. 이어서 그는 1989년에 라이베리아민족애국전선NPFL을 창설했다. 그는 오랜 기간 무장 게릴라 활동을 벌인 것을 바탕으로 국민의 압도적 지지를 등에 업고 1997년 대통령 선거에서 당선됐다.

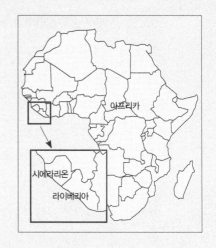

　라이베리아와 시에라리온 등이 위치한 아프리카 북서부 지역은 전 세계 다이아몬드의 20%가량이 생산될 만큼 광물자원이 풍부한 곳이다. 예로부터 이 지역에 내전이 끊이지 않았던 것은 다이아몬드 광산이 창출하는 막대한 이권 때문이라는 지적이 있어왔다. 테일러 전 대통령 역시 권좌에 오른 뒤 라이베리아보다 훨씬 풍부한 매장량을 자랑하는 이웃나라 시에라리온의 다이아몬드 광산에 눈독을 들였다.

　그는 자국의 다이아몬드를 팔아 생긴 돈으로 이웃나라 시에라리온 반군인 혁명연합전선RUF: Revolutionary United Front에 무기를 지원하기 시작했다. RUF의 지도자 산코는 그와 타주라 군사학교에서 동문수학하던 '혁명동지'이기도 하다. 테일러 대통령의 지원에 힘입은 RUF는 파죽지세로 시에라리온의 주요 다이아몬드 광산 지역을 점령해나가기 시작했다. 1991년부터 계속되어 온 시에라리온 내전은 걷잡을 수 없는 혼전 양상으로 빠져들었다.

소년병에서부터 손목 절단까지, '세상에서 가장 잔인한 전쟁'

처음에 다이아몬드는 반군들이 활동자금을 마련하기 위한 '수단'의 성격이 강했다. 하지만 점차 그 자체가 '목적'이 되면서 참극을 낳기 시작했다. RUF는 교전 과정에서 반대 진영 주민들의 손목과 발목을 도끼로 자르는 만행을 조직적으로 저질러 세계를 공포의 도가니로 몰아넣었다. 그 손으로 현 정부에 투표했다는 것이 이유였다. 농경사회인 아프리카에서 손목이 잘린다는 것은 생계수단을 잃는 것을 의미했다. 우리나라의 여행가이자 국제기구 긴급구호팀장인 한비야는 손목이 잘린 한 아이를 만난 뒤 《지도 밖으로 행군하라》(2005년)라는 책에 이렇게 썼다. "나는 앞으로 사랑의 징표나 결혼 예물이 되어 누군가의 손가락에 끼워져 있을 다이아몬드를 볼 때마다, 잘려서 피가 뚝뚝 흐르는 아이의 팔목을 생각하지 않을 수 없을 거다."

소년병 징집도 일상화됐다. 10살 미만의 아이들이 반군에 납치되어 군사훈련을 받고 교전에 동원됐다. 반군은 겁에 질린 소년병들에게 세뇌교육을 시켰고, 때로는 마약을 먹였다. 영문도 모른 채 자기가 살던 마을에 총질을 하고, 자기 손으로 부모와 형제를 죽여야 했던 아이들은 심각한 트라우마를 앓았다. 돌아갈 곳을 잃은 아이들은 어느새 어엿한 반군

의 일원으로 성장해 있었다. 납치된 여
자아이들은 낮에는 허드렛일을 도왔
고, 밤에는 성적 노리개로 이용당했다.

그렇게 10년가량 계속된 시에라
리온 내전은 최소 5만 명에서 많게는
20만 명의 목숨을 앗아갔고, 50만 명
이 넘는 사람들이 신체 절단이나 고문 피해를 입었다. 내전은 500만 명
의 국민 가운데 200만 명 이상을 난민으로 만들었다. 내전으로 삶의 공
간은 처참히 파괴됐고, 주민들의 삶의 질은 바닥에 떨어졌다. 1991년부
터 RUF를 결성해 반군을 지휘했던 포세이 산코. 처음에 그는 반군활동
유지를 목적으로 광산 지역을 점령해 다이아몬드를 팔아 무기를 사들였
다. 하지만 그렇게 시작한 다이아몬드 밀매, 반군활동은 점차 정치혁명
보다는 다이아몬드 그 자체로 변질됐다. 영원한 아름다움의 상징인 다이
아몬드가 이제 한 나라의 운명을 재앙으로 몰고 갈, 피의 다이아몬드로
둔갑하게 된 것이다.

우리가 1950년 6·25를 기억하듯, 그
들은 '1999년 1·6'을 기억한다. 그날은
RUF 반군이 대대적으로 수도 프리타
운을 공격한 날이었다. '생물절멸작전',
이 무시무시한 작전명만큼이나 20세
기 가장 참혹한 전쟁으로 기록되던 그
날, 죽음의 위험을 무릎 쓰고 그날의
참상을 기록한 한 젊은 시에라리온 저

♣ 다이아몬드 원석을 채취하고 있는 소년들

∴ 짐바브웨 다이아몬드 채굴 광경

널리스트가 있었다. 그는 시에라리온 국민의 90%가 한 번도 본 적 없는 다이아몬드 때문에 그날, 프리타운이 슬프게 울었다고 회고했다. 몇 년 후 그는 '울어라, 프리타운이여Cry Freetown'라는 이름으로 그날의 참상을 세상에 공개했다.

이러한 다이아몬드의 비극이 소개되면서 가장 타격을 입은 것은 '다이아몬드=영원한 사랑'이라는 신화를 퍼뜨린 다이아몬드 회사들이었다. 특히 한때 전 세계 다이아몬드 시장의 85%를 독점했던 드비어스가 싼값으로 다이아몬드를 사기 위해 이런 살육과 테러를 방조, 이용했다는 사실이 폭로되면서 위기에 빠졌다. 그래서 등장한 것이 '클린 다이아몬드 운동'이다. 다이아몬드 회사들은 국제적인 비난에 맞서기 위해 자체 감사기구를 구성하고 모든 다이아몬드에 '미분쟁 원산지 증명'을 부착하는 킴벌리 회합을 성사시켰다.

그리고 전쟁 범죄로 국제 법정에 기소된 찰스 테일러 전 라이베리아 대통령은 징역 50년형을 선고받았다. 재판장은 "인류 역사에서 가장 극악무도한 범죄 중 하나인 시에라리온 내전 당시 피고가 이를 사주하고 도운 책임이 있다고 입증됐다"며 선고의 이유를 밝혔다.

그러나 지금까지도 시에라리온을 비롯한 아프리카 등지에서는 다이아몬드 밀거래가 계속되고 있으며 수십만 명의 광산 노동자들이 하루에 1000리온(약 350원)의 값싼 임금을 받으며 매일 10시간씩 다이아몬드를 캐느라 땀을 흘리고 있다.

유대인들이 주도하는 맨해튼의 다이아몬드 거리

세계에서 가장 큰 다이아몬드 시장은 누가 뭐래도 미국이다. 전 세계 다이아몬드 시장의 절반을 차지하고 있다. 뉴욕에만 2000명의 라이선스를 가진 다이아몬드 딜러 클럽Diamond Dealers Club 딜러들이 주로 드비어스 사이트홀더들을 통해 다이아몬드를 공급받고 있다. 이곳은 연마 기술이

세계에서 가장 좋은 곳이다. 크고 질이 좋은 고급 다이아몬드, 특히 2캐럿 이상을 많이 연마하기 때문이다.

연간 거래액 약 300억 달러, 우리 돈으로 무려 30조 원 이상의 귀금속이 거래되는 곳이 뉴욕 맨해튼 5번가와 6번가 사이의 47번 거리다. 약 300m 거리의 한 블록은 언뜻 보면 맨해튼의 여느 빌딩 숲과 다르지 않다. 이 블록 안에 있는 다이아몬드 상점은 대략 2600개다. 건물마다 오밀조밀한 한두 평짜리 독립 부스 형태의 점포가 가득 차 있다. 뉴요커들은 이 거리를 아예 '다이아몬드 거리'라고 부른다. 그리고 5번가 선상에 그 유명한 록펠러센터 크리스마스트리가 있다. 이 일대는 세계에서 가장 큰 보석상 거리다. 영화 〈티파니에서 아침을〉의 배경이 되는 보석상 티파니도 이곳에 있다.

이 보석 거리는 1940년대 유럽에서 피난 온 유대인들에 의해 형성되었다. 이 곳에서는 검은 코트에 검은 중절모를 쓰고, 긴 수염을 휘날리며 바쁘게 걷고 있는 전형적인 유대인부터 인도인, 중국인 보석상들을 쉽게 만날 수 있다. 한국인 보석상들도 있다. 한 블록 250m 정도의 거리 양쪽으로 2000개가 넘는 보석상이 밀집해 있는데, 초기 상인의 80% 이상이 유대인이었다. 특히 정통 양식의 종교적 복장을 한 네덜란드계 유대인들이 많았다. 2000년대 들어 인도계의 약진이 두드러져 지금은 그들이 많이 차지하고 있다.

원래 최초의 다이아몬드 거래는 유대인들이 15세기 말 앤트워프와 암스테르담에 정착하면서 스페인에서 추방될 때 가져온 보석을 거래하면서 시작되었다. 당시 유대인들 사이에는 수만 달러 상당의 보석도 계약서 한 장 없이 신용만으로 거래되었다. 이 전통이 뉴욕 다이아몬드 거리에도 살아 있다.

또 다른 한편으로 뉴욕 다이아몬드 거리에는 까다로운 심사 절차를 통과해야만 가입할 수 있는 '다이아몬드 딜러스 클럽'이 있다. 이 클럽은 다이아몬드 업계에서는 알아주는 상인들의 모임이다. 회원은 전 세계에 약 2000명인데, 98% 이상이 유대인들이다. 이 안에서 다이아몬드 세계의 질서가 정해진다.

전 세계 가격의 기준, 라파포트 시세표

다이아몬드 딜러스 클럽 안에 있는 거래소에서 거래된 가격이 전 세계 가격의 기준이 된다. 실제 회원 가운데 한 명인 라파포트Rapparport가 일주일에 한 번씩 작성하는 다이아몬드 시세표인 '라파포트 리스트'가 가격 교과서 역할을 한다. 필자가 1990년대 중반에 뉴욕에 근무하면서 본 바에 따르면, 라파포트 가격이 우리 국내 소매 시세보다 약 30% 정도 쌌다.

다이아몬드는 15세기 중엽까지만 해도 너무 단단해 연마가 불가능한 보석이었다. 하지만 15세기 중엽 이후 스페인 유대인들에 의해 연마법이 개발된 후 17세기에 베네치아의 페르지가 '브릴리언트 커팅' 연마법을 개발하였다. 그 뒤 다이아몬드는 최고의 보석으로 자리매김하며 대량으로 제작되어 매매되기 시작하였다. 이로써

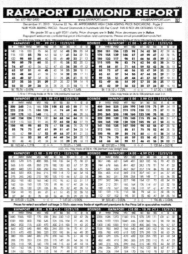

∴ 크고 비싼 원석만을 가공하는 뉴욕 가공업체

유대인은 다이아몬드의 제작, 유통, 판매 등 상권의 전 과정을 자연스레
장악할 수 있었다.

지금도 세계 보석시장은 유대인이 주도하고 있다. 런던에 본부를 둔 드
비어스는 몇 해 전까지만 해도 세계 다이아몬드 시장의 80% 이상을 주
물렀다. 생산지인 남아프리카공화국에서부터 가공지이자 중계무역지인
벨기에, 이스라엘, 인도 등 그리고 세계 최대 판매지인 뉴욕에 이르기까
지 장악해 독과점적 가격대를 관리하는 것이다. 유대인을 영어로 '주Jew'
라고 하는데, 이는 보석을 뜻하는 '주얼리Jewelry'와 말 뿌리가 같다.❖

20년 전만 해도 맨해튼 47번가 다이아몬드 디스트릭트에는 1200여
명의 다이아몬드 커팅·연마 전문가가 있었다. 하지만 최근 몇 년 동안 그
들의 수는 계속 줄었다. 뉴욕의 고비용에 밀려 인건비가 싼 인도와 중국
에서 다이아몬드가 가공 처리되기 때문이다. 지금은 12개 정도의 업체
에 300여 명이 남아 크고 비싼 원석만 전문으로 다룬다. 드비어스가 사
이트홀더 35명을 명단에서 제외하면서 다이아몬드 커팅·연마 전문가의

❖ 육동인,《0.25의 힘》, 아카넷, 2009

감소세가 두드러졌다. 탈락한 사이트홀더 가운데 상당수가 뉴욕 다이아몬드 디스트릭트 도매상들이다. 그리고 많은 가게가 인도인으로 대체되고 있다. 이제는 그 유명한 뉴욕의 다이아몬드 거리도 점차 황혼빛에 저물어가는 양상이다.

중국이 떠오르다

중국의 다이아몬드 연마산업은 1940년 상하이에서 시작되었으나 1990년대 초까지는 미미한 수준이었다. 1990년대 중반 들어서 중국 커팅 산업은 빠르게 성장하였다. 그 이유는 3가지로 설명할 수 있다. 첫째, 이스라엘이나 벨기에와 같은 기존 연마국들의 임금 상승은 연마업자들로 하여금 값싼 노동력을 찾도록 하였다. 둘째, 홍콩의 대규모 다이아몬드 도매업자들이 경쟁력을 얻기 위해 중국에서 다이아몬드를 연마하기 시작하였다. 셋째, 중국의 거대한 소비시장을 목표로 하는 외국 회사들이 중국에 연마공장을 설립하기 시작하였다. 중국 연마업체의 80%는 광둥성, 저장성, 산둥성에 자리하고 있으며 이들 업체의 인력은 6만 명에 이른다. KMPG가 2009년 발행한 보고서에 따르면 2015년에는 중국이 전 세계 다이아몬드 연마산업에서 차지하는 비율이 21.3%에 이를 수 있으며, 반면 인도의 시장점유율은 현재의 57%에서 49%로 떨어질 것으로 예상했다.

중국, 세금 인하로 보석산업을 키우다

중국의 다이아몬드 무역은 2006년에 중국 정부가 다이아몬드 원석 수입에 대해 부과하던 부가세를 없애고 다이아몬드 나석에 대한 세금을

17%에서 4%로 인하하면서 성장에 탄력을 받기 시작했다. 이로써 중국의 다이아몬드 수입이 그간의 밀수 관행에서 탈피하여 양성화되면서 보석 가공산업이 본격적으로 뿌리를 내리 시작했다. 참고로 우리나라는 관세 5%, 부가세 10%, 200만 원 이상 물품의 경우 개별소비세(특별소비세) 14%이다. 우리나라에서 보석산업이 클 수 없는 이유이자 밀수가 근절되지 않는 이유이기도 하다.

최근에는 중국 정부가 다이아몬드 원석 수입에 열을 올리고 있다. 중국은 앙골라, 콩고 등 아프리카 국가에 수십억 달러 규모의 인프라를 지원하는 대신 이에 상응하는 자원을 받기로 합의했다. 이로써 중국이 현지 다이아몬드 원석을 대량 확보하자 인도 정부가 화들짝 놀랐다.

인도는 다이아몬드 원석 절단 및 세공 부문에서 세계시장점유율 60%를 자랑하는데, 이런 기세를 몰아 해외시장 개척도 활발히 하는 중이다. 유대인의 본거지였던 앤트워프도 인도인의 공략 앞에 속절없이 주인들이 바뀌고 있는 판국이다. 앤트워프 다이아몬드 시장의 전체 거래량 중 인도인이 취급하는 비중이 65%를 넘은 반면 유대인들이 취급하는 비중은 25%로 줄었다. 이러한 인도 다이아몬드 업계도 중국이 원석 물량 확보에 나서자 바짝 긴장하고 있다. 인도는 2009년 175억 달러 규모의 다이아몬드 세공품을 수출한 반면 중국은 30억 달러에 그쳤다. 아직은 중국의 숙련 기술공이나 기술 수준이 인도에 경쟁이 되지 못하지만, 중국이 다이아몬드 산업의 잠재 대국으로 인도에 주요한 위협이 되고 있는 것은 사실이다.

홍콩의 활약

홍콩다이아몬드연맹이 발표한 자료에
따르면, 홍콩의 2011년 다이아몬드 나석
수입은 27% 증가한 172억 달러를 기록
했다. 하지만 중량상 수입은 9% 감소한
2621만 캐럿이었다. 수입액이 증가한 것은 가격 인플레이션으로 나석의
캐럿당 평균가가 655달러로 40% 인상되었기 때문이다.

인도로부터의 나석 수입은 19% 증가한 78억 달러, 이스라엘로부터
의 수입은 65% 늘어난 23억 달러, 벨기에로부터의 수입은 25% 증가한
18억 달러였다. 나석 수출은 31% 증가한 131억 달러였으며, 나석의 순수
입(수입에서 수출을 뺀 것)은 17% 늘어난 41억 달러를 기록했다. 원석의 수
입은 75% 증가한 20억 달러, 원석 수출은 51% 늘어난 17억 달러였다. 원
석의 순수입(수입에서 수출을 뺀 것)은 2010년 1월의 790만 달러에서 2억
8380만 달러로 증가했다. 홍콩의 2011년 다이아몬드 무역수지(나석과 원
석의 총수입에서 총수출을 뺀 것)는 9% 늘어난 38억 달러였다.

2016년 세계 최대의 다이아몬드 소비국 전망

중국이 2016년이면 미국을 제치고 세계 최대의 다이아몬드 소비국
이 될 것으로 전망됐다. 중국 보석협회 조사에서도 현재 중국에서 다이
아몬드는 더 이상 사치품이 아닌 일반 소비품목이
라 인정했다. 결혼을 앞둔 젊은 여성들에게 다이아
몬드 반지의 유무는 결혼을 결정하는 주요한 요소
의 하나가 되었다. 중국 정부 통계에 따르면 매년 약

1400만 쌍이 결혼식을 올린다. 이 가운데 약 30%가 다이아몬드 반지를 구매하여 다이아몬드 연간 소비량은 400만 개를 초과하였다. 이러한 수요로 수천억 위안의 다이아몬드 반지 시장이 형성되었다. 결혼 예물용으로 다이아몬드를 구입하기도 하지만 일부는 투자수단으로 이 보석을 선호하고 있다. 2011년 앤트워프가 수출한 총 50억 달러어치의 다이아몬드 중 홍콩 및 중국 본토로 수출된 것이 약 4분의 1에 달했다. 2011년 중국의 다이아몬드 수입액은 전년 대비 56% 늘어나 약 20억 달러에 달했다. 급격한 증가 추세다. 중국은 금 소비도 급격히 늘어 2012년 인도를 제치고 세계 최대 금 소비시장으로 부상할 전망이다.

중국, 다이아몬드의 인터넷 판매

최근에는 인터넷 쇼핑몰의 발전으로 다이아몬드도 인터넷상에서 판매하게 되었다. 많은 사람이 인터넷을 통해 다이아몬드에 관한 지식을 접하고, 가격을 비교하고 구매하기 시작했다. 타오바오Tao Bao, Yiqu 등 인터넷 쇼핑몰에는 적지 않은 다이아몬드 판매상들이 있다.

초기에는 사치품인 다이아몬드의 품질, A/S 등의 원인으로 매매가 활발하지 않았으나 2007년부터 전문적인 다이아몬드 쇼핑몰이 인터넷에 나타나기 시작했다. 인터넷 다이아몬드 구매 열풍을 이끈 것은 '지버드 닷컴'이라는 사이트였다. 남매가 세운 이 회사는 설립된 지 10년도 안 되어 중국 최대의 온라인 다이아몬드 소매업체로 자리를 잡았다.

이 회사는 초기 3개월의 시험기간을 거친 후 온라인에서 소량의 보석을 판매하기 시작했다. 관리비

용이 절감되어 일반매장보다 40~50% 저렴하게 다이아몬드를 판매하였다. 고객이 눈으로 직접 확인할 수 있도록 중국 12개 도시에 오프라인 매장도 열었다. 하지만 최종 판매는 웹사이트(www.zbird.com)를 통해 이루어진다.

이외에도 중국에는 www.kela.com, www.9diamond.com, www.ekela.com, www.51diamonds.com, www.21gem.com 등 규모가 비교적 큰 다이아몬드 전문 쇼핑몰이 형성되기 시작하면서 불꽃 튀는 경쟁이 일기 시작했다. 인터넷 쇼핑몰들의 다이아몬드 시장점유율도 20%에 육박할 것으로 예측하고 있다.

인터넷 다이아몬드 구매의 장점, 절반 가격

다이아몬드 판매가 인터넷에서 이뤄질 수 있는 것도 다른 상품들과 마찬가지로 가격이 저렴하기 때문이다. 같은 품질의 다이아몬드가 백화점에서 150만 원에 팔린다면 인터넷 쇼핑몰에서는 80만 원이면 살 수 있다. 보통 그 차이가 40~50% 난다.

인터넷 쇼핑몰과 매장 가격이 이렇게 큰 차이가 나는 이유가 뭘까? 한 관계자의 말에 따르면 3가지 원인이 있다고 한다. 첫째, 중국 시장의 다이아몬드 가격이 원래 국제 시세보다 가격이 조금 높았다. 둘째, 큰 인터넷 쇼핑몰에서 직접 해외 다이아몬드 연마회사를 통해 나석을 구매하기 때문에 원가를 절감하였다. 셋째, 인터넷 쇼핑몰은 임대료, 인테리어 비용, 직원 월급 등의 지출을 줄임으로써 소비자에게 직접적인 혜택을 줄 수 있다. 그리고 GIA, IGA, HRD 등의 국제 감정서와 국내 감정서의 다이아몬드로 품질보증을 하고 있다.

든든한 자금력, 벤처투자 자금의 투입

중국의 벤처투자기구는 새로 창설한 인터넷 다이아몬드 쇼핑몰에 자금을 투자하고 있다. 지버드Zbird는 2002년부터 중국에서 처음으로 Yiqu 쇼핑몰을 통해 다이아몬드를 팔기 시작했는데 3개월 후 첫 판매에 성공했다. 현재 이들은 중국에서 제일 이름 있는 다이아몬드 쇼핑몰로 거듭났고 그 브랜드 가치는 10억 원에 달한다. 또한 2007년 6월 성공적으로 금일자본(투자회사)의 투자를 받아 현재 빠른 속도로 발전하고 있다. 9다이아몬드9Diamond는 전통적인 매장 판매를 기초로 인터넷 시장에 뛰어든 회사인데 처음부터 든든한 자본력을 갖고 있다.

중국 쇼핑몰, 인터넷 쇼핑몰과 오프라인 체험점의 만남

전통적인 소비 관념으로 봤을 때 중국인은 직접 보지 않고 쉽게 다이아몬드와 같은 고가의 제품을 구매하지 않는다. 또한 다이아몬드 판매는 주로 결혼시장을 대상으로 하는데, 중국에서의 결혼은 두 사람만의 문제가 아닌 가족의 행사기 때문에 부모들과 같이 쇼핑하는 것이 전례이다. 이러한 상황 아래 인터넷 쇼핑몰 회사에서는 직접 다이아몬드를 보고 구매할 수 있는 오프라인 공간이 필요했다. 하지만 기존 매장들과 같은 높은 임대료와 인건비의 부담을 줄이기 위한 방법을 강구했다. 그 결과 저가의 가격으로 소비자들을 공략하던 인터넷 쇼핑의 장점이 없어질 거라는 우려에도 불구하고 오프라인 체험점의 오픈으로 다이아몬드 판매량이 몇 배 더 증가하게 되었다고 한 쇼핑몰의 관계자는 말했다.

지버드는 상하이 난징루 번화가의 오피스텔에 첫 체험점을 오픈했다. 난징루의 1, 2층 임대료보다 10분의 1밖에 안 되는 가격으로 18층에 오프라인 매장을 개설했지만 손님들이 직접 다이아몬드를 보고 구매하는 데 아무런 지장이 없다. 현재 이 회사에서는 한 도시에 하나의 체험점을 개설한다는 목표로 상하이, 베이징, 항저우, 닝보, 광저우 등의 도시에 이미 체험점을 개설했고 지금도 계속해서 새로운 곳으로의 진출을 계획하고 있다. 9다이아몬드는 인터넷 쇼핑몰과 체험 중심, 전통매장이 합쳐진 형식으로 한 도시에 하나의 체험점 오픈을 주장하는 지버드와 달리 상하이에서만도 몇 개의 매장을 가지고 있고 여러 도시로 확장하고 있다.

미래의 위기와 도전

다이아몬드 가격도 이제는 인터넷을 통해 많은 부분 노출이 되었다. 그리고 전통매장과 인터넷 쇼핑몰 그리고 크고 작은 인터넷 쇼핑몰 간의 가격경쟁도 이제는 피할 수 없게 되었다. 전통 주얼리 브랜드들도 시장이 커져 가는 것을 보고만 있지 않을 것으로 보인다. 소식에 따르면 중국 내 유명 브랜드 회사들도 이 경쟁에 합류할 준비를 하고 있다.

이러한 가격경쟁은 필연코 '닭의 배를 갈라 달걀을 얻는 식'의 자아멸망을 초래할 것이라고 전문가들은 우려하고 있다. 일부 회사들에서는 이러한 위기의식을 갖고 경영전략을 단순한 저가의 가격경쟁에서 브랜드 구축으로 바뀌어가고 있다. 앞으로의 치열한 경쟁에서 누가 마지막까지 웃을지는 지켜봐야 알겠지만 최종적으로 여기에서 혜택을 얻는 것은 수많은 소비자가 아닌가 싶다.❖

❖《난두南都주간》

인터넷 판매의 효시, 블루나일

원래 다이아몬드 인터넷 사업은 미국에서 시작되었다. 인터넷의 다른 영역과 마찬가지로 중국의 창업자들은 줄곧 미국의 경험을 배우고 벤치마킹을 한다. 다이아몬드 인터넷 판매도 마찬가지로 그들의 모방 대상은 미국의 블루나일BlueNile.com이다. 나스닥에 등록된 블루나일 주얼리 인터넷 쇼핑몰은 연간 판매액이 4억 5000만 달러에 달하며 미국 인터넷 주얼리 시장의 10%를 차지한다. 이 회사의 출현으로 미국의 1000여 개에 달하는 중소 주얼리 소매기업들이 문을 닫았다.

1999년 처음 사업을 시작한 블루나일은 약혼반지 전문화에 성공한 경우다. 위탁판매로 시작하여 소수 직원으로 영업을 하였다. 값비싼 매장을 임대할 필요가 없어 다이아몬드를 최대 40%까지 싸게 판매하고 있다. 이 닷컴회사는 글로벌 경제위기가 닥친 2008년도를 제외하고는 놀라운 성장세를 지속하고 있다. 최근에는 1만 달러 이상 고가 제품을 원하는 사람들까지 블루나일에 몰리고 있다. 블루나일의 반지 평균 판매 단가는 6200달러에 달해 일반 점포에서 파는 평균 3200달러를 훌쩍 뛰어넘었다.

네덜란드,
세계를 제패하다

한자동맹의 번영

중세에 유럽이 전반적으로 참혹한 암흑시대를 겪었던 때에도 경제적 번영을 누리는 곳이 있었다. 그곳은 북유럽 한자동맹의 도시국가들이었다. 이 지역도 원래는 소금 교역을 통해 번창하기 시작했다. 북해 연안에는 대구를 비롯한 생선이 많이 잡혔다. '물 반, 고기 반'이라는 말이 생소하지 않을 정도였다. 그러나 생선은 쉽게 상했다. 햇빛에 말려서 건어물로 만들면 장기 보관이 가능했으나, 북유럽은 대체로 흐린 날씨가 연중 이어졌다.

그래서 염장을 하거나 훈제를 해야 했다. 훈제에는 값비싼 목재가 너무 많이 소요되었고 공급마저 충분치 못했다. 남은 방법은 염장밖에 없었다. 염장은 물론이고 훈제를 하기 위해서도 소금이 필요했으나 어장에서 가까운 곳에서는 소금이 많이 나지 않았다. 멀리 발틱해 연안 지역에서 암염 광산이 개발된 이후부터 북해 어장의 생선들이 유럽의 중요 식량자원의 역할을 할 수 있게 되었다. 이에 따라 한 자동맹의 도시들은 소금과 생선의 교역을 통해 경제적 번영의 토대를 닦았고, 소금과 생선의 교역은 다른 특산품의 교역까지 활발하게 했다.

유대인, 소금으로 승부 보다

초기에 네덜란드에 정착했던 유대인들에게 이 지역은 종교의 자유를 제외하고는 그리 풍요로운 곳이 아니었다. 아니, 오히려 열악한 환경이었다. 네덜란드는 농수산업과 염료산업이 있기는 하였으나 전반적으로 지하자원이나 특별한 생산물이 없는 빈국이었다. 이러한 척박한 환경 속에서 유대인들이 상업을 키워나가는 데는 한계가 있었다. 그러나 유대인 역사를 살펴보면 유대민족은 형극의 역사를 반드시 영광의 역사로 바꾸는 능력을 지니고 있음을 알 수 있다. 비즈니스에서도 예외가 아니었다. 이러한 네덜란드의 생태적 한계를 극복하고자 하는 유대인들은 내다 팔 국내 자원이 빈약한 까닭에 더더욱 중계무역에 주목했다.

스칸디나비아 근처 발트 해에서 잡히던 청어가 14세기부터는 해류의 변화로 네덜란드 연안 북해로까지 밀려드는 이변이 일어났다. 그러다 1425년경부터는 어장의 중심이 아예 발트 해로부터 북해로 이동하였다. 네덜란드인들은 너도나도 청어잡이에 나섰다. 그 결과 당시 매년 여름이면 약 1만 톤의 청어가 잡혔다. 그 무렵 네덜란드는 총인구가 약 100만 명 정도였는데 고기잡이와 관련된 인구만 30만 명이었다. 거의 전 세대가 청어잡이와 연관되어 있었다. 한마디로 청어잡이는 전 국민의 목숨 줄이었다. 어장 쟁탈로 네덜란드와 스코틀랜드는 3번이나 전쟁을 치렀다.

네덜란드의 운명을 바꾼 작은 칼

14세기 중엽 네덜란드 한 어민 빌럼 벤켈소어Willem Beukelszoon는 선상에서 작은 칼로 한칼에 청어의 배를 갈라 이리를 제외한 내장을 꺼내고 머리를 없앤 다음 소금에 절여 통에 보관하는 염장법을 고안해냈다. 이 칼이 네덜란드의 운명을 바꾸었다. 바다에서 청어를 잡는 즉시 소금에 한 번 절이고 육지에 돌아와서 한 번 더 절이는 것이었다. 이렇게 하면 1년 넘게 보관할 수 있었다. 그 뒤 이 칼 덕분에 생선 내장을 발라내는 어부들은 1시간에 청어 2000마리를 손질했다고 한다.

당시로선 획기적인 개선이었다. 보통 잡은 생선을 육지로 가지고 와서 내장을 따고 절이는 것과는 큰 차이가 났다. 특히 신선도와 보관 기간에 많은 차이가 났다. 이 방법 덕분에 갓 잡은 생선을 신선하게 보존할 수 있게 되면서 어선들은 훨씬 먼 바다까지 나가 조업을 할 수 있게 되었다. 기존보다 조업 기간이 길

∴ 빌럼 벤켈소어

어지면서 생선 포획량도 엄청나게 늘어났다.

가뜩이나 식량이 부족하고 냉장고가 없었던 당시, 소금에 절인 청어는 전 유럽에 불티나게 팔려나갔다. 이때 유럽 각지에서 몰려온 상인 수백 명이 매일 아침 소금에 절인 청어를 유럽 전역으로 가져가며 돈을 벌었다. 이렇게 청어를 저장하고 수출하는 데는 소금이 필수품이었다. 당시 필요한 소금의 일부는 브뤼헤나 앤트워프를 통해 수입하기도 했지만, 대부분은 독일이나 폴란드 암염 광산에서 한자동맹 무역망을 통해 공급받았다.

1425년경 플랑드르 앞 북해에서 직접 청어가 잡히기 시작하자 브뤼헤와 앤트워프의 유대인들이 가장 먼저 주목한 것은 대량의 청어를 절이는 데 필요한 대량의 '소금'이었다. 그 무렵 소금은 비쌌다. 유대인들은 바로 이 점에 착안했다. 그들은 먼저 한자동맹으로부터 공급받는 소금 대신 이베리아 반도의 천일염을 수입했다. 천일염이 암염보다 값이 쌀 뿐 아니라 질은 말할 나위 없이 훨씬 더 좋았다. 이로써 유대인들은 청어절임 소금을 암염에서 천일염으로 서서히 대체하였다.

유대인, 최초의 천일염 '정제소금'으로 고객을 사로잡다

그리고 15세기 말 이베리아 반도에서 추방당한 유대인들이 저지대로 몰려오자 이들은 여기서 한 발자국 더 나갔다. 천일염을 다시 한 번 '정제'할 생각을 한 것이다. 그렇게 하지 않아도 천일염은 암염보다 순도도 높고 깨끗했다. 그런데도 이를 한 번 더 정제하여 더욱 고운 소금으로 재탄생시킨 것이다. 당시 소비자는 소금의 순도, 모양, 때깔 등 소금의 질에 민감했는데 특히 양질의 음식에 쓰일 소금에는 더 그랬다. 유대인들이 이러한 고객의 요구에 맞춘 것이다. 이 요구에 부응해 역사상 처음으로 거친 소금

∴ 정제소금

을 소비자가 원하는 질대로 만드는 소금 정제산업이 유대인에 의해 최초로 발달했다. 유대인들은 대서양 연안 천일염으로 결정이 더 작고 염도가 높은 소금을 만들기 위해 이를 다시 끓여 불순물을 제거하고 증발시켜 순도 높고 고운 결정을 만들었다. 유대인은 고대로부터 이렇게 고객을 만족시켜 돈 버는 법을 알고 있었다.

16세기 중엽에는 총 400개의 대서양 연안 소금 정제소에서 4만 톤의 소금을 생산했다. 이는 당시 베네룩스 3국의 소금 필요량의 절반에 해당하는 양이었다. 그럼에도 이 정제소금이 멀리 오스트리아나 독일에서 육로로 가져오는 암염보다 쌌다. 한마디로 이베리아 반도의 정제 천일염은 대단한 가격 경쟁력과 품질 경쟁력 모두를 갖고 있었다. 이로써 발트 해 지역이 북해를 제치고 소금 중개무역의 중심지로 부상하였다.

유대인, 한자동맹을 역사 속에 파묻다

경쟁에서 밀린 한자동맹 도시들의 북해 주도권은 여기서 끝나고 역사 속으로 사라졌다. 그만큼 소금이 교역에서 차지하는 비중이 높

았다. 채굴하기도 어렵고 운반도 힘든 독일어권 지역의 암염 대신 유대인들은 양질의 바다소금을 정제하여 대량으로 들여와 한자동맹과의 무역전쟁에서 이긴 것이다. 소금이 경제권역 간의 주도권을 바꾸었다.

당시 한자동맹이 망한 이유는 또 있었다. 그들은 유대 상인들이 발행하는 환어음을 거부하고 현지 화폐로만 상품을 매매하였다. 그리고 차액은 현찰로 요구하였다. 그러니 당시 북부 이탈리아와 플랑드르 상권을 쥐고 있었던 유대 상인과는 상업이 연계될 수 없었다. 그러던 차에 소금의 독점적 공급이 깨지고 판매가 줄면서 금융이 꽉 막힌 그들에게 유동성이 줄어들자 급격히 쇠퇴한 것이다.

청어를 절이고 남은 천일염과 정제소금을 인근 나라들에 싼값에 되팔아 소금 유통을 완전히 장악하였다. 이로써 유대인은 소금의 품질은 높이고 가격은 암염보다 낮추어 생산지-유통-소비지 일체를 지배하는 독과점체제를 이루었다. 유대인들은 유통시킬 국내 자원이 부족하자 이렇게 경쟁력 있는 원자재나 상품의 부가가치를 높여 재수출하는 중계무역을 키워나갔다. 네덜란드의 척박한 환경이 오히려 전화위복이었던 셈이다.

네덜란드의 부, 청어로부터 시작되다

유대인들은 염장 대구가 영국과 프랑스 해군 및 상선의 필수품이 되었듯이 네덜란드 해군과 상선 모두에 소금에 절인 청어를 공급했다. 이로써 안정적인 공급처를 확보했다. 그리고 규모의 경제를 살려

절인 청어를 경쟁력 있는 상품으로 만들어 전 유럽에 판매하였다.

그리고 그들은 청어 처리에도 일대 혁신을 가져왔다. 바로 '분업화'를 도입한 것이다. 고기 잡는 사람, 내장 발라내는 사람, 소금에 절여 통에 넣는 사람 등으로 나누어 작업을 진행했다. 숙련공들은 1시간에 약 2000마리의 청어 내장을 발라냈다. 이로써 절인 청어의 생산량이 획기적으로 증가했다. 그러자 청어의 포획부터 시작해 처리와 가공 그리고 수출이 기업화되기 시작했다. 청어절임이 본격적인 산업으로 자리 잡은 것이다.

이후 유대인들은 네덜란드에서 오늘날의 수협 격인 '어업위원회'를 만들었다. 이 위원회는 의회로부터 법적인 권리를 부여받아 체계적인 청어산업을 관리·감독했다. 어업위원회는 품질관리를 위해 저장용 통의 재질과 소금의 종류, 그물코의 크기를 정했다. 그리고 가공상품의 중량, 포장 규격 등 엄격한 품질 기준을 만들어 네덜란드산 청어가 뛰어난 품질을 지속적으로 지킬 수 있도록 관리했다. 그리고 어획 시기를 한정해 청어산업의 장기적인 포석과 더불어 공급을 조절하여 청어산업의 고부가가치화를 이끌었다. 이를 바탕으로 유럽 시장에서 다른 나라에 견주어 우수한 경쟁력을 확보할 수 있었다. 이러한 일관 공정체계의 완성과 유통의 장악 그리고 공급의 조절은 원래 유대인들의 장기였다.

게다가 1596년 네덜란드 항해가 빌럼 바렌츠Willem Barentsz가 북극해의 스발바르 제도를 발견했다. 당시 포를 이용한 고래잡이 기술을 발명한 네덜란드인들은 그곳을 장악했다. 이로써 네덜란드는 고래잡이

분야에서도 독점적 지위를 차지하게 되어 대량의 고래기름과 고래수염을 얻을 수 있었다. 이후 고래기름은 오랫동안 밤거리 가로등에 유용하게 사용되었다. 게다가 고래고기는 찬 음식으로 분류되어 육식이 금지된 금식일에도 먹을 수 있는 몇 안 되는 음식으로 오랜 기간 서구인의 사랑을 받았다. 그 뒤 네덜란드와 영국의 포경선단은 1610~1840년 북극해 일대의 고래 무리를 거의 멸종 단계로 몰아넣었다.

1620년에 이르러 네덜란드의 선박은 2000척이 넘었는데 대부분 70톤에서 100톤에 이르는 청어잡이 어선이었다. 한 척당 약 15명 정도 승선했으니 단순 계산으로도 약 3만 명 이상의 어부가 조업한 셈이다. 1630년대에서 1640년대에는 연간 약 3만 2500톤의 청어를 처리해 당시 유럽 전체 청어 포획량 6만 톤의 절반을 넘겼다. 이렇게 네덜란드의 부는 청어로부터 시작되었다. 그리고 1669년에는 청어잡이와 청어의 가공처리, 통 제작, 망, 어선 건조 등 관련 사업에 종사하는 사람을 합하면 그 수가 약 45만 명에 달했다. 당시 노동인구의 태반이 청어와 관련된 산업에 종사하고 있는 셈이었다. 이렇게 수산업에서 촉발된 활황은 배 만드는 조선업의 발전으로 이어졌다. 이는 또 목재업, 무역업, 금융업의 발전을 낳았다. 이렇게 하여 청어 어업은 네덜란드 경제와 해운의 발전에 지대한 공헌을 했다.

유대인, 동방상품의 유통과 설탕산업으로 부를 일구다

네덜란드는 청어산업의 호황과 더불어 한자 상인을 물리치고 북유럽의 무역 주도권을 획득하였다. 그뿐만 아니라 네덜란드는 유대인들 덕분에 베네치아로부터 포르투갈로 이어졌던 동방상품의 유럽유통권을 인계받았다. 이후 본격적인 네덜란드 시대가 전개된다.

그 무렵 소금도 비쌌지만 그보다 더 비싼 것이 설탕이었다. 유대인이 떠난 앤트워프의 설탕 정제산업도 1585년 이후 자연스럽게 암스테르담으로 넘어왔다. 암스테르담이 앤트워프를 대신하여 브라질, 카나리아 제도 등지에서 온 원당의 집산지가 되었다. 당시로선 설탕산업이 가장 많은 돈을 버는 첨단산업이었다. 이로써 암스테르담이 당대 최대의 상업도시가 된다. 나중에는 중상층까지 값비싼 설탕을 애호하자 암스테르담 시정부는 1602년 '사치품 사용 제한령'을 내려 설탕의 국내 소비를 막았다.

해상무역 증대와 비례해 커지는 상선들

해상무역이 증대하자 상선의 크기도 커졌다. 종래 인간 근육의 힘으로 노를 저어 움직이던 갤리선은 그 역사를 마감하고 1450년경 바람의 힘으로 운항하는 캐랙선이 등장했다. 신대륙을 발견한 콜럼버스의 배가 바로 캐랙선이다. 그 뒤 해적의 출몰이 잦아지자 16세기에 등장한 군선이 갤리온선이다. 캐랙선과 갤리온선은 외형상 크게

** 갤리온선

다르지 않으나 갤리온선은 처음부터 군용이라 적을 제압하기 위해 크게 만들어졌다. 16세기 말엽의 갤리온선은 크기가 더 커졌다. 보통 500톤에서 2000톤 규모로 건조됐는데 거대한 몸집에 비해 길이를 늘이고 폭을 줄여 물의 저항을 최소화했다. 옆으로 길게 대포를 일렬로 장착하고도 속도가 빨랐다. 또한 적재 용량을 늘리기 위해 선체의 폭이 수면 부근에서 넓어지는 둥근 형태를 취하는 동시에 수직 방향으로는 폭을 좁혀 안정성을 향상시켰다. 갤리온선의 등장은 해상무역을 증대시켰고 많은 식민지에 유대인 커뮤니티인 디아스포라들을 탄생시켰다.

원래 유대인들은 중세 해양국가 제노바와 베네치아 이래로 선박 제조와 항해에 대한 남다른 기술을 갖고 있었다. 이 기술이 스페인과 포르투갈에 전해져 대항해 시대를 여는 원천기술이 된다. 이후 사각돛과 삼각돛으로 빠르게 움직이는 갤리온선의 덕을 톡톡히 본 것은 바로 네덜란드였다. 그 무렵 네덜란드는 유대인들 덕분에 해상무역뿐 아니라 조선업 경쟁력도 세계 최강이었다.

네덜란드 국가경쟁력, 대형 수송선의 대량 건조기술

청어잡이가 호황을 누리면서 네덜란드에 비로소 제대로 된 산업들이 자리 잡기 시작했다. 조선업이 발달하고 부수적으로 목재업이 호황을 누렸다. 그 밖에 방직, 염료 가공, 제지, 도자기 제조 등 제조업과 운송, 상업 등 서비스산업까지 다양한 분야가 균형 있게 발전했다. 그 뒤 해상무역이 급증하면서 조선업은 대형화하기 시작했다. 16세기 중반부터 네덜란드 선박은 유대인들의 주도로 '경량화'와 '표준화'에 승부를 건다. 그래야 배가 가벼워 빨리 달릴 수 있고 만들기도 쉽기 때문이다.

이를 기초로 배의 크기를 키워 화물 적재량을 극대화하는 방향으로 진화한다. 경쟁국인 영국의 배들이 중무장한 채 사람을 많이 태울 목적으로 튼튼하게 건조하는 데 중점을 두었다면, 네덜란드 선박들은 최소의 선원으로 최대의 경제효과를 얻는 데 초점이 맞추어졌다. 게다가 조선 기술자들에 의해 조선소용 밧줄, 목재 제재용 톱과 조선소용 기중기와 같은 첨단 장비와 기계가 발명되었다. 근대식 조

선소가 탄생한 것이다. 이로써 네덜란드에서는 가볍고 표준화된 '보급품 수송함'의 대량 건조기술이 1570년에 개발되었다. 경제사에 한획을 그을 만한 대단한 기술이었다.

가장 큰 특징은 이전에 만들어진 배에 비해 5분의 1 정도의 인원만으로 작동 가능해졌다는 점이다. 게다가 표준화로 건조비용이 영국의 60%에 지나지 않았다. 이는 곧 화물 유통 경쟁력의 차이로 이어졌다. 이로써 네덜란드 조선업은 당대의 최고 산업이 된다. '자르담'이라고 하는 조선소에는 러시아의 표트르 대제가 러시아 부국강병의 꿈을 실현하기 위해 신분을 숨기고 100여 명의 사절단에 끼어서 목수로 일한 적이 있을 정도였다.

네덜란드 해상운임, 다른 나라의 반값

이 배가 만들어진 과정을 살펴보자. 16세기 중반 베네치아에 게토가 생기자 그곳에서 해상무역과 조선업에 종사하던 유대인들이 게토에 갇히지 않으려고 대거 암스테르담으로 옮겨 왔다. 그 뒤 목재 가격이 올라 선박 건조비용이 상승했을 때, 베네치아는 16세기식 표준을 고수한 반면 암스테르담의 유대인들은 기존의 갤리온선보다도 좀 더 가볍고 조종하기 쉬운 배를 개발했다. 이것이 베네치아와 네덜란드 간의 조선업과 해운업의 승패를 가르는 분수령이 되었다. 이후 조선업과 해운업은 네덜란드의 독보적인 산업이 되었다.

영국도 이에 지지 않으려 노력했지만 네덜란드 유대인의 과감한 모험정신 앞에는 어쩔 수가 없었다. 그 무렵 다른 나라 바다를 지나려면 통행세를 물어야 했다. 그런데 통행세 부과 기준이 갑판의 넓이 였다. 당시는 해적들의 출몰이 빈번하여 대부분의 배에는 양옆으로 많은 수의 대포를 장착했다. 그러기 위해서는 단단하고 굵은 목재를 써서 갑판을 키울 수밖에 없었다. 그러나 네덜란드 유대인들은 말 그 대로 죽기 아니면 살기 식으로 대포를 장착하지 않거나 12~15문 정 도의 대포만 설치하여 무장을 최소화했다. 대신 상대적으로 값싼 나 무로 화물칸을 배불뚝이로 만들고 갑판은 좁게 만들어 제작경비와 함께 통행세도 절감하는 방안을 채택했다. 그래서 네덜란드 선박의 경우 양옆은 통통하고 둥글지만, 갑판은 매우 좁았다.

이 배를 '플류트Fluyt선'이라 부른다. 오늘날의 컨테이너선인 셈 이다. 이 배는 갑판이 좁고 긴 대신 선창이 넓어서 많은 화물을 실 을 수 있었다. 그리고 돛이 매우 효율적으로 배치되어 있어 선박이 가벼워 속도도 빨랐다. 플류트선의 설계는 초기 갤리온선의 설계 와 유사해 그리 크지 않았다. 보통 플류트선 한 척의 적재용량은 약 250~500톤에 길이는 25m 내외였다. 게다가 배불뚝이 저중심 설계 라 출발 및 정지가 쉽고 폭풍우 같은 악천후에도 잘 견뎠다. 또 선박 건조비도 싸게 먹혔다. 영국에서 제작하면 1300파운드에 이를 경비 가 네덜란드에서는 800파운드로 충분했다. 대형 선박의 경우 그 차 이는 1400파운드에서 2400파운드 까지 이르렀다.

이런 이점 이외에도 발트 해에서 다른 나라 선박이 1번 왕복할 동안 플류트선은 두 번 왕복할 수 있었고 승선 인원이 보통 9~10명으로 영

∴ 플류트선

국의 동급 선박의 30명에 비해 저렴하게 운행할 수 있었고 유대인들은 이렇게 목숨을 담보로 화물 운송비를 반 이하 3분의 1까지 낮추었다. 이로써 네덜란드가 세계 해운업계를 평정하였다. 심지어 대포를 장착하지 않은 배는 가벼워 해적선으로부터 빨리 도망칠 수 있는 이점도 있었다. 이로써 네덜란드인은 '바다의 마부'라는 별명을 얻게 되었다.

유대인들은 해상운송 물량이 폭증하자 이런 장점을 가진 배를 대량 건조했다. 이를 위해 조선소의 설비와 자재, 계측장비 등을 표준화했다. 표준화 또한 유대인의 장기였다. 청어산업에 이은 표준화가 조선업에서도 위력을 발했다. 이로써 배를 저렴하고 빠르게 건조할 수 있었다. 네덜란드는 16세기 중엽에 이미 북방무역의 70%를 장악했다. 보유 상선 수도 나머지 전 유럽의 상선 수보다 많은 1800척이나 되었다.

목숨보다 중요한 신용

값싼 운송료와 더불어 네덜란드가 해상운송을 장악하게 된 또 다른 이유는 그들의 '신용'이었다. 네덜란드의 빌럼 바렌츠 선장은 운항비를 줄이기 위해 기존의 항로보다 더 짧은 항로를 찾아 나섰다. 북해에서 북쪽으로 항해하면 아시아에 도달할 최단 항로를 찾을 수 있으리라 믿었기에 모험에 나선 것이다.

그는 위탁받은 화물을 싣고 새로운 항로를 찾아 한여름 3차 항해길에 올라 북극해를 운항하였다. 그들은 여름철이면 낮이 지속되는

'백야 현상'으로 얼지 않은 바다에서 아시아에 도달할 최단 항로를 찾을 수 있으리라고 기대했다. 그러나 예상과 달리 배는 유빙에 둘러싸여 빙하에 갇히게 된다. 선원들은 닻을 내리고 빙하 위의 땅에 올라 갑판으로 움막을 짓고 불을 지폈다. 그들은 8개월 동안을 추위와 굶주림 속에서 지냈다. 배의 갑판을 뜯어 불을 피우고, 최소한의 음식으로 버티다 그 식량마저 떨어지자 북극곰과 여우를 사냥해 허기를 채웠다. 그사이 무려 4명이 죽었다.

선장과 선원들은 1597년 6월 작은 배 두 척에 나눠 타고 항해에 나섰지만, 일주일 뒤 쇠약해진 바렌츠 선장은 숨을 거두었다. 결국 선장을 포함해 8명이 죽음을 맞았다. 하지만 이렇게 죽어가면서도 위탁받은 화물에 있는 식량과 의복에는 손도 대지 않았다. 50일 뒤 얼음이 풀리면서 생존자 12명이 러시아 상선에 구조되었다. 러시아

선박에 구조된 선원들이 그해 11월 돌아왔을 때 네덜란드는 감동에 젖었다. 위탁화물인 옷과 식량이 온전히 남아 있었기 때문이다. 얼어 죽고 굶어 죽으면서도 화물만큼은 건드리지 않았다. 그러한 냉엄한 도덕률, 생명보다 소중히 여겼던 명예의식과 상도의에서 17세기 네덜란드의 번영이 꽃피었다.

사람들은 감동했다. 이러한 목숨과 바꾼 신용이 네덜란드

운송업자들을 믿게 한 원동력이 되었다. 목숨 바쳐 지킨 '상도의商道 義'는 네덜란드 상인들의 자부심이 되어 네덜란드를 상징하는 영원한 기록이 되었다. 노르웨이와 러시아 북서부 앞에 있는 바렌츠 해는 이 선장의 이름에서 따온 것이다. 유대인의 상업적 재능에 저렴한 가격 의 선박 제조 및 유리한 지리적 위치와 이러한 상도의적 신뢰가 더해 져 네덜란드 상인들은 원양항해의 대명사가 되었다.

빌럼 바렌츠 선장은 죽기 전해인 1596년에 포경기지 스발바르 제 도를 발견하여 1610년부터 네덜란드 포경산업의 문을 열게 해준 개 척자였다. 그 뒤 스발바르 제도에서 대량의 석탄이 발견되어 네덜란 드에 큰 부를 안겨다 주었다. 그는 죽어서도 애국자였다. 47년 짧은 생을 보낸 바렌츠는 네덜란드 10유로짜리 동전의 주인공으로 여전 히 살아 있다.

전화위복으로 인도 항로에 진출한 네덜란드인들

그런데 16세기 후반에 네덜란드 유대인들에게 문제가 생겼다. 1580년 포르투갈이 스페인에 합병된 것이다. 참고로 이 합병은 60년 간 지속되었다. 이는 그간 포르투갈이 동인도에서 가져온 동방상품 을 받아 유럽에 유통시켰던 네덜란드 유대인들에게는 치명적인 사건 이었다. 네덜란드가 동방물산 유통에서 배제되기 시작한 것이다. 스 페인은 포르투갈을 합병하면서 네덜란드 유대 상인의 유통 참여를 배제하고 독일 함부르크 상인들에게 이 권리를 양도했다. 곧 유통거 점이 암스테르담에서 함부르크로 바뀐 것이다. 이때 부상한 것이 독일의 푸거가였다. 당시 푸거가는 유통을 잘 아는 유대인들을 많이 고용하고 있었다. 게다가 이듬해인 1581년 세계 최초의 연방제 국가인 '네덜란드연방공화국'이 탄생해 독립을 선언하기에 이른다. 이 때문에 네덜란드와 스페인 간에 전쟁이 본격적으로 시작되었다. 그러자 스페인은 네덜란드와 무역을 단절하게 된다. 다시 한 번 해상교역에 종사하는 유대인들에게 위기가 찾아왔다.

항상 그렇듯 유대인들은 이러한 위기를 전화위복의 기회로 살려낸다. 그 무렵 그렇지 않아도 독점을 이용해 후추 가격을 점점 올리는 스페인을 제치고, 후추를 직접 본고장에서 구매하고자 하는 네덜란드 유대인들의 욕구가 강했다. 하지만 이들은 아프리카를 돌아 인도로 가는 바닷길을 몰랐다. 뜻이 있는 곳에 길이 있다고, 우연하게 기회가 찾아왔다. 1597년 자바 섬에서 인도로 가는 길을 선원들에게 알아보았다는 이유로 감금되어 벌금형에 처해진 한 상인이 있었다. 그의 벌금을 암스테르담 시가 대신 물어주고 인도로 가는 해상로를 알아냈다. 숙원사업이 성사된 것이다.

이로써 네덜란드인들도 향료 섬들과 직접 무역을 개설하기 위해 1598년에 탐험대를 파견했다. 이렇게 해서 찾아온 암스테르담 후추 교역선을 몰루카 섬 주민들이 환영했다. 그간 기독교 선교에 열을 올렸던 스페인과 포르투갈인들에게 주민들이 반감을 지닌 덕분이었다. 그렇게 시작된 후추 교역은 이윤이 엄청났다. 네덜란드는 5년 동안 40여 척의 상선을 보낼 정도였다.

1602년 근대 최초의 주식회사, 동인도회사 설립

그 무렵 동양에서 포르투갈인들과 함께 일한 적 있는 린쇼텐 Linschoten이라는 사람이 《인도항로 안내서》라는 책을 출판하였다. 이 책은 1598년에 영어로 번역되었는데, 이를 근거로 1600년에 영국의 동인도회사가 설립되었다. 이런 점을 감안할 때 네덜란드는 이 방면에서 영국보다 한발 앞서나가고 있었다. 1594년 암스테르담에 원양항해를 위한 원국회사遠國會社가 설립되어 이듬해 첫 번째 상선대가 파견되었다. 1598년 3월에는 암스테르담과 로테르담 상인들이 출자하여 조직한 선단도 동인도로 진출해 향료의 주산지인 몰루카 제도까지 무역을 확장했다. 이듬해 7월, 선박 4척이 물건을 가득 싣고 돌아왔다. 대박이었다. 단 한 번의 항해로 선박 건조비용을 모두 뽑고도 수익이 남았다. 그 뒤 비슷한 회사가 6개나 생겼다. 1595년부터 1601년 사이에 네덜란드의 탐험대는 희망봉 또는 마젤란 해협을 우회하여 인도 또는 말레이 제도와 무역을 시도했다. 그 횟수가 적어도 15번은 넘는 것으로 알려졌다. 이 시기에 20% 이상의 배가 돌아오지 못했다.

네덜란드 선주들은 자체적으로 새로운 항로를 개척하여 원양항해에 나섰다. 이런 회사들이 몇 년 사이에 14개로 늘어났다. 하지만 이들의 지나친 경쟁이 문제였다. 많은 선단의 파견으로 이익의 감소가 눈에 두드러졌다. 게다가 스페인과 영국 등 열강과 경쟁하기 위해서는 규모가 크고 강한 회사가 필요했다. 이 문제를 해결하기 위해 네덜란드 정부와 의회가 나서서 하나의 회사로 합병을 유도했다. 그 결과 통합되어 탄생한 것이 동인도회사voc다. VOC는 네덜란드어로 '하나로 통합된 동인도회사'라는 뜻의 이니셜이다. 네덜란드의 동인도회사는 영국보다 2년 늦은 1602년에 설립되었다.

그 무렵의 동양 탐험에는 엄청난 자본이 필요했다. 어느 한두 사람의 힘으로 해결될 문제가 아니었다. 당시 유대인들은 그들이 앤트워프 시절에 시도했던 '주식회사'라는 기발한 개념을 다시 생각해낸다. 동인도회사 설립에 필요한 자본을 당시 해상무역을 주도하던 선주 각자의 소액투자로 충당했다. 약 645만 길더, 곧 금 64톤이 모아졌다. 엄청난 양이었다. 한국은행의 2009년 금 보유량이 14.3톤임에 견주어보면 이때 모인 금이 얼마나 많은 양인지 가늠할 수 있다.

동인도회사는 이렇게 모은 자본으로 설립된 근대 최초의 '주식회사'였다. 주식회사라는 형태를 통해 각종 사업에 필요한 자금을 여러 사람으로부터 모을 수 있으리라는 생각을 제일 먼저 한 이들이 바로 유대인들이었다. 이러한 상상이 모태가 되어 선진화된 금융 시스템을 바탕으로 탄생한 동인도회사는 영국의 동인도회사보다 8배가 넘는 대규모의 경영을 할 수 있었다. 자본주의의 꽃이라 일컫는 근대적 의미의 주식회사는 이렇게 탄생했다.

유대인, 동인도회사를 장악하다

당시 81명이 투자 자본의 절반 이상을 조달했다. 이 가운데 반 이상이 스페인에서 추방당해 온 유대인들이었다. 한마디로 유대인의 지분이 가장 많았다. 동인도회사는 투자 지분이 많은 81명 가운데 60인으로 처음 '주주위원회'를 구성했다. 모두 최소한 1만 길더, 곧 금 100킬로그램 이상씩 투자한 사람들이었다.

그러다 그 수를 점점 줄여 나중에는 '17인 주주위원회'로 귀결되었다. 여기서 크고 작은 모든 결정을 내렸다. 지역별로는 암스테르담에서 모인 자본이 57.4%를 차지하여 17인 가운데 8자리를 배정받았으며 그 외에 로테르담의 유대인들도 있었다. 당연히 지분이 많은 유대인의 발언권이 가장 셀 수밖에 없었다.

출항자금 모금을 위해 주식을 발행하다

회사 설립 뒤에도 동인도회사는 선박들을 인도로 출항시킬 막대한 자금을 모으기 위해 주식을 발행했다. 누구나 투자할 수 있었다. 일반 평민과 외국인도 투자할 수 있었고, 정부도 주주로 참여하여 회사의 신뢰도를 높여주었다. 이미 상인들이 귀족과 영주들로부터 조세권을 사 도시의 자치권을 확보한 상태여서 모든 시민들은 똑같은 권리를 주장할 수 있었다. 상인들과 정부가 주도적으로 투자에 나섰으며, 일반 시민들까지 너도나도 주식에 투자했다. 때문에 현재 가치로 4억 6000만 유로에 해당하는 거대 자금이 모였다.

애초 주식투자란 유럽인들이 멀리 아시아로 교역을 떠나면서 필요한 자금을 모으기 위해 만든 제도이다. 머나먼 미지의 세계인 동양으로 떠나는 데 필요한 모든 자본이 선주나 선장에게 있을 리 없었다. 그 때문에 항해에 필요한 경비를 조달할 필요가 있었다. 이에 따라 오늘날과 같은 주식 형태의 증서를 발행하여 자본을 조달하였다. 이것이 주식투자의 시초가 되었다.

이때 돈을 투자한 사람들은 몇 년을 기다려 상선이 돌아와야 비로소 투자한 돈을 회수할 수 있었다. 그러나 배가 돌아오기 전에 개별적인 사정으로 이 투자 지분을 환불받으려는 사람들이 나타났다. 동인도회사는 1605년 주식의 환불은 안 되며 필요한 경우 주식을 다른 사람에게 양도하라고 발표했다. 그러자 주식을 다른 사람에게 양도하려는 사람들이 많이 있었다. 이런 사람들에게 양도의 기회를 주기 위해 부둣가에서 카페를 운영하던 몇몇 브로커가 중개 기능을 맡게 되었다. 이것이 오늘날 주식시장의 효시다. 그러자 동인도회사의 주식이 최초의 증권투자 대상이 되었다. 손바뀜도 활발했다. 실제로 1607년 무렵 동인도회사 주식 3분의 1의 주인이 바뀌었다. 이때 내부 정보에 밝은 기존 유대인 대주주들이 이 주식들을 대거 사들여 지분을 늘렸다.

이렇듯 주식투자는 동양의 진귀한 후추와 보물을 위험한 항해를 통해 배에 싣고 와서 물자가 귀한 서양에 팔아 막대한 부를 얻는 데서부터 출발했다. 항해 중의 태풍과 각종 질병, 해적선의 약탈 등을 극복하고 귀항에 성공하면 엄청난 부가 보장되었다. 주주에게는 고율의 현금과 채권이 배당되었고, 어떤 경우에는 후추와 계피가 배분되기도 했다. 반면 해적선에 약탈당하거나 파선된 경우에는 투자한 돈을 한 푼도 건질 수 없었다.

유대인, 증권거래소를 설립하다

네덜란드 정부는 동인도회사에 전권을 주다시피 했다. 국가 수준의 재량권을 준 것이다. 1607년 네덜란드는 동인도항로 해상교역에 집중하기 위해 전쟁 중이던 스페인과 12년간의 휴전 협정을 맺었다. 그만큼 동인도회사에 열성을 쏟아붓고 있었다. 중상주의의 진수였다. 설립 후 10년 동안 동인도회사는 이익금을 선박 건조와 아시아 거점 확보 등에 투자하느라 전혀 배당을 하지 않았다. 그럼에도 동인도항로는 워낙 장거리 항로인 데다 위험 요소도 많아 막대한 선투자가 필요했다. 그러나 사세를 확장할 투자금은 터무니없이 모자랐다.

이때 네덜란드 유대인들은 또다시 획기적인 발상을 한다. 동인도회사의 주식이 거래가 잘되자 새로운 주식을 발행하여 대규모의 자본을 끌어들일 구상을 하였다. 그러려면 주식거래를 길거리 카페에 맡겨둘 게 아니라 아예 본격적인 주식거래를 위해 '상설' 증권거래소를 설립하기로 했다. 원래 증권거래소의 모태는 중세 유럽의 견본시에서 유대인들 간에 지불명령서, 환어음 등의 신용이 거래되기 시작하면서 등장했던 개념이다. 이로써 이 주식을 거래할 근대적 의

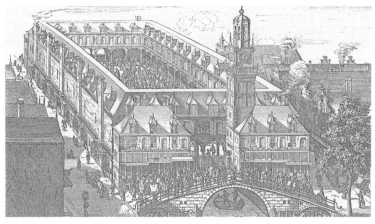

∴ 암스테르담의 증권거래소

미의 증권거래소인 암스테르담 보르스 Amsterdam Bourse 가 1608년 암스테르담에 설립되었다. 본격적인 자본주의의 자금조달시장이 선을 보인 것이다. 유대인들은 늘 길이 없으면 만들어 가는 지혜를 발휘한다.

** 암스테르담 항구 앞의 네덜란드 동인도회사 상선

동인도회사는 이득을 내지 못했음에도 증권거래소를 통해 막대한 자금을 모을 수 있었다. 신대륙으로부터 얻을 수 있는 막대한 부의 미래를 보고 투자자가 줄을 이었다. 당연히 주가가 올랐다. 영국과 프랑스 등의 외국인들도 네덜란드 동인도회사에 투자했다. 유럽의 자금이 네덜란드로 모여들었다. 증권시장을 통해 동인도회사로 투자 자금이 몰려 들어오자 동인도 해상을 운행하는 배는 50척으로 늘었다. 영국보다 뒤늦은 출발이었지만 네덜란드 동인도회사의 배는 10년 뒤부터 후추와 진귀한 향료, 섬유, 도자기 등을 가득 싣고 암스테르담 항으로 돌아오곤 했다. 이를 팔아 엄청난 수익을 올리기 시작했다.

1620년 동인도회사는 엄청난 돈을 벌어 주주들을 부자로 만들어주었다. 유대인의 재능과 상술 그리고 현지 유대인 커뮤니티를 통한 정보력이 다른 경쟁국들을 압도한 결과였다. 이웃 나라들은 이를 보고 군침을 흘리지 않을 수 없었다. 그 뒤 동인도회사의 배는 1690년에 156척으로 불어났으며 후에 배가 대형화되자 선박의 톤 수가 2배로 늘었다. 이외에도 전함 40척과 사병 1만 명이 있었다. 이후 동인도회사 전성기에는 대형 선박이 1500척까지 증가했다.

투자와 투기

이렇듯 주식투자는 대단한 위험과 엄청난 황금의 기회를 동시에 지닌 투기적인 모험에서 출발했다. 투기가 엄청난 리스크를 이겨내고 새로운 역사를 만든 것이다. 이렇게 증권투자의 경험과 역사는 서양의 해상무역에 기원을 두고 있다. 세계 경제사를 장식하는 대규모 발전에는 늘 많은 위험 부담이 따랐고, 이는 지금도 역시 마찬가지다. 은행 대출만으로는 그렇게 빠른 발전이 이루어지기 어려웠을 것이다. 아니, 리스크가 너무 커 은행 대출 자체가 불가능했을 것이다. 기업가 또한 엄청나게 많은 빚을 지기를 원치 않았다. 무엇보다 빨리 부자가 되고 싶어 하는 주식투자자들이 기대감 속에 거액의 돈을 투자했다. 한마디로 투기적 모험의 주식시장이 해상무역을 급속도로 키워냈다. 자본주의의 태동은 이렇듯 리스크 감수를 속성으로 하고 있다.

투자와 투기의 차이는 무엇일까? 사전을 보면, '투자'는 이익을 얻기 위해 어떤 사업에 자본을 대거나 시간과 정성을 쏟는 것으로 정의된다. 반면 '투기'는 기회를 틈타 큰 이익을 보려는 것이다. 좀 더 구체적으로 들어가면, 주체 면에서 '실수요자' 행위는 투자이고, '가假수요자' 행위는 투기다. 대상 면에서는 항구적 용도일 경우 투자, 일시적 용도일 경우 투기가 되며, 거래목적 측면에서 정당한 이익을 기대할 경우 투자, 단기 시세차익을 목적으로 할 경우 투기가 된다. 보유기간에 따라 장기는 투자, 단기는 투기로 구분된다. 전설적 투자자인 워런 버핏의 스승인 벤저민 그레이엄은 "투자와 투기의 차이는 원금을 보존할 수 있느냐의 여부다"라고 말했다. 하지만 현실에서 투자와 투기를 무 자르듯 구분한다는 것은 쉽지 않다. 백과사전에서조차 "현실적으로 투기와 투자의 구별은 극히 곤란하다"고 적고 있다. 어떤 이는 "성공한 투기는 투자이며 실패한 투자는 투기다"라고까지 말했다.

투기를 옹호하는 경제학자들인 효율적 시장론자들은 투기가 기업에 자본을 공급하고, 전 지구적인 차원에서 경제성장과 자원의 효율적 배분을 촉진한다고 주장하고 있다. 노벨 경제학상 수상자인 윌리엄 샤프는 "1990년대 미국인들이 주식시장의 위험을 감수하고 투자하려는 강한 의지를 갖고 있었기 때문에 미국 경제가 다이내믹한 성장을 했다"고 주장했다. 당시 연방준비제도이사회의 앨런 그린스펀역시 "위험을 감수하려는 태도가 자유시장경제의 성장 원동력이다"라는 데 동의했다. 이들의 위험 감수론은 21세기 들어 금융위기로 이어져 많은 사람을 힘들게 했다. 하지만 결과론적으로 위험 감수를 불사하는 투기가 경제 발전에 크게 기여한 사례는 경제사에 많다.

주식회사와 증권거래소의 유래

기실 인류 역사상 최초의 주식회사는 기원전 2세기경 로마 제국으로 거슬러 올라간다. 당시 로마는 국가 기능 가운데 조세 징수에서 신전 건립까지 상당 부분을 '퍼블리카니Publicani'라는 조직에 아웃소싱하였다. 퍼블리카니는 현재의 주식회사처럼 '파르테스partes(주식)'를 통해 소유권이 다수에게 분산된 개념의 법인체였다. 주식은 2가지 종류였다. 당대의 부자들로 구성된 대주주 임원들의 몫socii과 일반인들로 구성된 소액주주의 몫particules으로 나누어져 있었다. 임

⁂ 토머스 그레셤 경

원들이 조직의 업무를 수행하였으며 재무제표도 공시했고 주주총회도 정기적으로 열었다. 이것을 주식회사의 기원으로 추정하고 있다.

암스테르담 증권거래소의 원형은 앤트워프 거래소였다. 당시 유럽에서 가장 부유한 지역이었던 앤트워프에서 유대인들에 의해 주식과 채권이 거래되었다. 이를 "악화가 양화를 구축한다"는 말을 남긴 토머스 그레셤 당시 네덜란드 주재 영국 대사가 유심히 관찰하였다. 엘리자베스 1세 여왕의 재무관이었던 그는 당시 유대인들이 주도하던 앤트워프의 금융시장에 관심이 많았다. 앤트워프에서 주식과 채권이 활발하게 매매되는 광경을 지켜본 그레셤은 귀국 후 사재를 털어 1565년 런던에 건물을 사들이고 사람을 고용해 증권거래소를 세웠다. 이렇게 외교관이자 무역상, 왕실의 재산관리인으로 일하며 영국 최고의 갑부로 올라선 그레셤이 세운 거래소는 앤트워프 거래소를 원형으로 한다. 1571년 1월, 엘리자베스 1세가 증권거래소를 방문해 국왕의 허가증을 내려줬다. 런던 왕립증권거래소Royal Exchange는 이렇게 탄생되었다.

그럼에도 경제사에서 네덜란드의 동인도회사와 증권거래소를 최초의 근대적 의미의 주식회사와 증권거래소의 효시로 여기는 것은 아마 이때를 기준으로 자본조달시장으로서의 기능이 활성화되어 자본주의가 본격적으로 시작되었기 때문으로 보인다. 당시 영국의 동인도회사나 증권거래소가 네덜란드보다 더 일찍 시작되었음에도 제대로 그 기능을 다하지 못했었다. 크롬웰Cromwell의 항해조례 이후 네덜란드 유대인들이 영국으로 건너가서야 비로소 활성화되었다.

아쉬케나지 유대인들의 합류

유대인들이 대거 옮겨 온 1585년 이후 암스테르담은 앤트워프가 가졌던 통상의 흐름을 그대로 계승하여 경제적 번영의 길로 들어섰다. 이러한 흐름은 독일과 동구에 살고 있는 아쉬케나지 유대인들에게도 영향을 주어 그들도 1590년대를 전후해 암스테르담으로 대거 이주하게 된다.

아쉬케나지Ashkenazi란 히브리어로 독일Ashkenaz이라는 뜻에서 유래되었다. 또 히브리어로 노아의 셋째 아들인 '야벳의 자손'이라는 뜻이기도 하다. 노아에게는 세 아들이 있었는데, 큰아들 셈은 황인의 조상, 함은 흑인의 조상, 야벳은 백인의 조상이 된다. 반면 세파르디Sephardi계는 셈계의 후손이다. 아쉬케나지도 오랜 세월 게르만과 슬라브 민족들 속에 살다 보니 그들과 피가 섞여 백인화되었지만 뿌리는 셈족이다. 셈어와 게르만어의 혼용에 뿌리를 둔 그들의 언어 이디쉬어가 이를 증명한다. 언어가 그들 삶의 발자취를 반영하고 있다.

아쉬케나지 유대인의 근본에 대해서는 여러 가지 학설이 있다. 옛날 카자르 왕국이 유대교로 집단 개종했다는 설이 있다. 사실 당시 카자르 내부에는 이미 비잔틴 제국의 박해를 피해 카자르로 망명한 유대교도들이 아주 많았다. 이미 700년대에 이르러서는 카자르 내에서 유대인들의 영향력은 무시할 수 없는 수준이었다. 이런 점도 고려되어 결국 카자르는 740년대 유대교로 개종했다.

하지만 일반적으로는 독일 라인 강 유역 및 인접한 프랑스 지역에 살다가 11~13세기 십자군 전쟁 때 러시아 등 동구로 이주한 유대인을 통틀어 일컫는다. 중세 시대 라인 강은 중요한 상업 교통로였다. 당시 마인츠, 쾰른 등 라인 강 주변 지역에는 스페인과 프랑스 남부, 이탈리아 북부에서 올라온 유대인 상업 공동체가 있는 마을들이 여럿 있었다. 이들이 십자군 전쟁 때 박해와 학살에 시달리다 동구로 피난 간 것이다. 그리고 그 뒤 15세기 말 스페인에서의 유대인 추방, 17세기 30년전쟁으로 인한 독일 지역에서의 유대인 피난 등으로 많은 유대인이 동구권으로 몰려들었다. 그 무렵 폴란드 등 동구권은 경제 발전을 위해 유대인 유치에 열을 올릴 때였다.

카자르와 아쉬케나지

1976년 아쉬케나지 유대인이었던 작가 아서 쾨스틀러Arthur Koestler는 《13번째 지파》라는 책을 저술했다. 그는 여기서 유대인의 대다수를 차지하는 아쉬케나지의 조상이 이스라엘에서 추방된 정통 유대인들이 아니라 카자르족이라고 주장했다. 이 주장은 상당한 파란을 가져왔다. 이는 상당한 논쟁을 촉발했고 반유대주의자들 및 아쉬케나지들에게 차별받고 있다고 느낀 비 아쉬케나지계 유대인들에게서 상당한 지지를 얻었다. 뜨거운 감자가 되어버린 것이다.

하지만 1990년대 유전자 조사기술이 발달하면서 이 주장은 바로 사장되었다. 유전자 조사 결과 아쉬케나지 내에 분명 카자르족의 유전자가 섞여 들어가기는 했지만 아쉬케나지의 조상은 이산을 당한 디아스포라의 유대인들이 맞다는 것이며 카자르 유전자가 섞인 정도도 사실상 세파라딤이나 다른 지역 유대인들과 비슷한 수준이라고 밝혀진 것이다. 아서 쾨스틀러는 자신의 주장이 반유대주의자들에 의해 남용되는 현실에 괴로워하다가 1983년에 이미 자살한 뒤였다.

성경에 아쉬케나지는 아르메니아와 유프라테스 강 상류 주변에 자리한 나라 및 민족으로 나타나고 있다. "고멜의 아들은 아스그낫(아쉬케나지), 리밧, 도가르마"(창세기 10:3). 또 아스그낫이 아르메니아의 이웃 나라들 사이에서 거론되는 것으로 보아 그 지역에 존재했던 것으로 보인다. 17세기 이후 학자들은 아스그낫을 아쉬쿠자Ashekuza 민족과 동일시했다. 아쉬케나지는 대체로 북서 유럽 특히 라인 강변의 유대인 후손을 지칭하는 이름으로 쓰이고 있다.

오늘날 아쉬케나지는 전 세계에 흩어져 있는 유대인 1500만 명의 80% 이상을 차지하고 있다. 미국과 러시아 등에서는 스페인·포르투갈계인 세파르디 유대인보다 아쉬케나지 유대인들이 훨씬 많다. 반면 유대인의 조국 이스라엘에는 아쉬케나지와 세파르디 유대인의 수가 거의 비슷하다. 세파르디와 아쉬케나지는 네덜란드에서 큰 차이가 나는 삶을 살았다. 이 둘은 사회·문화적으로 통합이 잘 안 되는 가운데 예배당인 시나고그도 따로 지어 살았다. 17세기 말 무렵 세파르디는 재력이나 문화적으로 상류 소수층을 이루는 반면, 아쉬케나지는 하류 다수층을 이루었다.

이슬람이 지배하는 이베리아 반도에서 살았던 세파르디계 유대인들은 이슬람의 정치·경제·문화·사회에 융화되어 히브리어와 아랍어로 매우 폭넓은 저술들을 남겼다. 그들은 독자적으로 유대식 스페인어인 라디노Ladino, 곧 히브리어와 스페인어가 혼합된 방언을 썼다.

언어도 당시 유대인들이 살았던 발자취에 대한 시대상을 반영하고 있다.

학식 있고 부유한 데다 혈통에 대한 긍지를 지닌 세파르디 유대인들은 재주가 많았다. 그들은 지나치게 엄격하지 않고 리버럴한 종교적 분파를 따랐다. 유대인들은 아랍 문화 속에 라틴 세계를, 혹은 그 반대 방향으로, 고전 과학과 철학의 전달자 노릇을 했다. 이것이 양 세계의 학문을 소개하는 유일한 통로이자 고대와 중세를 연결시키는 유일한 연결고리였다. 세파르디계 유대인이 없었으면 고전의 세계를 부활시킨 르네상스도 없었다.

세파르딤은 훌륭한 귀금속 장인, 수학자, 정밀기기와 정확한 지도와 항해도 제작자이기도 했다. 그 무렵 일등 항해사와 지도 제작자들은 대부분 유대인이었다. 스페인과 포르투갈의 대항해는 그들의 도움을 받은 바 크다. 각국에 흩어져 있었던 세파르디계 유대인들이 속속 암스테르담으로 모여들었다. 이베리아 반도와 투르크 제국, 그리고 브라질 등지에서 설탕, 목재, 담배, 다이아몬드 등을 교역하는 능력 있는 상인들과 국제적 연결망을 가진 은행가들이었다. 그리고 작가와 학자들이 안정되고 번창하고 있는 암스테르담으로 몰려들었다. 반면 부유한 세파르디계와 달리 아쉬케나지 유대인들은 영세 수공업에 종사하거나 거리의 행상들로 1635년에야 비로소 자신들의 공동체를 형성했다. 그들은 자신의 공동체에만 관심을 갖고 고립된 삶을 살았다. 그들은 18세기에 들어와서야 네덜란드 사회로 진출했다.

06

암스테르담 은행,
'은행화폐'의 개념을 도입하다

오만 가지 주화가 난무하다

경제가 발달하고 교역이 급증하여 거래되는 돈의 유통량이 많아졌다. 그런데 그 무렵 네덜란드의 각 주에서 유통되던 다양한 통화가 상인들에게는 골칫거리였다. 당시 네덜란드에는 오늘날 조폐국 격인 서로 다른 주조업체만 14개였다. 그리고 외국 주화도 많이 유통되었는데, 당시 암스테르담에 흘러들어 온 각종 유럽의 주화들은 800~1000종 이상이었다고 한다. 그나마 각 왕실별로 무게도 함량도 제각각이었다. 한마디로 백가쟁명식 주화가 난무했다. 특히 위조화폐와 저질 주화의 범람이 큰 문제가 되었다.

이렇다 보니 네덜란드 정부는 상인들을 보호할 필요를 느꼈다. 네덜란드를 대표하는 표준 통화를 만들어 교환가치를 통일하는 것이 급선무였다. 금융시장은 효율적인 통화제도가 있어야 수월하게 굴러가기 마련이다. 이로써 '공적' 은행이라는 기관이 설립된다. 국책은행이라는 개념이 없었던 당시로선 당연히 민간기업으로 설립되었지만 암스테르담 시가 은행거래에 대한 보증을 했을 뿐 아니라 여러 가지 규정을 통해 은행의 영업을 도왔다는 측면에서 매우 획기적인 시도였다.

암스테르담 은행, 국제금융거래를 장악하다

증권거래소가 설립된 이듬해인 1609년에 암스테르담 은행이 탄생했다. 암스테르담 은행에서는 계좌를 가진 상인으로부터 금은을 예치받고 이를 근거로 계좌의 주인이 금은을 주고받지 않고도 다른 거래를 할 수 있도록 하는 이른바 '은행화폐'라는 개념을 도입했다. 오늘날의 수표와 비슷한 개념이었다. 이는 거래에서의 효율성뿐 아니라 도둑과 화재의 위험으로부터 안전했고 더구나 암스테르담 시정부가 그 지급을 보증했기 때문에 암스테르담 은행은 매우 빠르게 발전할 수 있었다. 특히 600길더 이상의 거래는 반드시 은행화폐를 통해 거래하도록 하는 규정이 도입되면서 대규모 상인들은 암스테르담 은행에 계좌를 개설하지 않을 수 없게 되었고, 이는 암스테르담 은행의 발달을 더욱 가속화시켰다.

암스테르담 은행은 상인들이 표준화된 암스테르담 은행화폐로만 예금계좌를 개설토록 했다. 이로써 화폐가 신뢰를 얻

⁂ 암스테르담 은행의 모습

고, 난해한 환전으로 인한 비효율을 제거하였다. 그리고 통화가 표준화되자 환어음이 활성화되었으며 상인들끼리 거래할 때는 실물 주화의 교환 없이 계좌 간의 결제를 통해 거래를 쉽게 처리할 수도 있었다. 이는 수표와 자동이체 시스템 등 오늘날 당연시되는 제도의 선구자인 셈이었다. 이로써 금융 선진화에 큰 진전을 보였다. 기실 이 배경에는 앤트워프의 유대인들이 암스테르담으로 넘어오면서 그들의 금융기법도 같이 따라온 영향도 컸다.

17세기 내내 네덜란드가 상업과 무역 패권을 거머쥘 수 있었던 가장 큰 핵심적인 이유가 바로 세계 최초로 지폐를 대량 유통시켰다는 데 있다. 유가증권과 주식거래라는 근대적인 개념과 세계 최초의 은행 시스템이라는 걸 만들어낸 것 또한 네덜란드의 유대 상인 그룹이었다.

은행이 처음 생긴 곳은 11세기 이탈리아였다. 그러나 금융업에서 중요한 개척자 역할을 담당한 것이 암스테르담 은행이라는 점에서는 모든 역사가의 의견이 일치한다. 암스테르담 은행은 1609년 베네치아 은행을 본떠 만들어졌다. 영국보다 100년이나 빠른 것이었다. 나중에 영란은행의 모델이 되고, 이는 나중에 미국 연방준비제도에도 영향을 미쳤다.

은행권의 탄생

게다가 암스테르담 은행은 여느 곳과 달리 고객들이 가져온 금괴와 은괴를 비용 부담 없이 전액 동등한 무게의 길더 주화와 바꾸어주

∴ 페트루스 크리스투스(Petrus Christus)
의 금세공인, 1449, 뉴욕 메트로폴리탄
박물관

었다. 이는 당시로선 획기적인 일이었다. 그 무렵 일반인들은 은괴를 잘라내어 주화 대신 지불하거나, 국영 주조기관이나 일반 주조업체(금세공인)에 은괴를 가져가 주화로 주조해 사용했다. 금세공인들은 은괴를 주화로 주조를 해주는 대신 비용과 주조 이익을 함께 챙겼다. 예를 들어 10kg짜리 은괴를 갖다 주면 9.5kg을 은화로 만들어 주고 0.5kg은 그들이 갖는 것이 일반적이었다. 그러다 보니 암스테르담은 물론 네덜란드 인근의 거의 모든 은괴와 금괴들이 암스테르담 은행으로 몰려들었다.

그리고 일부만 주화로 바꾸어 가고 나머지는 은행화폐로 받아 갔다. 원하는 경우, 제노바의 두카트 주화나 피렌체의 플로린 주화로도 환전할 수 있었다. 그런데 사람들이 써보니 무거운 주화보다 은행화폐가 훨씬 편했다. 그 뒤에는 갖고 있는 주화도 가져와 은행에 맡기고 편리한 은행화폐로 바꾸어 갔다. 이렇게 해서 은행화폐, 곧 '은행권bank money'이 탄생하게 된 것이다.

그 뒤부터 당시의 화폐인 경화 예금자들에게 무게를 재고 함량을 분석해 그에 따라 '은행권'을 지급해 경화의 예금가치를 정확하게 평가해주었다. 이로써 신뢰가 쌓이자 은행권이 경화보다 오히려 프리미엄을 누리게 된다. 그뿐만 아니라 로마 제국 말기의 저질 주화 발행으로 시작된 함량이 부족한 악화의 폐습을 종결시켰다. 암스테르담 은행으로 물밀 듯이 밀려드는 유입 자금은 특히 30년전쟁 기간 중인

1630년대 들어 폭발적으로 늘어났다. 전쟁 기간 중에 무겁고 위험한 경화를 갖고 다니는 것보다는 은행권이 안전하고 편했기 때문이다. 당시에는 돈을 은행에 맡기면 이자를 받는 게 아니라 오히려 보관 수수료를 물어야 했다. 그럼에도 1634년 예금이 400만 플로린을 넘더니 1640년에는 800만 플로린을 돌파했다. 예금은 날로 늘어갔다.

신용창조와 신용거래가 시작되다

암스테르담 은행은 초기에는 예금 장소에 지나지 않았다. 이후 암스테르담 시와 동인도회사에만 대출해주다가 한참 후에야 일반인 대출로도 확대되었다. 이제 사람들은 돈을 맡기기만 하는 게 아니라 빌리기도 했다. 은행은 이렇게 예금을 받고 대출을 해주는 과정에서 대출로 이자수입이 생겼다. 게다가 예금으로 받은 주화는 계속 가지고 있으면서도 화폐라는 '신용'이 창조되었다. 이리하여 화폐 창조는 중립적인 행위가 아니라 이윤이 매우 높은 업무가 되었다. 이후 로테르담 등 네덜란드 다른 도시들과 독일로 은행이 급격히 퍼져나갔다. 이 무렵 대부분의 은행은 유대인이 주도했다. 그러나 네덜란드 지역 이외의 은행들은 민간 주도의 독립성 원칙이 잘 지켜지지 않고 왕실이 개입하여 무리한 대출 등으로 파산하는 사례가 많았다.

얼마 지나지 않아 네덜란드 전역에 은행과 증권거래소가 들어섰다. 느슨한 연방구조 아래 독립된 8개 주마다 은행을 세웠기 때문이다. 그리고 은행은 동인도회사 주식을 담보로 대출해주기 시작했다. 이로써 은행과 주식시장 사이에 신용 공급의 유대관계가 맺어졌다.

그다음 단계로는 거래 실적과 능력을 지켜보고 선별된 사람들이 주식을 신용 구매할 수 있도록 은행이 담보 없이 신용만 믿고 대출해주었다. 신용대출의 시작이었다. 주식회사와 증권거래소 그리고 은행, 이 세 곳을 축으로 새로운 경제 형태가 등장했다. 그 뒤 은행에서는 '신용거래'의 개념을 처음 도입하여 신용도에 따라 이자율을 달리 적용했다. 그래서 신용 있는 사람이나 회사들이 저리로 차입할 수 있도록 했다.

저금리가 대규모의 투자와 무역을 가능케 하다

그 무렵 금리가 경쟁국의 반에도 미치지 않았다. 금융산업의 발전은 네덜란드의 경쟁력을 한층 더 높여줬다. 이런 저금리 자금은 영국 등 다른 나라의 상인들에 비해 유리하게 작용하여 대규모의 투자와 무역을 가능하게 만들었다. 당시 영국에서는 신용이 좋은 사람이라야 이자율이 연 10%였다. 그러나 네덜란드는 자금이 많다 보니 4%면 충분했다. 결국 암스테르담은 유럽의 외환거래 중심지로 발전하였다.

특히 증권거래소는 주요 도시마다 설립되어 네덜란드 각지에서 실물상품과 주식뿐 아니라 외환, 해상보험까지 거래했다. 네덜란드 증권거래소의 활황에는 동인도회사의 공로가 컸다. 동인도회사 주식은 그 무렵 선망의 대상이었다. 이것이 주식 붐을 일으킨 직접적인 원인이었다. 초기 10년 재투자를 하느라 배당을 안 했음에도 주가는 올랐다. 그만큼 미래 가치가 컸기 때문이다. 1611년부터 배당을 시작한 동인도회사는 회사의 이익을 대부분 주주들에게 환원시켰다. 1632년의 경우, 주주 배당률을 12.5%로 정하면서 주주 만족도를 높였다. 이는 당시 채권이나 동인도회사의 차입 이자율보다 2~3배 이상 높은 수준이었다. 주가는 뛰기 시작했다. 이후 동인도회사의 흑자 폭이 커지자 덩달아 배당률도 더 높아졌다. 1650년까지 총 배당금은 원 투자금의 8배에 달했고, 연 수익률은 27%가 되었다. 동인도회사의 총 운영기간 중 평균 배당률은 약 16.5%였다. 같은 기간 동인도회사의 주가는 약 8배로 뛰었다. 그 무렵은 인플레이션이 거의 없던 시기로 배당률 800%와 순수한 주가 차익 800%의 수익은 대단한 것이었다.

이렇게 동인도회사의 주가가 꾸준히 상승할 수 있었던 것은 자금이 필요한 경우 증자를 하지 않고 채권을 발행해 자금을 조달했기 때문이다. 곧 주식 수를 희석시키지 않았다. 놀랍게도 동인도회사 운영기간 동안 자본금에 본질적인 변함이 없었다. 따라서 주가를 항상 높게 떠받칠 수 있었다. 기실 이것은 유대인들이 동인도회사에 대한 자기들의 기득권을 보호하기 위한 방책이기도 했다.

이렇게 많은 증권거래소가 생긴 이후에도 네덜란드 경제는 연이어 터지는 호재들로 즐거운 비명을 질렀다. 1621년에서 1650년 사이의 30년간은 이른바 '유대 대상인의 2차 시기'라 불리며 해상무역의 꽃을 피웠다. 그 뒤 스페인으로부터 군사적 위협이 사실상 사라지고, 30년전쟁의 여파로 보헤미아와 체코 등 경쟁국들의 직물산업이 붕괴되어 독점 속에 호황을 구가했다.

시뇨리지 효과

은행은 외환 관리 및 환어음 결제 기능도 맡았다. 암스테르담 시는 600플로린이 넘는 환어음의 지불은 반드시 은행을 통하도록 했다. 이 때문에 암스테르담 은행은 환은행으로 알려졌다. 은행은 예금액에 따라 대부도 함으로써 유동성도 확대했다. 암스테르담은 외환 및 금, 은 거래에서 유럽의 중심지로 발전했다. 대부받은 사람이 이 가운데 일부만 쓰고 나머지를 다시 은행에 맡겨놓으면 이를 기초로 또 대출이 늘어났다. 이러한 신용창조로 별다른 노력 없이 그저 대출만 해주어도 이자가 들어오게 되었다. 이른바 시뇨리지 효과였다.

이처럼 훌륭한 돈벌이에 정부가 유혹을 느끼지 않을 리 없었다. 고대부터 소금 등 독점적 이익이 발생하는 사업은 곧바로 국가가 독점해서 '전매사업'으로 운영했다. 이러한 유혹 때문에 생겨난 곳이 바로 중앙은행이다. 중앙은행은 은행권 발행 독점권 등 다양한 특권을 가지고 태어났다. 중앙은행이 경화를 획득하면 이를 국고에 보관하고 이를 담보로 지폐를 발행했다. 그리고 국가는 전쟁 등 필요시에는 증세로 재정을 맞추어나가기보다 금 보유 등 담보가액보다 많은 지폐를 발행하여 부족액을 메우려는 유혹이 늘 있었다. 실제로 대부분 지폐 발행이 담보가액을 크게 웃돌았다. 이후 서구 역사는 정부와 금융권 사이의 화폐발행권을 둘러싼 치열한 암투와 대립의 길을 걷게 된다.

네덜란드의 견제: 유대인의 상업조합 가입을 금지시키다

네덜란드 정부는 유대인들이 급격히 성장하자 자국민들의 상업적 경쟁력을 보호할 필요를 느꼈다. 그래서 1632년에 법령으로 유대인의 길드 가입을 금지시켰다. 유대 상인의 입지를 제한한 것이다. 당시 길드는 관련 업종의 독과점을 위한 기구였다. 따라서 작업시간이나 작업의 종류, 상품의 질 등을 세세하게 규제했다. 길드에 속하지 않은 사람은 물건을 만들지도, 팔지도 못했다. 유대인에게는 자국민과 충돌하거나 경쟁할 우려가 적은 대외무역과 금융 분야, 그리고 약사나 의사, 히브리서 출판 등만 허용되었다. 그 결과 조합이 없었던 직물업과 다이아몬드 세공업에 유대인이 몰렸다. 조합 가입금지 조치는 특히 아쉬케나지 유대인들에게 큰 타격이었다. 스파르디계 유대인들은 이미 덩치가 커져 조합 밖의 도매상으로 활동했기 때문이다.

상업에서 배제된 유대인, 금융산업을 주도하다

네덜란드 정부의 이러한 제약이 오히려 유대인에게 보약이 되었다. 산업과 무역업의 규모가 커진 상태에서 상업에서 배제된 유대인들은 실물경제를 뒷받침해줄 금융산업에 힘을 쏟았다. 당연히 금융계와 증권계를 그들이 선도했다. 이후 금융산업이 실물경제를 리드하면서 유대인의 자본축적이 급속도로 진행되었다. 유대인들의 재력은 당시 암스테르담 중앙에 세워진 웅대한 시나고그와 그들 집의 호화로움에서도 잘 나타난다.

유대인, 길드를 와해시키다

그리고 또 하나의 반전이 일어난다. 길드가 유대인들을 상업에서 소외시킨 것이 아니라 유대인들이 그 막강한 길드를 와해시켜 버린 것이다. 18세기에 유대인이 벌인 폭넓은 상업과 금융 활동은 괄목할 만했다. '그것이 주된 원동력이 되어 근대 자본주의가 성립했다'고 생각하는 경제사가가 바로 베르너 좀바르트Werner Sombart이다. 일생에 걸쳐 자본주의의 기원과 진화에 대해 연구한 좀바르트는 1911년《유대인과 경제생활》을 출간했다. 거기서 그는 유대인들이 길드에서 배제되었기 때문에 길드 체제를 와해시킬 수 있었다고 적고 있다.

중세 상업은 길드가 정한 원칙을 따르고 있었다. 그것은 '정당'하다고 생각되는 정액의 임금과 가격 그리고 공평한 제도의 추구였다. 여기서 말하는 공평한 제도란 합의에 의해 시장에서의 일정 분배율이 결정되고, 이익이 보장되며, 생산 한도가 설정되는 것 같은 제도를 가리킨다. 유대인은 이런 제도에서 배제되어 있었기 때문에 이를 파괴하고 대신에 근대 자본주의를 채택했다는 것이 좀바르트의 설명이다. 근대 자본주의에서는 경쟁에 제한을 두지 않았다. 유대인들은 이런 길드의 제약을 받지 않고 오로지 '고객만족'으로 승부하였다. 이는 결과적으로 고객을 유일한 법으로 생각하는 현대 자본주의의 씨앗으로 작용했다. 길드에서 배제된 유대인들이 '의로운' 가격, '착한' 가격으로 중세 상업의 기반을 흔들어놓았다. 유대인들은 길드가 정한 가격과 이익체계를 해체시켜 버리고, 고객 중심의 자유경쟁체제를 도입시켰다.

07

유대인,
신대륙으로 진출하다

유대인, 1621년 서인도회사 설립하다

네덜란드 동인도회사의 헨리 허드슨Henry Hudson은 1609년 맨해튼 섬을 발견했다. 1612년에 동인도회사는 이곳에 뉴암스테르담을 건설하기 시작했다. 바로 지금의 뉴욕이다. 이곳에 네덜란드 사람들이 정착했다. 그 뒤 북아메리카와 교류가 활발해지자 아메리카 항로를 전문적으로 담당하는 '서인도회사'가 1621년에 별도로 설립되었다. 유대인들은 동인도회사 때와 마찬가지

✲ 초기의 뉴암스테르담 모습

로 서인도회사의 대주주가 되었다.

이렇게 설립된 서인도회사는 서인도 무역과 식민지 활동을 독점 수행하는 특권회사이자 동시에 본국으로 은을 싣고 가는 스페인 은 선대를 습격하는 해적질도 서슴지 않는 사실상의 전쟁기업이었다. 이 회사는 브라질 북부와 베네수엘라 연안 군도 및 기아나를 지배하여 무역기지로 삼으면서 원주민과 모피 거래, 노예무역, 사탕수수 등 열대작물 거래에 중점을 두었다.

유대인 사탕수수 농장, 브라질에서 서인도제도로 옮기다

특히 서인도회사에는 포르투갈에 살았던 개종 유대인들이 많이 참여했다. 그들은 서인도회사와 손잡고 대규모로 브라질과 카리브 해 지역에서의 사탕수수 농장과 원목 벌채사업에 뛰어들었다. 결국 네덜란드는 동양의 후추 등 향신료 교역은 물론 설탕과 목재 교역에서 유대인의 덕을 톡톡히 보았다. 이들의 활발한 대외교역의 결과로 네덜란드는 세계 교역의 중심지로 자리매김할 수 있었다.

∴ 키 4m가 넘는 사탕수수들

브라질의 유대인들은 1630년 레시페에서 사탕수수를 본격적으로 재배했다. 레시페로 건너간 유대인들은 이제 더 이상 기독교 신자로 위장할 필요가 없었다. 본래의 유대교로 회복하고 시나고그를 세우고 랍비를 초청하여 당당하게 예배를 드렸다. 그러나 이러한 평화도 그리 오래 지속되지 못했다. 1645년 포르투갈이 다시 브라질 식민지의 주도권을 잡자 네덜란드는 1654년 1월 레시페를 포르투갈에 양도했다. 그러자 그곳에 살던 유대인 1500명은 서인도제도로 옮겨 갔고 일부는 네덜란드로 돌아왔다. 이로써 서인도제도에서 유대인들의 사탕수수 농장이 대규모로 시작되었다.

서인도제도에서 사탕수수가 잘 자라고 이윤을 꽤 남길 수 있는 산업적 전망이 보이자, 유대인들은 아프리카에서 흑인노예를 실어다가 이 지역에 대규모 사탕수수 플랜테이션을 만들기 시작했다. 노예, 담배, 설탕의 삼각무역을 통해 유럽으로 실려 가는 설탕과 럼주의 원료인 당밀이 폭발적으로 증가하게 되었고, 마침내 유럽 전체가 이 설탕의 단맛에 빠지게 되었다.

유대인들, 1654년 맨해튼에 도착하다

포르투갈이 다시 브라질 식민지의 주도권을 잡자 1654년 2월 24일, 네덜란드 범선 발크 호는 유대인 23명을 태우고 레시페를 출항하여 신천지 북아메리카로 향했다. 다른 유대인들이 사탕수수 농장을 계속하려고 서인도제도로 떠날 때 그들은 미지의 세계에 도전한 것이다. 중간에 해적한테 잡혀 억류되는 등 우여곡절을 겪으며 그해 9월 맨해튼에 도착했다. 7개월간의 험난한 여정이었다.

지금의 뉴욕인 당시 뉴암스테르담에서는 인디언들로부터 사들인 비버 모피가 대량으로 유럽에 수입되고 있었다. 비버 모피 모자는 당

∴ 비버가 들어가 있는 뉴암스테르담의 인장

대 최고의 인기 상품이었다. 시베리아에서 잡히던 비버가 남획으로 고갈되어 북아메리카의 비버가 인기 상품으로 떠올랐다. 또한 보스턴 앞바다 대구 곶Cape Cod에서는 명칭 그대로 대구가 많이 잡혔다. 당시 냉장고가 없던 시절이라 말린 대구와 소금에 절인 대구는 유럽인들이 좋아하는 먹거리였다. 유대인들은 비버와 대구잡이를 위해 뉴암스테르담으로 몰려가기 시작했다.

영국은 네덜란드 동인도회사와 서인도회사의 해상권 장악과 해상무역의 지배를 그저 보고만 있지는 않았다. 육지와 바다 그리고 주식시장에서 두 강대국 사이에 치열한 싸움이 벌어졌다. 이처럼 영국은 여러 곳에서 경쟁을 시도해봤지만 유대인이 버티고 있는 한 네덜란드를 상대하는 데에는 번번이 실패했다. 더구나 17세기 중엽 영국에서는 상인 세력을 견제하려는 귀족과의 갈등으로 동인도회사의 권한에 제한이 가해졌다. 반면 무제한의 권한을 위임받은 네덜란드 동인도회사는 강력한 군사력으로 해외시장에서 영국을 압도했다. 이로써 영국의 동인도회사는 한때 존폐의 위기에 몰릴 때도 있었다. 게다가 네덜란드의 해적 행위로 영국 동인도회사 소속 배들이 극심한 피해를 보기도 했다.

네덜란드, 대서양 횡단을 장악하다

당시 선박은 해조류나 삿갓조개를 제거하는 바다청소를 주기적으로 해주어야 했다. 그 때문에 바다를 항해하는 시간이 제한되었다. 그뿐만 아니라 대개 함선은 대서양을 4번 정도 건너면 수명을 다했다. 따라서 대서양 해상무역 물동량이 늘어나자 선박 수요가 폭발적으로 늘어났다. 특히 여러 사람이 배의 소유권을 나누어 갖는 네덜란드식 관행은 투자를 쉽게 하여 배의 수요를 늘렸다. 이는 건조비용을 더욱 낮추었다. 이러한 규모의 경제에 의해 조선업 경쟁력이 다른 나라에 비해 월등히 앞서나갔다. 네덜란드는 이를 발전시켜 조선업을 국책산업으로 지정하여 육성했다.

17세기 이후 유럽에서는 네덜란드를 포함해 포르투갈, 프랑스, 덴마크, 영국, 스웨덴 등 6대국의 해양 진출이 두드러졌다. 이들이 경쟁적으로 인도 및 신대륙과 교역하는 과정에서 상선이 크게 발달했다. 상선에는 해적의 습격에 대비해 마치 군함처럼 장비가 갖추어졌다. 그뿐만 아니라 호위용으로 작고 빠른 전함이 개발되었다. 배의 밑부분에는 벌레가 나무를 갉아 먹거나 바다 동식물이 달라붙는 것을 방지하기 위해 구리판을 씌웠다. 그 결과 순항 속도도 매우 빨라졌다.

나중에 암스테르담 선단은 규모가 커져 주로 승무원 800명이 탑승할 수 있는 2000톤급 대형 선박들로 구성되었다. 이는 유럽 전역의 선박이 수송하는 물자의 양을 합한 것보다도 많은 양을 실어 나를 수 있는 규모였다. 그러자 운임 단가는 더 내려가고 그 결과 거의 모든 화물이 암스테르담으로 집결하였다. 이를 활용하여 암스테르

담은 유럽의 곡물과 금속의 유통기지이자 창고가 되었다. 이러한 대형 선박 제조 및 뛰어난 선박 운용기술로 당시 세계 선박의 반 이상이 네덜란드 선박이었다. 게다가 이러한 기술은 네덜란드 해군을 발트 해에서 남아메리카에 이르는 해상의 지배자로 부상시켰다.

그뿐만 아니라 네덜란드는 아메리카에서 들여오는 스페인 세비야의 무역까지도 통제했다. 1640년경 스페인 항구에 들어오는 상품의 4분의 3이 네덜란드 선박에 실려 왔다. 당시 스페인은 그들과 독립전쟁 중이었던 적에게 이익을 주었던 셈이다. 그만큼 네덜란드 선박의 경쟁력이 탁월했다. 그 뒤 경쟁력에 밀린 스페인 상선은 급격히 쇠퇴했다. 당시 대서양 횡단용으로 등록된 스페인의 선박이 1620년대에는 1363척이었으나 20년 뒤 1640년대에는 722척으로 줄어들었다. 네덜란드의 동인도회사, 증권거래소, 은행들은 이러한 해상 권력을 금융·무역·산업 분야에서 우위로 전환시켰다. 수도 암스테르담은 해상무역과 더불어 세계 금융의 중심지로 떠올랐다.

네덜란드, 물류 중심지로 급성장하다

네덜란드 정부는 출범 이래로 무역을 적극 권장하고 지원했다. 이에 힘입어 유대인들은 대규모 해외무역을 손쉽게 장악해나가면서 네덜란드의 모든 항구에 상업거점을 확보했다. 그리고 지중해 연안을 포함한 유럽 내 모든 무역망은 물론 그들이 사용했던 스페인과 포르투갈 시절의 무역망을 계승 확대하여 멀리 오스만튀르크 제국과 남아메리카 등지로 진출했다. 그리고 북미 대륙에도 뉴암스테르

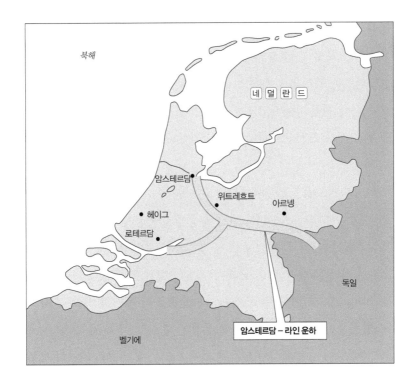

담을 건설했다. 스페인과 포르투갈이 신대륙을 발견하면서부터 오히려 네덜란드가 비약적인 발전을 하게 된다. 신대륙은 스페인과 포르투갈에 의해 점령되었지만, 신대륙에서 가져오는 물자를 유럽 지역으로 운송하여 전파하는 일은 네덜란드 유대인들이 주로 맡게 된 것이다.

네덜란드의 무역은 무역량에서나 다양성에서나 사상 유례없는 번영을 거듭했다. 네덜란드 선박은 당시 전 세계 상품의 대부분을 맡아 운송했다. 서유럽의 목재 및 조선 재료, 철, 납 이외에도 북유럽 지방의 곡물을 운송했다. 그리고 또 중유럽 상품의 유통도 맡았다. 한마디로 전 유럽의 물품을 운송했다. 이렇게 왕성한 해운업과 내륙으로 통하는 운하 덕분에 물류 유통업도 당연히 같이 발달했다.

　게다가 북쪽의 발트 해는 늦가을과 겨울철에 결빙되어 이 기간에 네덜란드는 북쪽으로 향하는 사치품과 남쪽으로 향하는 곡물 등 부피가 큰 상품을 대량으로 모아둠으로써 거대한 창고가 되었다. 이 때문에 암스테르담과 로테르담의 창고는 세계 곳곳에서 모인 상품들이 가득했다.

　이러한 창고업의 발달과 더불어 두 도시는 바다와 라인 강을 잇는 운하 덕분에 내륙 운송망도 발달되어 물류 중심지로 급성장할 수 있었다. 창고마다 곡물을 필두로 스페인의 양모, 지중해산 포도주, 올리브유, 벌꿀은 물론 멀리 말레이 제도의 향료 및 후추, 실론의 진주 및 계피, 인도의 면화, 설탕, 유리, 아편, 중국과 일본의 비단, 도자기, 구리, 차, 샴의 수피 및 염료용 목재, 아연 등으로 가득 차 있었다. "세계의 다른 어느 곳에서 이토록 손쉽게 편리한 물품들과 진기한 물품들을 만날 수 있으랴. 세계의 다른 어느 나라에서 이토록 완전한 자유를 누릴 수 있을 것인가." 1631년 암스테르담에 머물던 데카르트가 한 말이다.

　이로써 네덜란드는 교역과 물류뿐 아니라 생산과 소비를 연결시키는 유통업 그리고 배 만드는 일과 관련된 조선업, 해운업, 어업 등 연관 산업에서도 경쟁력을 획득했다. 그 뒤 네덜란드 유대인들은 해외로 뻗어나갔다. 신대륙 각 거점마다 교역로를 개설하고, 공장을 세우고, 새로운 산업을 일으키고, 은행을 설립했다. 당시 네덜란드의 해외 투자는 국민총생산의 2배가 넘었다.

네덜란드,
생존과 번영을 위해 물과 싸우다

운하는 그냥 만들어지는 게 아니다. 여기에도 생존을 위해 네덜란드인들이 물과 싸운 역사가 있다. 그리고 바다와 라인 강을 잇는 대운하는 유대인들의 의지와 자본력으로 만들어진 것이다. 네덜란드는 국토의 25%가 해수면과 강의 수위보다 낮다. 네덜란드(Nether+Land)라는 이름 자체도 '낮은 땅', 즉 바다보다 낮은 땅이라는 뜻이다. 그래서 네덜란드 국가가 생기기 전에는 이 지역을 보통 저지대(Low Country)라 불렀다. 그러니 실제로 저지대나 네덜란드는 의미상으로 같은 말이다.

저지대는 원래 광범위한 늪지였다. 그렇다 보니 문제는 900년대부터 진흙과 토탄으로 구성된 저지대의 지반이 꾸준히 침하되는 것이었다. 그 결과 1500년대부터는 아예 해수면이 육지보다 높아졌다. 또한 라인 강 등 3개의 강과 하천의 하류에 있다 보니 육지가 하천 수위보다도 낮아져 계속 제방의 높이를 올려야 했다. 이러니 저지대 사람들은 항상 홍수에 대한 우려를 안고 있다. 홍수와 해수의 범람과

북해의 폭풍이 끊임없이 생존을 위협해, 살기 위해서 물을 밖으로 밀어내고 넘치지 않도록 해야 했다.

그러니 사람이 일일이 땅에 스며든 물을 빼내야 하는데 그 장치가 바로 풍차였다. 북해에서 불어오는 바람으로 풍차를 돌려 그 힘으로 생긴 동력으로 물을 퍼내는 일종의 펌프 장치다. 원래 풍차는 방앗간에서 밀을 빻는 데 사용되었지만 15세기 이후부터는 물을 퍼 올리는 양수가 가장 중요한 이용법이 되었다. 네덜란드에서는 풍차 이용의 절정기에 북부 7개 주에만 모두 8000대의 풍차가 있다. 네덜란드인들은 풍차에서 얻어지는 동력을 여러모로 활용해왔다. 벨트를 연결해 방앗간이나 철공소에 필요한 동력뿐 아니라 그 밖에 기계톱의 가동이나, 광산에서 광석을 끌어올리는 데도 사용했다. 이렇듯 그들은 범람하는 바닷물과 강물을 막기 위해 수문과 제방을 쌓고 풍차를 만들어 물과 싸웠다. 네덜란드의 역사는 생존을 위한 물과의 싸움이었다.

네덜란드는 현재 총연장 1만 7000km의 댐과 제방을 갖췄다. 이 가운데 주요 홍수 방지시설 길이는 바다 방조제가 430km, 강 제방이 1430km, 호수 제방이 1017km이다. 이렇게 물과 싸우는 과정에서 네덜란드 사람들은 제방을 쌓는 기술, 갑문을 만드는 기술, 수위를 조절하는 기술, 운하를 파고 수로를 연결하여 사람과 물건을 운송하는 기술이 발달했다. 자연적 위협에 대처하기 위해 오랜 기간 삶의 방식을 터득한 것이다.

토탄 채취하다 만들어진 네덜란드 저지대

사람들이 이런 힘든 땅에 구태여 살면서 물과의 억척스러운 싸움을 계속했던 이유는 무엇일까? 해답은 토탄이었다. 옛날에는 연료가 무척 귀한 존재였다. 음식을 요리하고 집 안 보온을 통해 겨울철 생명을 유지할 수 있는 것도 나무와 석탄 그리고 토탄이 있어서 가능했다. 네덜란드의 해수면보다 낮은 땅들은 대부분 토탄을 채취하다 만들어진 땅이다. 옛날부터 네덜란드인들은 늪지 바닥에서 연료로 이용될 토탄을 얻기 위해 늪지의 땅을 깊이 파냈다. 이때 얻어진 토사로 저지대 늪지를 매립하여 농토를 일궜다. 이때 땅을 제방으로 둘러싼 후 고인 물을 빼기 위해 배수시설용으로 만든 운하는 이후 시민의 중요한 교통로가 됐다. 이 과정에서 자연스럽게 수많은 수로와 운하가 만들어졌다.

하지만 정상적인 뱃길로는 바다와 내륙 운하를 연결하기 어려운 곳도 많았다. 네덜란드 면적의 13%는 해수면과 1m 이상 차이가 난다. 네덜란드는 이런 핸디캡을 이겨낼 기술을 개발한다. 1373년경 네덜란드인은 운하 건설에서 가장 중요한 혁신적인 장치인 '갑문'을 탄생시킨다. 갑문을 닫고 갑실의 물을 채우거나 빼면 그 안에 있는 배는 올라가거나 내려간다. 그래서 배는 수면의 높이가 서로 다른 두 수역 사이를 통과할 수 있게 된다. 이로써 이전에는 높이나 기울기가 서로 달라 운하 건설이 어려웠거

나 불가능했던 지형에도 갑문을 설치하여 견인통로식 운하를 만들 수 있게 되었다. '견인통로식'이란 배를 갑실 통로에 가두고 양옆에서 줄을 매달아 끈다고 해서 붙여진 이름이다.

이 기술은 훗날 파나마 운하 건설에 사용된다. 평균 해수면은 지구 전체가 일정하지 않다. 파나마 운하의 경우, 태평양은 대서양보다 약 30cm 높다. 게다가 산 중턱의 호수를 관통해야 했다. 그래서 파나마 운하도 일부 구간은 견인통로식이다. 배가 갑실에 들어가면 수위를 맞춘 후 양옆에서 대형 크레인이 선박을 끌어준다. 이로써 네덜란드는 작은 나라임에도 수로와 운하들이 서로 연결되어 그물처럼 촘촘하게 깔렸다.

유대 자본으로 대규모 운하를 건설하다

네덜란드 유대인들은 교역이 발달하여 기존 운하와 항구의 기능이 한계치에 다다르자 또다시 기발한 발상을 하게 된다. 바닷길을 아예 내륙 깊숙이 연결키로 한 것이다. 그들은 몇 갈래의 대규모 운하 건설을 계획했다. 그들은 거의 자연적인 기존의 수운 시스템에 주요 해안도시들을 연계한 견인통로식 운하를 건설키로 한 것이다. 이러한 대규모 건설 프로젝트에는 거대 자본이 필요했다. 당시 스페인과의 독립전쟁으로 정세가 불안했음에도 이를 유대 자본이 4%의 저리로 지원했다. 1610년부터 1640년 사이에 1000만 길더가 배수 프로젝트에 투자되었다. 유대인들이 동인도회사에 투자한 자금 645만 길더보다도 훨씬 더 큰돈이었다. 1618~1648년 스페인과의 30년전쟁

중에도 공사는 강행되었다.

16세기 중반에 광범위한 운하
망이 건설되어 1665년에는 거의
640km에 달하는 견인통로식 운하
를 완성되었다. 그로써 당시 유럽에
서 제일 발달한 수상 교통망을 갖
게 되었다. 이런 우세로 네덜란드

∴ 암스테르담의 운하

가 유럽의 새로운 상품 집산지로서의 여건을 갖추었다. 현재 총연장
6800km에 이르는 네덜란드의 중요 운하 대부분이 그때 뼈대가 만
들어진 것이다. 그런 자부심이 "지구는 신이 창조했지만, 네덜란드는
네덜란드인이 창조했다"라는 유명한 말에 잘 담겨 있다.

그 뒤 운하를 따라 대형 선박의 운송이 가능해졌다. 그러자 대형
물류창고를 이용해 발트 해 지역에서 생산된 곡물을 모아 독점 수출
했다. 이어 설탕, 목재, 담배, 프랑스산 와인 등으로 교역품목을 넓혀
나갔다. 이후에도 벌크선을 통한 각종 화물교역을 점차 증대시켜 나
갔다. 이같이 네덜란드는 내륙으로 통하는 수로의 길목과 북해로 통
하는 바닷가에 자리하고 있어 중계무역과 더불어 운송업의 중심지
로 발달할 수 있었다.✧

✧ 윌리엄 번스타인 지음, 김현구 옮김,《부의 탄생》, 시아출판사, 2005

유대인,
다양한 금융기법을 선보이다

소매금융의 출현, 개인에게 직접 채권을 팔다

암스테르담의 금융혁명은 16세기 중엽 유대 대상인들로부터 시작되었다. 상인들은 은행 대부를 받던 방식에서 탈피하여 부자들에게 직접 채권을 팔았다. 곧 기존 은행가에게 채권을 팔던 것과는 달리, 개인 부호들에게 직접 채권을 팔기 시작했다. 자금 조달에서 '소매금융'이 시작된 것이다. 이는 영국보다 100년, 미국의 남북전쟁 시 채권보다 300년 앞선 것이었다.

곧 이러한 기법은 유대인의 이동 경로를 따라 런던을 거쳐 300년 뒤 미국으로 이어진 것이다. 남북전쟁 때 제임스 쿡이 북부 연합채권을 은행권을 통하지 않고 개인들에게 팔아 명성을 얻은 바 있다. 그뿐만 아니라 정부로부터 완전독립되어 있던 은행은 상환 능력만 있으면 대출 상대를 가리지 않았다. 전쟁 상대 나라의 사람들에게도 돈을 합법적으로 대출해주었다. 돈 앞에는 나라의 구분도 없었다.

각종 지원기관 설립과 전문화된 금융의 발달

수출과 해운업의 발달에 발맞추어 네덜란드는 각종 지원기관을 설립했다. 암스테르담 시의회는 보험 관련 분쟁을 해결하고 보험의 신뢰도를 높이기 위해 보험국을 설치했다. 1614년에는 무역금융 지원 업무를 담당하는 암스테르담 여신은행이 생겨났다. 암스테르담의 각 금융기관은 이렇게 전문화된 조직을 갖추고 자금을 지원함으로써 무역 진흥에 크게 기여했다. 금융 서비스가 좁은 지역에 고도로 집중되었다는 점도 암스테르담에 유리하게 작용했다. 시 청사로부터 몇 블록 안에 증권거래소와 상품거래소가 있었고 그 주변에 보험회사와 무역회사 및 해운회사가 밀집해 있었다. 전신이나 전화가 발명되기 전이라 이러한 밀집이 경쟁력을 높여줬다. 훗날 런던의 더시티나 뉴욕의 월스트리트는 여기서 힌트를 얻은 셈이다.

무역 등 경제 정보의 전달체제도 발달했다. 상인과 해운회사 사이에 정보망이 형성된 것은 물론이고 신문사들도 연달아 생겨났다. 이로써 각종 경제 정보가 신속하게 전달되었다. 1611년에 설립된 암스테르담 거래소는 경제계 전반의 중추적인 역할을 했다. 한 건물 안에서 상거래, 자금 알선, 운송 및 상품에 대한 정보 교환 등이 이루어졌다. 그뿐만이 아니다. 암스테르담 거래소에서는 새로운 형태의 금융증권이 탄생함으로써 금융업의 발달뿐 아니라 무역과 해운업의 발달에 크게 기여하였다. 선물시장이 바로 그것이다.✧

✧ 최용식 지음, 《환율전쟁》, 새빛에듀넷, 2010

유대인들, 최초의 대량 선물거래를 주도하다

선물先物은 요즘 나온 개념이 아니다. 당시 상업과 무역을 주도했던 유대인들이 선물거래를 시작했다. 배가 항구에 들어오기 전에 주식을 팔던 그들의 관행이 암스테르담 거래소가 설립된 뒤에 선물시장으로 발전한 것이다. 그러나 유대인들은 이미 그 이전에 상품의 선물거래를 하고 있었다. 곡물의 경우, 불안정한 기후 등 계절적 영향이나 천재지변으로부터 미래의 안정적인 상거래를 담보하고 대량 거래를 유지하기 위한 것이었다. 선물거래는 가격 등의 거래 조건을 지금 정하되 미래의 일정 시점에서 그 정한 조건에 따라 매매하는 일종의 선先계약이다.

기실 이 선물거래는 미래의 불확실성에 대한 헷징 의미도 있지만 유대인의 독점욕에서 기인한 바도 컸다. 사전에 독점을 위해 일종의 밭떼기를 한 것이다. 유대인들은 고래로부터 독점에 의한 이익의 극대화를 누구보다 잘 알고 있는 민족이었다. 16세기 초 유대인들에 의해 곡물에서 시작된 선물거래는 그 뒤 고래기름, 설탕, 구리, 이탈리아 비단 등으로 퍼져나갔다. 앤트워프와 프랑스의 리용 거래소에서는 주로 곡물, 양모, 향신료 등의 선물이 거래되었다. 16~17세기 이후에는 선물거래 대상이 매우 다양해졌다. 이때부터 주식도 미래 시점의 정해진 가격에 사거나 팔 수 있는 권리를 사고파는 옵션거래가 형성되었다. 북해 어장의 청어는 선물증권의 등장으로 잡히기도 전에 사고파는 수준이 되었다.

증권거래소의 진화

네덜란드 유대인들은 동인도회사와 서인도회사의 주식을 대량 보유하여 거대한 규모의 무역을 운영했다. 그리고 유대인들에 의해 1608년 암스테르담 증권거래소가 만들어진 이래 17세기 중반부터 주식시장의 규모가 커지면서 암스테르담의 증권거래소는 활기찬 모습을 띠게 된다. 이곳에서는 온갖 형태의 금융상품 매매가 이루어졌다. 상품과 외환거래, 주식, 해상보험 등 암스테르담은 하나의 자금시장이었고 금융시장이었으며 증권시장이었다.

유대인에 의해 '증권거래인'이라는 새로운 직업이 출현했다. 이들은 새로운 금융기법들을 고안해냈다. 금융거래는 자연스럽게 투기로 이어졌다. 미래 시점에 확정된 가격에 상품을 인도하기로 하는 선물거래가 일반화되었다. 17세기 후반에는 액면 분할주가 탄생했다. 동인도회사의 주식이 분할되어 10분의 1 가격에 거래되었다. 그들은 유가증권을 담보로 대출해 주식에 투자하는 차입투자의 개념도 터득해 수익을 올렸다. 그 밖에 청산일, 교역 시세, 인수引受와 이연移延 거래, 매수 연합과 매도 신디케이트 등이 생겨났다. 금융기법의 발달은 따라잡기 어려울 정도였다. 또한 암스테르담은 유럽에서 가장 중요한 국채 거래시장이었다. 그리고 1700년에는 환율 시세표가 정기적으로 발표되었다. 암스테르담이 국제 외환시장의 효시인 셈이다.

유대인의 본능, 무기명 유가증권의 대중화

경제적인 과정을 합리화하고 거래를 익명화하는 것은 유대인들이
지닌 무의식적인 본능이었다. 유대인 소유 자산들은 고대와 중세는
물론 근대 초기까지만 해도 항상 강탈의 위험에 노출되어 있었다. 특
히 지중해 지역에서 그랬다. 해적은 물론이거니와, 심지어 스페인 해
군과 몰타의 기사단조차 유대인들의 선박과 물품들을 탈취하면 일
종의 전승 기념품 격인 전리품으로 여겼다. 게다가 납치한 유대인 몸
값도 두둑하게 받아냈다. 유대인 공동체는 필히 유대인들을 구해낸
다는 것을 잘 알고 있기 때문이다.

이런 이유로 유대인들은 해양보험을 비롯하여 국제적으로 처리되
는 문서에 허위로 기독교인 이름을 사용해야 했다. 그 뒤 이는 이름
을 명시하지 않는 익명거래 방식으로 점차 발전되어 갔다. 신용장이
발전하면서 유대인들은 자금 회전에 대한 또 하나의 방식으로 무기
명 채권이라는 것을 개발해냈다. 이들의 재산은 항상 위협 아래 있
었고 언제든 추방당할 수 있었기 때문에 환어음이나 무기명 수표 같
은 익명으로 처리되는 유가증권의 출현은 그들에게 상당한 축복이
었다.

신용대출 다음으로 유가증권의 고안과 대중화는 유대인들이 부
의 창출 과정에서 만들어낸 가장 커다란 공헌이었다. 유대인들은 세
계 어디서나 유가증권을 사용했는데, 이는 전 세계를 단일시장으로
이해했기 때문이다. 세계 각국에 퍼져 있는 유대인 공동체인 디아스
포라는 그들을 선구자로 만들어주었다. 국가가 없는 민족에게는 세
계가 하나의 고향이었다.

시장이 확대될수록 유대인들에게는 그만큼 기회도 커졌다. 유대인들은 세계를 단일시장으로 만들기 위해서는 상품이나 재화의 이동을 막는 규제가 모두 없어져야 한다고 믿었다. 이것은 지금도 마찬가지다. 이들의 영향력으로 중상주의 시대에 다른 나라들은 모두 귀금속의 유출을 막았지만, 독특하게도 네덜란드 의회는 귀금속의 자유로운 수출입을 허가했다. 이는 결국 부의 창출에 기여했다. 자본 이동의 자유화를 지금으로부터 이미 4세기 전에 실행한 것이다.

두 번에 걸친
유대 대상인의 시기

유대인의 탁월한 독과점 능력

유대인들의 돈에 관한 천부적 감각은 탁월함 그 이상이다. 당시 돈되는 설탕, 육두구, 다이아몬드, 정제소금 등의 품목을 모조리 독과점 사업으로 엮어냈다. 담배와 비단에도 상당한 영향력을 발휘했다. 예나 지금이나 독과점만큼 이윤이 많이 남는 사업은 없다. 그들은 독과점적 지위와 고이윤 폭을 오래 유지하기 위해 사업의 핵인 '유통'을 장악했다. 당시로선 지리적으로나 시간적으로 멀고도 기나긴 생산자와 소비자 사이의 유통 경로를 완전히 지배한 것이다. 각국에 뿌리내린 유대인 커뮤니티끼리의 합동작전이었다. 이른바 요사이 이야기하는 블루오션 사업인 것이다. 경쟁자가 없었다. 아니, 유대인을 상대하여 경쟁할 능력이 있는 집단이나 조직이 없었다. 그것은 지금도 마찬가지다. 다이아몬드, 석유, 곡물, 천연자원 등과 같은 실물자산은 물론 군수산업과 금융산업, 영화산업, 유통업과 같은 서비스산업에 이르기까지 돈 되는 사업은 여전히 그들의 절대적인 영향력 아래 놓여 있다.

그 밖에도 네덜란드의 유대인들은 무역업과 금융업 외에 토라(모세오경)와 탈무드를 인쇄하기 위해 출판업을 발전시켰다. 탈무드는 모두 20권으로 총 1만 2000쪽에 이른다. 그들의 신앙을 후손들에게 가르치기 위해 출판업은 필수였다. 특히 유대인이 많이 살았던 앤트워프가 인쇄술의 산실이었다. 덕분에 인쇄술이 발달하자 마틴 루터가 성경을 대량 출판함으로써 종교개혁을 이룰 수 있었다. 또한 유대인들은 다이아몬드 가공 과정에서 광학산업과 절삭가공산업을 발전시켰다.

두 번에 걸친 유대 대상인의 시기

네덜란드에는 특히 교역이 활발했던 두 번의 중흥기가 있었다. 첫 번째 중흥기는 1590년에서 1609년 사이의 20년 동안이다. 앤트워프가 1585년 스페인에 다시 정복되자 이때 대부분의 유대인이 암스테르담으로 옮겨 와 네덜란드의 경제가 불붙기 시작했다. 이 시기에 지중해, 아시아, 발트 해 지역으로 해외시장을 개척하여 무역 붐을 일으켰다. 이를 바탕으로 그 뒤 1602년에는 동인도회사가 설립되어 네덜란드는 세계 무역의 헤게모니 국가로 떠올랐다. 유대인에 의해 세계 경제사의 큰 획을 이룬 이른바 '중상주의'가 본격적으로 닻을 올리게 된 것이다. 조나단 이스라엘 런던대학 교수에 따르면, 이 시기에 네덜란드는 세계 무역을 주도하면서 다른 경쟁자들을 제치고 명실공히 세계 경제의 중심이 되었다 한다.

또 북아메리카에도 진출하여 1612년에는 현재 뉴욕의 전신인 뉴 암스테르담을 건설했다. 특히 1621년까지 12년 동안의 독립전쟁 휴전 기간 중에 무역을 독점하여 막대한 자본을 축적할 수 있었다. 이러한 자본력을 바탕으로 조선산업에 대한 투자와 더불어 본격적인 해외투자 및 대부를 시작할 수 있었다. 이것이 해상무역을 다시 한번 폭발적으로 늘리는 기틀이 되었다.

이로써 두 번째 중흥기는 서인도회사가 설립된 이후인 1621년에서 1650년 사이의 30년 동안이다. 이 시기에 유대인들은 아프리카와 신대륙을 매개로 하는 삼각무역을 개척하여 막대한 돈을 거머쥐었다. 당시의 삼각무역이란 아프리카 흑인 왕국이 원하는 면제품, 총, 술, 유리구슬 등을 싣고 아프리카 동부 해안으로 가 거기서 흑인노예들과 바꾸고 이들을 다시 신대륙으로 데려가 그곳의 사탕수수, 담배, 커피 등과 교환하는 것이었다. 한 행차에 두 번 이상의 교역이 가능해 큰돈을 벌 수 있었다. 그리고 보면 첫 번째 중흥기는 동인도회사의 동아시아 교역 시기이고 두 번째 시기는 서인도회사의 신대륙 교역 시기였다. 이 두 시기를 '유대 대상인의 시기'라 부른다.

네덜란드 인구의 절반 이상이 해외에 나가 활동하다

이 두 번의 유대 상인 중흥기에 많은 유대인이 네덜란드에 몰려들었다. 16세기 중엽부터 몰려들기 시작한 유대인과 개신교도들로 14세기 인구 100만 명의 어업국가 네덜란드는 1600년경에 150만 명을 넘어섰으며 1650년에는 190만 명을 돌파했다. 이리하여 17세기 중엽에는 전 세계 무역량의 절반을 네덜란드 동인도회사가 담당했다. 17세기에 세계 무역의 패자였던 네덜란드는 당시 인구의 절반 이상이 동인도회사와 서인도회사 지사 등 해외로 나가 활동했다. 해외에 무려 1500개가 넘는 지사가 들어섰다. 하지만 이러한 부의 쟁취 이면의 그늘에는 그 이상의 희생이 있었다. 그 무렵 해상활동은 열악한 환경과 해적 등으로 인해 사망률이 높아 그들 중 약 3분의 2가 고국에 돌아오지 못했다.

30년전쟁,
유대인의 지위를 바꾸다

　네덜란드의 1차 독립전쟁 이후 소강상태를 보이던 스페인이 다시 완강해지더니 현재의 벨기에를 탈환하고, 이어 네덜란드까지 공격하였다. 이리하여 1618년부터 2차 전쟁이 벌어졌다. 한창 네덜란드가 유대인들 덕분에 무역 진흥의 기틀을 잡을 때였다. 이 30년전쟁은 네덜란드와 스페인 두 나라뿐만 아니라 개신교와 가톨릭 사이에 벌어진 최대이자 최후의 종교전쟁이다. 처음에는 종교전쟁의 이름을 빌린 민족대립 양상을 보였으나, 전쟁이 2기에 접어들면서 유럽에서 패권을 확립해가던 스페인과 독일 지역의 합스부르크 왕가와 이를 제지하려는 세력 사이의 대규모 전쟁으로 발전하여 유럽 열강들 모두가 참가한 최초의 국제전쟁이 되었다.

　이 전쟁은 30년에 걸친 4번의 큰 싸움 이후 스페인의 패배가 확실해진 1648년에 끝났다. 이를 '30년전쟁'이라 부른다. 처음 1차 독립전쟁이 1568년에 시작되어 결국 1648년에 끝이 났으니 이를 '80년전쟁'이라 부르기도 한다. 이때 체결된 것이 '모든 군주는 자기 백성의 종교를 자유롭게 결정할 수 있다'는 베스트팔렌 조약이었다. 이는 스페인과 네덜란드 사이에 벌어진 80년전쟁과 독일의 30년전쟁을 마감한 최초의 다자간 조약이다. 1648년

⁂ 베스트팔렌 조약의 한 파트인 뮌스터 조약

30년전쟁을 끝내는 베스트팔렌 조약에서 유럽의 열강들이 네덜란드의 독립을 보장하는 조항을 넣음으로써 스페인-네덜란드의 80년 전쟁은 마침표를 찍는다. 이로써 1648년에 네덜란드의 완전독립이 쟁취되었다.

스페인은 네덜란드를 잃었을 뿐 아니라 주도적 입지도 상실했다. 이로써 합스부르크가의 우월권은 깨졌다. 프랑스는 서방 강국으로 부상하여 부르봉 왕가가 득세했고 스웨덴은 발트 해의 지배권을 장악했다. 이 조약으로 가장 득을 본 나라는 국제적으로 독립국임을 인정받은 네덜란드와 스위스였다. 네덜란드를 독립된 공화국으로 인정하는 조약이 체결되었다. 이 조약에 따라 셸드 강에서는 네덜란드 선박의 운행만 허용되어 당시 경쟁 항구였던 앤트워프의 무역은 시들고 암스테르담이 더욱 번성하게 되었다. 30년전쟁으로 동유럽의 직물산업이 붕괴되어 네덜란드 직물산업이 호황을 맞았다.

그것보다 더 중요한 점은 독립 후 개인의 자유와 관용이 만개했다는 점이었다. 특히 종교적 편견이나 공격은 사라졌고, 양심과 사상,

언론과 출판의 자유가 보장되었다. 또한 여성에게도 다른 나라에서는 볼 수 없는 자유가 주어졌다. 미혼이든 기혼이든 여성은 동행자나 감시인 없이 자유롭게 외출했고 남들과 자유롭게 대화했으며, 남성과 거의 똑같은 일터에서 일하고 사업을 운영하여 그 어떤 나라의 여성보다도 남성에게 종속되지 않았다. 특히 네덜란드에서는 세계 최초로 마녀사냥이 금지되었다. 네덜란드에서의 마지막 마녀사냥은 1597년이었다.

30년전쟁은 유럽의 지도 말고도 종교와 문화 등을 크게 변화시켰다. 이 전쟁으로 독일 지역 나라들 대부분이 황폐해지고 인구가 격감했다. 당시 유행하던 페스트의 영향도 컸다. 30년전쟁 동안 800만 명 이상의 독일인이 선페스트와 티푸스 열로 죽었다. 인구의 반이 전염병에 희생된 것이다. 이러한 결과는 경제에도 엄청난 마이너스 효과를 가져다주었다. 독일 지역 공국들의 경우, 1600만 명이었던 인구가 전염병과 전쟁의 피해로 600만 명으로 줄었다. 특히 남자는 태반이 죽었다.

독일 지역이 전쟁의 폐허로부터 일어서는 데는 1세기가 걸렸다. 독일은 여러 개의 작은 나라들로 갈라지게 되었다. 그중 가장 큰 나라는 오스트리아, 그다음에는 프러시아 순이었다. 오스트리아의 왕은 명목상 신성 로마 제국의 황제 자리를 겸직했다. 신성 로마 제국 소속 연방 국가들에게도 완전한 주권이 주어졌다. 이로써 정신적으로는 교황이 주도하고 세속에서는 황제가 지배하는 신성 로마 제국은 사실상 무너졌다.

30년전쟁, 유대인들에게는 도약의 기회

유대인은 새로운 기회를 통해 주어지는 이점들을 신속하게 활용하는 데 천부적인 소질을 가지고 있는 민족이다. 30년전쟁이 독일 지역을 황폐하게 만들었지만 유대인들에게는 유럽 경제의 중심으로 올라설 수 있는 계기를 마련해주었다.

전쟁 내내 대규모의 군대가 몇 년씩이나 전장에 주둔해야 했다. 때로는 겨울을 나야 했는데, 이곳에다 음식과 보급품을 공급하는 일을 유대인들이 도맡아 했다. 이를 위해 그들은 먼저 유대인 커뮤니티 간의 협조로 식량 공급망을 만들어 식량을 안정적으로 공급했다. 그리고 주물공장과 방앗간을 세웠고, 군대를 찾아 유럽 각지를 돌아다녔다. 유대인들은 유럽과 동방을 돌며 무기를 사 모아 부족한 군수물자를 각 전장에 공급하는 비범한 능력을 보였다. 후에는 그들이 직접 주조공장과 화약 제조공장을 세웠다. 이것이 유대인의 주특기 중의 하나인 근대 군수산업의 효시가 된다.

이를 통해 유대인들은 돈을 버는 한편, 전쟁 당사자들에게도 없어서는 안 될 존재로 부각했다. 전쟁이 유럽 전역으로 확대됨에 따라 전 유럽의 유대인들이 보급품과 군수품 공급에 참여했다. 전쟁 기간 중에 독일 지역의 영주들은 이러한 군수 보급품을 안정적으로 관리해주고 나라의 살림도 챙겨줄 유대인을 궁중에 채용하기 시작했다. 이러한 정황으로 30년전쟁 동안 유대인들은 흥미롭게도 역사상 처음으로 유럽에서 다른 주민들보다 나은 대우를 받았다.

주보상인의 존재

군대에서 병참은 전투력 유지의 근본이다. 병참兵站은 군대에서 필요한 물자를 관리하고 보급하는 군사 행위다. 하지만 그 무렵 군대는 이러한 병참을 직접 챙기지 않고 대신 외주를 주어 이를 하청업자들에게 맡기는 형태였다. 그리하여 빵과 고기, 술 등의 조달과 배분은 민간업자인 주보상인酒保商人들이 맡았다. 주보상인은 이러한 병참뿐만 아니라 무기, 탄약, 갑옷 등과 함께 생활에 필요한 잡화도 취급했다. 그리고 각종 약탈품을 싸게 매입하기도 했다. 전투가 끝나면 병사들에게 주점이나 도박장을 열어주고, 요리, 세탁, 제봉, 간호를 담당할 여자들을 데리고 다니며, 필요시는 병사들에게 위안부 서비스까지 제공했다. 먹거리가 없어 생존 자체가 절박했던 시절이라 죽음의 위험을 무릅쓴 전쟁터에서조차 이러한 생계형 일거리들에 사람들이 몰렸다.

일종의 병참대라고 할 수 있는 주보상인과 그에 딸린 여자, 예능인 등 비전투원의 숫자는 상당해서 1개 연대가 6000명이라고 한다면 거의 같은 수의 민간인들이 연대의 뒤를 따라다녔다고 한다. 물론 이러한 행렬은 행군 속도를 늦추게 하여 전투 중에는 방해가 될 지경이었다. 그러나 그 규모가 오히려 커져 30년전쟁 당시는 군대의 1.5배 규모까지 이르렀다고 한다.❖

❖ 아리엘, 〈독일 용병 란츠크네히트〉

궁정 유대인의 발흥

30년전쟁 중에 보인 유대인의 활약은 대단했다. 그뿐만 아니라 평상시에도 이들이 아주 유용하다는 점이 드러났다. 30년전쟁이 끝난 뒤, 독일 각 지역 영주들은 전쟁으로 피폐해진 자신의 영토를 탄탄한 국가 조직체로 만들려는 노력을 기울였다. 하지만 전쟁 후유증 때문에 쉽지 않았다. 그럼에도 영주들은 귀족과 상류 계급에 의존하는 기존 방식에서 벗어나 절대주권을 구축하고자 했다. 이를 위해서는 먼저 나라 경제가 부강해져 재정 자립을 꾀해야 했다. 그래야 귀족들의 경제력에 휘둘리지 않고 중앙집권력을 강화할 수 있었다. 그래서 자본주의 경제가 추진되었고, 상업과 매뉴팩처의 장려가 국가 현안으로 대두되었다.

유럽은 전반적으로 중세 길드제도로 인해 경제회생 능력을 상실했다. 너무 폐쇄적이고 봉건적이었기 때문이다. 네덜란드와 영국만이 유일하게 구태를 벗어나 부와 권력을 증대시키고 있었다. 이 시기에 프러시아의 선거후選擧侯 프레드릭 윌리엄은 경제 개혁의 칼을 갈고 있었다. 그는 개혁을 가로막고 있는 길드제도를 없애고 새롭게 경제를 개혁할 필요성을 간파했다. 그 방법 중 하나로 유대인을 이용키로 했다. 그는 이제까지 유대인들에게 가해졌던 규제를 풀고 그들에게 상권을 허용했다. 당시로선 혁명적인 방안이었다. 이로써 17세기 말엽 독일의 유대인들은 경제 재건에 공헌할 수 있는 기회를 얻게 되었다. 윌리엄은 사무엘 오펜하이머라Samul Oppenheimer는, 1670년 비엔나에서 추방당한 유대인을 기용하여 프러시아의 재정관리를 맡겼다. 유대인은 유대인 커뮤니티의 도움으로 거액의 현금을 조달해서

운용하는 장기가 있었다. 또 이들은 주로 군주 및 왕가의 재정을 담당하며 통치자가 경제적으로 봉건 귀족들에게 휘둘리지 않게 도와주었다.

이 상황에서 독일 지역 다른 영주들도 유대인들이 유능한 납세자이자 무역에 활력을 불어넣을 수 있는 존재로 여겼다. 유대인들은 주요 도시에서 받아들여졌다. 그들은 지역경제 활성화 기대에 보답이라도 하듯 농업과 매뉴팩처 분야에 투자했다. 그리고 양모, 가죽, 비단, 장식품 등의 생산활동에 적극 참여했다. 특히 유대인 중간 계층은 수입 식료품, 값싼 장식품, 보석 거래와 같이 길드나 동업조합의 규정에 얽매이지 않는 새로운 상업 분야를 개척했다.

궁정 유대인들은 제후들에게 유대 금융조직을 활용해 상당한 재원을 마련해주었다. 주요 도시의 건설계획을 주도했으며, 중상주의 정책에 힘이 되어주었다. 유대인들의 대부를 얻어 비엔나의 카를 성당과 합스부르크가의 쇤브룬 궁전이 완성되었다. 일부 유대인들은 독일 제후의 수석장관으로 활동하면서 그들에게 정치·경제적인 권력이 집중될 수 있도록 도와주면서 자신들도 주권자로서의 혜택을 누렸다.

그 뒤 유럽 각국의 왕과 제후들이 유대인들에게 재정을 맡기는 게 일종의 관습처럼 되었다. 이를 궁정 유대인이라 부르는데, 유럽 각국에서 약 150년 동안 성행했다. 이것이 19~20세기 초의 독일을 유럽 최강의 나라로 만든 기초였다. 궁정 유대인은 1900년대 국제적 은행업자의 원형이었다고 보기도 하지만 그보다는 오늘날 재무장관의 원형이었다고 보는 게 적절할 것이다. 그들의 역할은 군대의 보급, 왕의 재정대리인, 조폐소의 책임자, 재원 확보, 차관 교섭, 채권 발행, 새로운 세제의 고안 등이었다. 곧 궁정 유대인은 근대적 재정 수단으로 통치자를 귀족들의 올가미에서 해방시키는 '제도'를 만든 것이다. 개종만 하면 궁정 유대인은 그 나라 최고의 지위에 오를 수도 있었지만 놀랍게도 그들은 그렇게 하지 않았다. 30년전쟁 뒤 신성 로마 제국의 200개나 되는 주요 공국과 영주들 대부분이 궁정 유대인을 거느렸다. 황제 중에서 가장 가톨릭에 가까운 샤를 5세까지도 궁정 유대인을 두고 있었다. 오늘날 미국의 역대 재무장관이 대부분 유대인인 점과 궁정 유대인 제도가 일맥상통한다면 지나친 억측일까?

암스테르담 인구의 12%가 유대인

15세기까지만 해도 농업과 청어잡이에 종사하던 인구 100만의 네덜란드는 유대인들이 몰려오자 상업이 활기를 띠면서 인구가 늘어났다. 그래봤자 유대인들이 활약하던 17세기에 이르러 인구가 겨우 150만 명이었다. 이 작은 나라 네덜란드에 중세 이탈리아 도시국가들과 스페인에서 일어났던 '이상한 우연'이 다시 일어났다. 유대인만 옮겨 오면 경제가 비약적으로 발전하는 우연 말이다. 독립한 지 20년밖에 안 된 이 나라가 모든 유럽을 상대로 상업국으로서의 지배권을 장악하게 된다. 유대인들이 옮겨 가자 네덜란드는 일약 세계의 경제 중심이자 해운 중심으로 성장

.•. 부채꼴 모양의 암스테르담

한 것이다.

17세기 초에 인구 10만이 채 안 되었던 암스테르담의 경우, 17세기 말에는 인구가 2배 이상 늘었다. 당시 인구 20만 명은 세계적인 대도시였다. 런던, 파리, 콘스탄티노플, 나폴리에 이은 세계 5대 도시로 급성장한 것이다. 암스테르담의 번영을 말해주듯 유대인 인구도 초기 8000명에서 2만 4000명으로 늘어났다. 암스테르담 인구의 12%가 유대인이었다. 그래서 당시 암스테르담은 '유럽의 예루살렘'으로 불렸다.

그 뒤 항해조례를 발표하여 해상권을 장악한 영국이 유대인을 받아들이자 스파르디계 유대인들이 런던으로 대거 이주하여 유대인 수가 많이 줄어들었다. 그러나 이후 이들의 빈자리를 동구에서 온 아쉬케나지 유대인의 유입으로 메워 1870년 무렵에는 7만 명, 1920년에는 12만 명으로 늘어났다. 제2차 세계대전 전에 네덜란드에는 14만 명의 유대인이 있었으며 그 가운데 약 9만 명이 암스테르담에 살았다. 이는 이 도시 인구의 약 13%였다.

스파르디와 아쉬케나지의 소득격차, 무려 400배

1674년 스파르디계 유대인의 1인당 평균소득이 1448굴덴일 때 아쉬케나지계는 3.48굴덴이었다. 소득격차가 무려 400배 이상이었다. 스파르디계 유대인들은 해상무역과 금융업으로 엄청난 부를 형성했으나, 아쉬케나지계 유대인들은 그때까지만 해도 행상 등 사회 하층민의 울타리를 벗어나지 못했다. 두 그룹은 물과 기름처럼 서로 겉돌았다. 그러나 같은 민족을 도와야 한다는 유대 율법에 따라 그 뒤 스파르디계는 아쉬케나지계가 경제적으로 자립할 수 있도록 음으로, 양으로 도와주었다. 이 과정에서 자연스레 아쉬케나지계는 스파르디계의 상업적 기질과 금융 재능을 물려받았다.

유대 전통 유지를 위해
다른 지역 유대인 커뮤니티를 도와주다

유대인들의 생활은 자유로웠다. 그들은 유대 전통을 유지하는 데 아무런 방해도 받지 않았다. 커뮤니티는 유대인 학교와 학당들을 설립하고 지원했다. 학자와 교사, 작가들을 집중적으로 육성했다. 그들은 유대인의 힘이 이들로부터, 그리고 교육으로부터 나온다는 것을 잘 알고 있는 민족이다. 유럽 전역에 있는 다른 유대인 커뮤니티에 랍비, 교사, 종교 서적 등을 공급했다.

중세의 랍비는 따로 생업을 갖고, 무보수 명예직으로 봉사했다. 그러나 15세기 이후부터는 유대인 사회가 모금하여 랍비의 생활비를 지급하는 전통이 생겼다. 이로 인해 랍비들이 온전히 시간을 내어 연구에 전념하고 유대교 전파에 앞장설 수 있게 되었다. 이로써 네덜란드가 유대인 경제의 중심지일 뿐 아니라 유대 문화와 교육의 전파기지가 된 것이다.

12

유대인이 올 때
자본주의도 같이 따라오다

유대인이 암스테르담에 올 때 같이 따라온 자본주의

《근대 자본주의》를 저술한 독일의 경제학자이자 사회학자인 베르너 좀바르트는 "이베리아 반도의 마라노들이 재산을 정리하여 막대한 자본을 가지고 암스테르담에 정착할 때 자본주의도 따라왔다"고 주장한다. 한편 《프로테스탄트 윤리와 자본주의 정신》을 쓴 막스 베버는 "청교도의 금욕적 행동양식이 근대 자본주의를 배태했다"고 주장했다. 그러자 좀바르트는 "근대 자본주의는 영리하고 합리성에 익숙한 유대인에게서 비롯되었다"고 반박했다.

∴ 베르너 좀바르트

좀바르트와 베버는 이렇게 이론적으로 충돌할 때도 있었지만 본래 두 사람은 친구이자 잡지 편집을 같이 했다. 1904년 이래 좀바르트는 베버와 함께 〈사회과학 및 사회정책 잡지〉를 편집했다. 이를 통해 윤리적 사회정책학파에 대항하여 사회정책의 과학성 확립에 힘썼다. 좀바르트는 몰이론적인 역사학파를 비판하고, 경제이론과 역사의 종합을 시도했다. 경제도 그 역사적 배경을 함께 이해해야 한다는 뜻으로 보인다. 그는 '경제체제'의 개념을 확립하여 경제사의 전체적 맥락을 파악하는 데 노력했다. 그 성과를 집대성한 것이 1911년의 《유대인과 근대 자본주의》이다.

좀바르트, 유대인 비난에 앞장서다

그러나 그는 말년에 나치즘이 대두하자 우경화 경향을 보였다. 그의 저서 《독일 사회주의》를 통해 독일 경제생활에서 유대인을 배제하는 나치 정책에 찬성했다. 그는 히틀러 치하에서 유대인 비난에 앞장서게 된다.

"자본주의는 금전의 융통에서 생겨났다. 자본주의 관념의 근원적 뿌리는 돈을 빌려주는 행위에 있다. 탈무드를 보면 유대인들이 돈을 빌려주는 행위를 거의 예술의 경지까지 끌어올렸음을 알게 된다. 어릴 적부터 유대인은 인생의 가장 큰 행복은 돈을 소유하는 데 있다는 가르침을 받고 자란다. 그들은 돈의 심연에 숨겨져 있는 모든 비밀을 빠짐없이 연구하여 체득했다. 그들은 돈의 군주가 되었고 따라서 세상의 군주가 되었다. … 유대교의 가장 두드러진 특징은 내세를 염두에 두지 않는다는 데 있으며 물질만능주의적이란 점이다. 이들의 세계관에 의하면, 인간은 오직 현세에서만 길흉화복을 경험하며 신은 오직 인간이 살아 있는 동안 축복을 내리고 또 벌을 내린다. 그러므로 신앙인은 현세에서 물질적 풍요를 누리게 되고 불신자는 궁핍으로 고통을 받게 된다는 것이다. … 이와 같은 사실을 배경으로 볼 때 부_富의 축적이란 문제에서 독실한 유대인과 독실한 기독교인의 시각에 어떠한 차이가 있는가를 논하는 것은 불필요한 일일 것이다. 부당한 방법으로 재물을 모은 기독교인은 임종을 맞이하여 고통에 몸부림칠 때 자신의 모든 재산을 헌납하여 속죄하기를 원했다. 이에 비해 죽음을 앞둔 독실한 유대인에게, 그의 일생 동안 저주받을 기독교인과 무슬림들에게서 강탈한 재물로 터질 듯한 금고를 바라보는 것은 자신이 인생을 제대로 살았다는 만족감의 표식이었다. 실로 금은보화로 가득한 창고는 독실한 유대인이 신께 바칠 수 있는 최상의 제물이다."

유대인, 자본주의 창시자라는 사실을 단호히 거부하다

유대인들은 이 논리를 별로 탐탁하게 여기지 않으면서도 그리스도교와 공산주의의 창시자가 유대인이라는 사실 자체는 인정하고 있다. 하지만 자본주의를 창시한 사람이 유대인이라고 말하면 단호히 부인한다. 그들은 좀바르트 주장의 타당성을 입증하기보다는 오히려 부인하는 데 힘썼다. 근래에 와서야 비로소 좀바르트 주장의 적극적인 면을 재검토하게 되었지만 아직도 확실한 입장은 아니다. 흔히 반유대주의자들이 유대인을 '약탈적 자본주의자'라고 부르기 때문에 유대인 스스로는 자신들이 자본주의의 창시자라는 사실을 인정하고 싶지 않은 것이다.

유대인, 사탕수수 농장 경영하며 삼각무역을 주도하다

그 무렵 유럽에 분포되어 있는 유대인들은 소수집단으로 대부분 그 나라 총인구의 1% 안팎이었다. 물론 유대인이 몰려 있는 폴란드는 7% 정도로 예외였지만, 17세기 후반 유럽 인구 1억 가운데 대략 75만에서 100만 명 정도가 유대인이었던 것으로 추정된다. 그 가운데 35만 명가량은 폴란드에, 20만 명 정도가 이슬람권에, 그리고 나머지는 중서부 유럽에 흩어져 살았다. 이들 유대인 대부분은 도시에 거주했고 격리된 주거지역에 몰려 살았다. 반면 박해가 없는 러시아에 많은 유대인이 살았다.

유럽에서 유일하게 유대인 박해가 없었던 네덜란드와 네덜란드 식민지는 유대인들에게 좋은 안식처였다. 종교 탄압을 피해 브라질로 이주했던 포르투갈 출신 유대인들은 신대륙까지 이어지는 포르투갈의 종교재판을 피해 유대인에게 우호적인 네덜란드 속령 지역이나 섬으로 다시 옮겨 갔다. 이들은 17세기 초 네덜란드의 중남미 식민지였던 브라질 일부 지역과 수리남을 중심으로 사탕수수 농장을 경영하며 사탕수수 즙과 향료를 거래하며 네덜란드의 상업망 확장에 기여했다. 뒤에 네덜란드가 그곳에서 퇴각할 때 유대인들은 암스테르담으로 따라오거나 자메이카의 바르바도스 섬 등으로 옮겨 사탕수수 농장을 운용하며 설탕산업과 삼각무역을 주도했다.

세계 무역과 투자를 장악하다

이 시기에 네덜란드는 세계 무역의 절반을 차지했다. 17세기 후반 무역거점을 마련하기 위한 네덜란드의 해외투자는 네덜란드 연간 국내총생산의 2배에 달하는 약 15억 길더였다. 오늘날 지구촌 곳곳에 자본을 깔았다는 미국의 해외투자가 국내총생산의 절반에 못 미치는 것과 비교하면 당시 그들의 공격적인 해외 진출이 얼마만큼이나 대단했는지를 가늠해볼 수 있다. 이렇듯 17세기 자본주의는 유대인의 자금과 떼어서 생각할 수 없다. 그 뒤 유대인들이 개척한 삼각무역에 세계의 열강들이 다 뛰어들어 19세기 말까지 성행했다.

무역뿐이 아니었다. 금융산업도 발달해 세계 재정의 중심지로 떠올랐다. 당시 세계에서 가장 싸게 자본을 빌릴 수 있는 곳이 네덜란드였다. 애덤 스미스는 1776년에 펴낸 《국부론》에서 이렇게 말했다. "네덜란드는 영토도 작고 인구도 적지만 영국보다 훨씬 부유한 나라

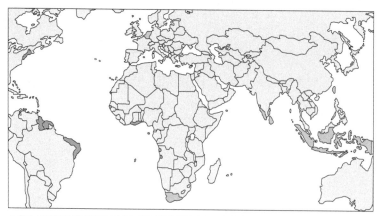

∴ 왼쪽 아메리카 대륙의 짙은 부분이 서인도회사 식민지이고, 나머지가 동인도회사 식민지다.

다. 네덜란드 정부는 연 2%에 돈을 빌릴 수 있다. 신용 좋은 민간인 도 3%면 차입이 가능하다. 노동자의 임금도 영국보다 훨씬 높다." 이 렇듯 유대인이 가는 곳에는 경쟁력 있는 저금리가 자리 잡았다. 유 대인의 본격적인 자본축적은 네덜란드에서 시작되었다. 이후 이들의 잉여자본이 영국으로 건너가 영국 국채 등을 매입하여 영국의 발전 과 산업혁명에 절대적으로 기여하게 된다.

당시의 경제체제를 설명한 월러스틴의 '세계체제론'

미국의 사회과학자이자 예일대학 석좌교수인 임마누엘 월러스틴 의 '세계체제론'에 따르면, 16세기를 전후한 1세기 동안에 유럽에서 최초로 자본주의적 세계체제가 발전했다고 한다. 그것은 봉건경제 의 위기로 어려움에 처한 유럽이 문제의 해결을 외부 팽창과 상업 중 시 정책에서 찾아 해상무역이 크게 성공했기 때문이다.

이로써 세계는 중심부, 주변부, 반주변부로 삼분되었다. 중심부는 네덜란드와 영국, 북프랑스, 북부 이탈리아로, 이곳에는 가장 이익이 남는 경제활동과 효과적인 노동 방식이 자리 잡았다. 따라서 다른 지역들로부터 계속적으로 경제적 이익을 거두어들여 우월성을 유지 하였다. 반면 중남미, 동유럽, 지중해 인근의 주변부는 노예나 농노에 의해 싸게 생산되는 곡물, 귀금속, 원자재를 공급함으로써 중심부가 이익을 볼 때 수탈되는 구조가 되었다 한다. 반주변부는 유럽 일부와 북아메리카로 중간적인 형태의 지역이다.

따라서 세 지역에서는 경제활동과 노동 형태가 다르게 나타난다.

중심부에서는 공업과 특화된 농업이 주를 이루었으나 주변부에서는 특용작물의 단일 경작에 매달린다. 주로 면화나 설탕, 커피, 고무 등 원자재와 광산물로 중심부에 팔기 위한 것들이다. 또 중심부에서는 숙련공의 임금노동과 자본주의적 대규모 임차농업이 나타나지만 주변부에서는 노예제도나 강제노동이 일반화된다. 유대인인 월러스틴 교수의 진단이다.✧

✧ 강철구, 〈강철구의 '세계사 다시 읽기'〉,《프레시안》

근대의 3대 버블

자본주의사에서 승리만 있을 뿐 재앙이 없었던 자본주의는 결코 존재한 적이 없다. 이는 앞으로도 마찬가지다. 17세기 네덜란드의 튤립 투기 이후 산업혁명이 한창 태동할 즈음인 18세기 초, 주식거래가 활발해지면서 투기도 급팽창하였다. 1720년 프랑스에선 미시시피 투기가 터지고 같은 해 영국에선 남해회사 투기가 터졌다. 이를 근대의 3대 버블이라 부른다.

자본주의 최초의 버블, 튤립 투기

금융산업이 발전하면서 자본축적이 커지고 유동성이 증가하자 가장 먼저 나타난 부작용이 투기적 거래였다. 1630년대 네덜란드의 경제적 상황은 투기하기에 아주 좋은 조건이었다. 스페인으로부터의 군사적 위협이 사라지고 30년전쟁으로 강력한 경쟁 산업이었던 동유럽의 직물산업이 붕괴되어 네덜란드 직물산업이 호황을 맞고 있었다. 자카르타 지역을 차지한 동인도회사의 주가는 17세기 최고의 상승세를 타고 있었다.

그 무렵 유럽 국가 가운데 1인당 국민소득이 가장 높았던 네덜란드인은 앞다

투어 교외에 대저택을 짓는 등 호황을 만끽하고 있었다. 이에 따라 부동산 가격도 급등했다. 요새 말로 자산소득의 환상에 빠져 있었다. 늘어난 부에 취한 네덜란드 사람들의 머리에선 검약정신이 사라진 지 오래였다. 그들은 소비지향적인 국민이 되어 있었다. 풍요와 오만에 젖은 네덜란드인은 과시욕을 드러내고 싶어 했고 더 큰 부를 안겨줄 대상을 찾기 시작했는데 그 대상이 바로 튤립이었다. 튤립처럼 부드럽고 예쁜 꽃이 투기장세의 속성인 '붐과 공황'의 상징이 되었다는 것은 하나의 아이러니다. 이 이야기는 신출내기 주식투자자는 물론 투자상담가에게 좋은 교훈이 될 것이다. 이 꽃은 17세기 네덜란드 경제를 거의 뿌리째 흔들어놓았는데 그 내막을 살펴보자.

아시아의 야생화, 유럽을 사로잡다

튤립의 원산지는 중앙아시아의 파미르고원일 것으로 학자들은 추측한다. 이때만 해도 튤립은 그다지 화려한 꽃이 아니었다. 전형적인 붉은빛과 자생적으로 번져나가는 강인한 생명력 덕분에 페르시아 사람들 집 안팎에 자라고 있었던 꽃이었을 뿐이다. 이 꽃이 의미를 가지게 된 것은 오스만튀르크 민족이 집 정원에서 키우면서부터다. 그때까지만 해도 유럽에서는 이 꽃의 존재에 대해 알지도 못했거니와 알아봤자 별 의미 없는 야생화에 그쳐 있었을 뿐이었다. 1573년 터키 술레이만에 파견된 네덜란드의 대사 오기에르 부스베크가 당시 네덜란드 최고의 식물학자였던 카롤루스 크루시우스에게 튤립 한 뿌리를 선물했다. 크루시우스는 이를 번식시켜 다시 여러 사람에게 배분했고, 자신이 집필한 《식물도감》에 등재했다. 터키인들이 투르반이라고 부르는 이 꽃은 그 과정에서 이름이 튤립으로 바뀌었다. 식물학자들은 꽃의 연약한 몸체를 북유럽의 거친 기후에 적응하도록 강하게 만드는 데 성공하였다. 그 뒤 사람들은 정원에 가득 피어난 튤립을 보고 감탄하였다. 초기 튤립은 귀족과 부유층의 전유물이었다. 당시 네덜란드인들은 꽃의 색깔에 따라 튤립을 다양하게 분류했다.

몇 년이 흘러 네덜란드 사람들도 그 꽃에 완전히 매료되었다. 사실 튤립은 집에서 기르는 평범한 꽃이었으나 차차 사회적 지위의 상징으로 변해갔다. 우아한 귀족 부인들은 화장실의 타일 색과 가장 잘 어울리는 튤립을 세심하게 골랐고 화려한 튤립 장식은 그 비싼 아라비아산 카펫의 화려함을 능가했다. 사람들은 튤립으로 장식한 마차를 타고 산책하곤 했다. 시중에선 거의 매일 튤립 축제가 열려 어느 가문의 튤립이 더 우아한지를 겨루었다. 이웃이 가지고 있지 않은 희귀한 튤립을 가지고 있다는 사실이 '매우' 중요했다. 튤립에 열광한 이유의 열쇠는 당시의 네덜란드 사회가 대단히 개방적이고 누구든 돈만 있으면 얼마든지 고귀한 신분으로 상승할 수 있는 가변적인 사회였다는 점에 있다. 오늘날 일부 갑부들이 현대 미술품을 수집하면서 지위를 과시하는 것처럼 튤립은 당시 네덜란드인에게 사회적 지위를 말해주는 중요한 상징이 되었던 것이다.

이런 일화도 있다. 한 부유한 선주가 자신을 보다 돋보이게 하는 방법이 없을까를 곰곰이 생각하다가 한 가지 아이디어를 떠올렸다. 그것은 딸 결혼식에 최고급 다이아몬드가 아니라 당시 가장 희귀종인 튤립 뿌리를 선물하는 것이었다. 그는 친구들을 초대한 다음 특별히 테이블 하나를 중앙에 설치했다. 그러고는 값비싸고 아름다운 델프터 접시를 놓고 그 위에 튤립 뿌리를 올려놓았다. 그가 친구들과 정원에서 담소를 나누고 있을 때 뒤늦게 한 항해사가 그의 집으로 들어왔다. 그런데 그는 튤립에 대해 잘 모르는 사람이었다. 음식을 먹으면서 보니 탁자 위에 먹음직한 양파가 보였다. 그는 청어와 같이 먹으면 맛있겠다고 생각하고는 양파, 아니 튤립 뿌리를 집어 먹었다. 그 이후의 이야기는 모르겠지만 주인은 아마 화병이 생겨 그리 오래 살았을 것 같지 않다.

집 한 채 값의 튤립 등장

이렇듯 1600년대 초의 네덜란드는 튤립에 대한 투기의 열풍에 휩싸이고 있었다. 튤립은 유럽의 정원사들에게 매우 인기 있는 아름다운 식물이었다. 유럽의 귀족들은 진품종 튤립을 열심히 구하고 있었다. 이에 따라 튤립의 가격은 점차 급등하기 시작했다. 튤립 히스테리는 몇 년을 갔다. 부르주아 계급은 튤립을 이용하여 사회적 지위를 올리려고 했다. 그러자 귀족을 닮고 싶어 했던 서민들도 이 바보 같은 행동을 따라 했다. 결국 신중하기로 소문난 네덜란드 사람들도 튤립 재배에 자신들의 돈을 투자하기 시작했다. 그들의 정원이 튤립으로 화려하게 장식되는 동안 가격은 더 오르기 시작했다. 수요는 계속 증가해 자국에서 생산되는 것만으로는 충족하기가 어려웠다. 천천히, 그러나 확실하게 가격은 계속 올랐다. 튤립 뿌리가 거래되는 8~9월에는 값이 절정에 달했다. 곧 계산이 빠르고 돈 있는 사람들은 그 기회를 잡아 튤립 뿌리에 돈을 투자했다. 시장은 이제 최고조의 과장국면에 도달했다. 그때까지 암스테르담의 증권거래소에서 주로 주식에 투자했던 투자자들이 대거 튤립시장에 몰려들어 튤립 뿌리 가격은 폭발할 지경에 이르렀다.

1624년 일명 '황제튤립'은 당시 암스테르담 시내의 집 한 채 값인

1200플로린에 거래되었다. 1633년에는
5500플로린까지 값이 올랐다. 꽃이 만개할
때까지 무늬와 색깔을 아무도 예상할 수 없
다는 점이 튤립 투기의 우연성을 극대화해
주었다. 하나의 뿌리가 황제튤립을 터트릴
수도 있었고 평범한 꽃을 터트릴 수도 있었
던 것이다. 당시 400여 종의 튤립이 개발되
면서 튤립마다 황제, 총독, 영주, 대장 등 군
대 계급과 비슷한 이름이 붙었다. 뿌리는 상

❖ 당시 가장 비쌌던 황제튤립 정물화

대적으로 쉽게 재배할 수 있었다. 땅 한 뙈기만 있으면 족했다. 그리고 거
래를 막을 길드도 없었다. 당시 고가주였던 동인도회사의 주식에 투자
할 돈이 없었던 가난한 서민들은 '꿩 대신 닭'이라는 말 그대로 튤립 한
뿌리에 모든 것을 걸었다.

튤립시장은 뿌리가 채취되는 여름에 열렸다. 하지만 튤립의 인기가 올
라가자 1년 내내 거래할 수 있는 매매 방법이 고안되었다. 재배 농가는 뿌
리를 심은 두렁에 표시하고 각 뿌리마다 무게와 어떤 변종인지를 알 수
있는 번호표를 붙였다. 또 거래일지를 만들어 뿌리마다 그 동안 체결된
거래를 상세하게 기록했다. 값비싼 뿌리는 쪼개어 아스(20분의 1그램) 단
위로 거래되었고, 평범한 뿌리들은 두렁 단위로 거래되었다. 튤립 뿌리는
표준화되었고, 네덜란드 중앙은행의 은행권이나 동인도회사의 주식과
같이 취급되었다.

선물시장 발달이 투기를 부추기다

일확천금에 눈이 멀어 뒤늦게 시장에 뛰어든 사람들은 농사꾼 등 서민들이었다. 이렇게 되자 폭발적인 튤립 재배 붐이 일어나면서 선물시장도 발달하게 되었다. 1936년 '바'나 '타베르나'라 불리는 카페와 선술집 같은 곳에서 확립된 '금융선물시장'은 투자자들이 튤립의 현물가격을 다 지불할 필요 없이 계약가격과 결제가격의 차액만 지불하면 됐다. 이로써 투자자들에게 적은 돈으로 많은 양의 튤립을 거래할 수 있는 길이 열렸다. 투자자들 사이에서 광란적 투기와 수없는 전매가 일어났다. 대부분의 거래는 어음결제로 이루어졌고 어음의 만기는 대부분 튤립 뿌리를 캐는 이듬해 봄이었다. 투기 열풍이 끝나갈 무렵에는 '눈에 보이지 않는' 튤립 뿌리가 돌고 돌아 실체가 없는 거래가 되어버렸다.

흥미로운 것은 선물거래의 특성상 직접 눈으로 보지도 못한 튤립을 매매해야 했던 당시의 상황이 네덜란드 회화의 전성시대를 다시 열어주었다는 점이다. 아직 피지도 않은 튤립 꽃을 매수해야 하는 사람을 위해 매도자가 화가를 통해 그 튤립의 꽃을 아름답게 그려서 보여주었다. 튤립 투기에 그림까지 이용된 것이다. 대부분의 투기꾼은 만기에도 튤립 뿌리를 갖고 있지 않았다. 그 때문에 현물을 인도할 수가 없었고 돈조차 없어 결제할 수 없는 지경에 이르게 되었다. 튤립의 적정 가격이 얼마인지를 밝히려는 시도는 거의 없었다. 투기꾼들은 일확천금을 노리고 튤립을 전매하는 데 열을 올렸을 뿐이다. 1636년 12월에서 1637년 1월 한 달 사이에만 수천 길더가 뛰어오르는가 하면 심지어는 1만 길더를 호가했다. 살진 황소 4마리 값이 480길더이던 시절이었다. 한 달 사이에 2600%나 뛰어오르자 사람들은 집과 땅을 팔아 튤립 알뿌리를 샀다. 현금보다는 주로 어음으로 거래되었다.

투기의 종말

그러던 어느 날 갑자기 투기의 종말이 찾아왔다. 튤립거래의 중심지였던 하를렘에는 더 이상 살 사람이 없다는 소문이 나돌았다. 실제로 다음 날 저가에 내놓은 튤립조차 전혀 팔리지 않는 상황이 벌어졌다. 그동안 튤립을 막대한 신용을 통해 매집해놓고 있었던 업자들은 일단 가격이 하락세로 접어들자 불과 한두 달 전에 금보다 더 가치 있었던 튤립이 하나의 양파 껍질에 불과하다는 것을 알게 되었다. 그러고는 1637년 2월에 이르러 마침내 풍선은 터져버렸다. 한때 8000달러를 넘던 튤립이 70달러까지 폭락했다. 그래도 양파치고는 비싼 가격이었다. 매매는 이루어지지 않았고 부도가 줄지어 발생했다. 전문적인 꽃 상인들은 채권 투기꾼들에게 보유 어음을 넘겨 일부나마 회수하려고 발버둥쳤지만 아무런 소용이 없었다.

당시 네덜란드 정부는 매매가격의 3.5%만을 지급하는 것으로 모든 채권, 채무를 정리하도록 하는 극단적인 조치를 취했다. 특단의 조치가 취해지자 튤립 뿌리 수집가들이 다시 시장으로 모여들어 아주 헐값에 튤립 뿌리를 사들였다. 그리고 2~3년이 지나자 황제튤립의 값은 투기 발생 이전 수

✲✲ 헨드리크 포트 작, 〈꽃과 바보들의 수레〉, 1640년, 프란츠 할스 박물관, 하를렘

준을 회복했다. 하지만 서민들이 한몫 보기 위해 투기를 벌였던 낮은 등급의 튤립 값은 이후에도 회복되지 않았다. 이것이 그 유명한 튤립 투기의 실체였다.

렘브란트의 원숙미는 투자 실패로부터

바로크 시대를 대표하는 '빛과 어둠의 화가' 렘브란트도 이때 '상투'를 잡았다. 재능은 물론 부귀와 명예를 함께 가지고 있던 그가 대출받아 투자한 돈을 모두 날린 것이다. 집과 미술품을 모두 경매로 넘기고 파산한 렘브란트는 평생 빚에 시달려야 했다. 그는 재기해보려고 미술품 경매회사를 세웠다. 예술품을 일반 경매시장에 내놓은 최초의 사례다. 렘브란트의 경매회사는 결국 성공하지 못했지만 영국의 소더비와 크리스티 경매회사를 낳는 계기가 되었다.

하지만 그의 원숙한 정신과 위대한 예술은 이때부터 시작됐다. 회화사에서 렘브란트만큼 그림의 의미가 심오하고 그만큼 불안과 고뇌가 깊고

❀ 렘브란트

인간과 세계, 순간과 영원 사이의 관계를 파헤친 화가는 없었다. "글쎄, 내가 채권자들에게 빚 독촉 받고 있는 지금의 상황 때문인지는 몰라도 젊은 날의 야망을 꿈꾸던 내가 아니오. 외부적인 경제 환경이 어려우면 어려울수록 나의 정신적 성숙과 표현의 힘은 날로 더해지는 것 같소." 렘브란트가 죽은 아내를 그리며 쓴 편지다.

투기의 원조, 7세기 당나라 모란꽃

투기의 전형으로 불리는 튤립 광풍의 원조는 놀랍게도 중국의 당나라다. 7세기 초 이세민이 천하를 통일하고 평화와 번영의 시기가 열리자 장안의 귀족들은 그들의 정원을 장식할 아름다운 모란꽃 투기에 몰입했다. 늦은 봄이면 화려한 모란꽃 경연대회가 열렸고 1등을 받은 모란 가격은 집 한 채를 훌쩍 뛰어넘었다. 농부들이 곡물 생산 대신 모란 재배에 미쳐갔다.❖

경제학자인 슘페터는 새로운 산업이나 기술이 만들어낼 장래 수익에 대한 낙관적 기대가 퍼지면서 과도한 자본이 집중될 때 '투기'가 주로 발생한다고 했다. 발전 과정상 한 번은 넘어야 할 고비로 본 말이다. 투자시장이나 투기시장에서 비이성적 게임이 벌어지는 것은 예나 제나 큰 차이가 없다. 예전 코스닥 시장의 IT 거품에서 보았듯이 오버슈팅된 상승장에서 많은 사람들이 돈을 벌려는 욕심 때문에 믿을 수 없이 높은 가격을 지불하는 것도 마지않는다. 튤립 투기 사례는 우리가 지나간 과거의 우스갯소리로 단순히 흘려버릴 이야기가 아니다. 투기는 필연적으로 버블을 수반하고 버블의 종착역은 붕괴와 파멸이다.

하지만 투기의 심각한 후유증 속에서도 아이러니하게 긍정적 결과가 나타나는 경우도 있다. 미국의 골드러시는 금을 캐낸 경제효과보다 그 과정에서 도로와 도시가 생겨나고 마차, 연장 등 관련 산업과 음식·숙박업 등 서비스업이 활성화되면서 경제가 부흥하는 계기를 만들었다. 네덜란드의 튤립 투기는 변종, 희귀종 등의 재배기술을 화훼산업에 적용하

❖ 이시다 미키노스케 지음, 이동철 옮김, 《장안의 봄》, 이산, 2004

면서 생겨난 것이다. 결국 투기적 수요에 의해 기술개발이 촉진되어 네덜란드는 이후 400년간 화훼산업의 종주국으로 군림한다. 연간 700억 달러 규모의 농산물을 수출하고 있는데 그 가운데 연간 100억 달러가 넘는 화훼 수출을 기록하고 있다. 특히 화훼류는 전 세계 무역에서 네덜란드가 약 60%를 차지하고 있다. 그야말로 꽃의 나라다. 지난 2007년 기준 종자 수출액만으로도 네덜란드와 미국이 각각 1조 5000억 원으로 가장 많았다. 튤립 투기가 남긴 공功이다.

미시시피 투기

1694년 스코틀랜드 사업가 존 로우는 한 여자를 사이에 두고 동료와 결투를 벌이다 살인을 하고 암스테르담으로 도망쳤다. 로우에게 암스테르담은 환상의 도피처였다. 1690년대 암스테르담은 금융혁신의 세계적 실험장이었다. 당시 네덜란드는 스페인과의 전쟁 때문에 복권식 채권을 만들어 팔았다. 특히 부자들의 저축과 연계해서 강매한 반강제적인 요소가 있었기에 채권에다 복권을 겸하는 인센티브를 주었다. 그래서 탄생한 것이 복권식 채권이었다. 또 위조가 쉬운 주화의 범람으로 상인들을 보호하기 위해 사실상 세계 최초의 중앙은행을 만들어 운영했다. 이 시기에 존 로우의 관심을 끈 것은 주식회사였다. 바로 주식회사 덕분에 네덜란드는 해상무역이 비약적으로 발전할 수 있었다. 거기서 존 로우는 은행 경영 공부를 했다.

그는 어려서부터 화폐 현상의 본질에 대한 의문을 품었다. 부유한 금세공업자의 아들로 태어난 그는 아버지 사업에서 금이나 은본위제의 화폐 현상이 갖는 한계를 깨달았다. 그는 유럽에서 점점 재고량이 줄고 있는 금, 은, 동 금속으로는 더 이상 주화鑄貨를 만들지 말아야 한다는 획기적인 아이디어를 떠올리게 된다. 바로 지폐가 태어나는 순간이다.

물론 그 이전에도 유럽에는 지폐가 있었다. 그러나 그것은 금본위제 하의 일종의 금 보관증으로, 그리 활발히 통용되지 못했다. 한때 정부 보증으로 발행되어 유통된 첫 지폐는 30년전쟁 후의 스웨덴에서였다. 전쟁은 스웨덴의 재정을 고갈시켰다. 정부 금고에 금과 은이 남지를 않았다. 스웨덴의 첫 조치는 동본위제도로 전환하는 것이었다. 누구든지 고액의 돈이 필요하면 그는 엄청난 무게를 짊어져야 했다. 고액 동전은 그 무게가 53파운드나 나갔다. 선사시대 이래 가장 무거운 경화였다. 이것은 거래에 커다란 장애가 되었다. 그래서 1656년 스웨덴 정부는 지폐를 발행하여 법정통화로 선포하였다. 이것 또한 긴급 상황이었고, 스웨덴은 서서히 이 지폐를 폐지하였다.

18세기 초 유럽에서 주화로 사용하던 금속 재고량이 떨어져 더 이상의 화폐 발행이 안 되자 경제가 위축되고 있었다. 존 로우는 금이나 은 대신 토지를 담보로 화폐를 발행하는, 시대를 앞서나가는 그림을 그리게 된다. 금속주화 대신 지폐를 발행해 유통하는 지금의 경제 시스템을 최초로 고안했던 것이다. 당시 금은 귀했다. 자연 금의 생산은 빠르게 증가하지 않았다. 왕과 귀족들은 언제나 돈이 필요했고, 자연 금은 그들의 요구를 충족시키지 못하였다. 여기서 그는 중요한 착상을 한다. 왜 하필이면 금이어야 하는가. 토지는 왜 안 되는가. 토지는 금처럼 변하지 않고 가치도 보존될 수 있다. 존 로우는 토지를 금 대신 생각하였다. 그리고 은행

∴ 존 로우

권의 발행액을 토지에 묶는 생각을 하였다. 또한 은행권의 발행액을 토지의 시장가치에 일정 비율로 정할 때 화폐의 가치가 안정될 수 있다고 생각하였다. 화폐의 토지본위제도의 발상이라 할 수 있다. 이 경우 존 로우는 화폐의 공급량이 담보물의 가치를 결코 넘을 수 없을 것이라고 주장하였다. 금본위제도 아래에서 지폐의 발행이 묶여 있던 문제를 토지본위제도라면 일거에 해소할 수 있다고 생각하였다. 지폐는 토지와 태환이 되므로 그 가치는 보장된다.

존 로우는 화폐가 실물경제를 활성화한다고 믿은 최초의 사람이다. 케인스보다 250년 앞선 생각이다. 그는 금의 더딘 생산에 묶인 지폐 발행 때문에 지폐의 양이 쉽게 증가될 수 없어 이것이 실물 증가에 장애가 된다고 생각하였다. 그리고 지폐를 사용하면 재정 파탄에 빠진 국가를 살려내고 동시에 경제를 부흥시켜 일자리를 창출함으로써 백성을 도탄에서 건질 수 있다고 믿었다. 걸출한 발상이었다.

해외에서 기량을 갈고닦은 존 로우, 고국이 받아들이지 않다

그 뒤 그는 네덜란드에 이어 제노바에서 외환과 유가증권을 거래했다. 이후 베네치아로 옮겨 거래하였다. 이렇게 유럽 여러 나라를 떠돌아다니면서 외환과 유가증권 그리고 도박으로 돈을 번 존 로우는 1705년에 스코틀랜드 고향에 돌아와 해외에서 생각한 은행권을 주제로 의회에 새로운 은행 법안을 제출했다. 토지를 담보로 지폐를 발행하는 은행 개혁안이었다. 같은 해 그는 《화폐와 무역에 관한 견해》라는 경제학 서적을 집

필해 이미 그의 이론을 자세히 설명했었다. "경제가 악화될 때 화폐 공급량을 늘리면 물가는 오르지 않고 대신 생산량이 늘어난다. 금과 은이 없으면 화폐를 발행하면 된다. 정부는 화폐 발행권을 가진 은행을 설립하여 충분한 신용대출과 통화로 경제가 번영할 수 있도록 해야 한다."

후대의 경제학자 슘페터는 존 로우의 이 책을 읽고 난 후 이렇게 탄식했다. "존 로우의 금융이론은 그가 어느 시대에 태어났어도 그를 일류 화폐경제학자로 만들어주기에 훌륭했다." 훗날 케인스는 존 로우의 사상을 바탕으로 현대 경제학의 기초가 된 《고용, 이자, 화폐의 일반이론》을 저술했다. 그러나 의회는 존 로우의 구상을 기각했다. 고국에 실망한 존 로우는 이탈리아 토리노로 갔다. 거기서 그는 지폐의 필요성을 다시 한번 역설했다. 로우는 공공 신뢰의 토대는 신뢰 그 자체라고 주장했다. 곧 신뢰만 있다면 은행권도 주화와 마찬가지로 기능할 수 있다는 이야기였다. "나는 현자의 돌이 가진 비밀을 알았다. 다름 아닌 종이로 금을 만드는 것이다." 로우는 친구에게 이렇게 말했다. 유럽의 어떤 나라들 중에 그의 생각에 귀 기울여주는 나라는 없었다.

프랑스, 존 로우 구상을 채택하다

그런 존 로우의 생각을 실현할 기회를 준 곳은 바로 프랑스였다. 루이 14세는 장기간에 걸친 전쟁으로 파산 상태의 정부 재정을 유산으로 남겨 정부는 국가채무에 대한 이자도 제때에 갚지 못하는 상황이었다. 거래를 매개할 금화와 은화의 부족으로 신용위축이 심해 경제는 불황에 허덕이고 있었다. 그 때문에 1715년 프랑스 경제는 존 로우의 이론을 테스트해볼 만한 최적의 상황이었다. 존 로우는 새로 등극한 루이 15세의 섭정인 오를레앙 공 필리프 2세를 설득하여 그 기회를 얻었다.

당시 프랑스는 1550년대 중반 연리 16%의 왕실채권 발행에 따른 채권매수 열풍과 그 뒤 채무지급 중단에 따른 공황이 발생했던 경험을 갖고 있었다. 이것이 최초의 '정크본드 파동'이었다. 그 무렵 다섯 살 난 루이 15세의 섭정이었던 필리프 2세는 국가재정 때문에 골치를 앓고 있었다. 루이 14세가 전쟁과 베르사유 궁전 등 사치에 돈을 펑펑 쓰느라 국가채무가 30억 리브르에 달했다. 당시 프랑스 1년 총수입인 1억 4500만 리브르에 견주어보면 이것이 얼마나 많은 빚인지 알 수 있다.

이때 고민하던 필리프 2세 앞에 존 로우가 나타났다. 그는 획기적인 아이디어를 갖고 있었다. 로우가 제안한 골자는 통화 공급이었다. 지폐를 사용하지 않고 주화만 고집하기에 통화 부족 현상이 생긴다며, 자기에게 기회를 준다면 채무를 다 갚아줄 뿐 아니라 프랑스를 그 누구도 넘볼 수 없는 국가로 만들 수 있다고 자신했다. 필리프 2세는 존 로우의 생각에 동감했다. 루이 14세 시대의 사치와 전쟁으로 짊어진 30억 리브르의 국가채무를 인쇄기를 통해 청산할 수 있다는 생각을 했던 것이다. 드디어 1716년 존 로우는 루이 15세가 부임한 직후 왕실의 빚을 대납하는 조건으로 은행설립권을 받아냈다.

존 로우는 프랑스에 네덜란드식 공공 은행을 세워 경제적 신뢰를 회복하겠다는 야심을 품었다. 은행은 프랑스의 일반 금융법에 기초하여 은행권을 발행하고, 또 정부가 세금을 이 은행권으로만 낼 수 있게 승인함으로써 성공적인 출발을 하였다. 섭정의 도움이 컸다. 프랑스 보수파의 반대를 무릅쓰고 존 로우는 결국 1716년에 '왕립은행Banque Royale'을 설립해 처음으로 지폐를 발행하였다. 자본금 60만 리브르로 설립된 프랑스 최초의 은행이 발행한 지폐는 초기에 대성공을 거두었다. 그리고 시중에 돈이 돌자 경제가 윤택해지고 상업과 무역을 번성시켜 재정 파탄의 프랑스를 구해낸다. 존 로우는 후에 이 공로로 공작 작위를 수여받았다. 개인 은행이면서도 이름을 '왕립은행'이라 짓고 화폐발행권을 갖게 되었던 것이다. 그는 지폐 시스템을 자리 잡게 한 천재적 금융개혁가였다.

미시시피 회사를 인수하다

그 무렵 존 로우의 이상은 크게 실현되지 않았다. 금본위제도 하에서는 아무래도 금의 비축 없이는 화폐 발행이 제한될 수밖에 없었다. 1717년 존 로우는 필리프 2세에게 새로운 제안을 했다. 그때 나온 아이디어가 금이 풍부하다는 신대륙에 있는 프랑스 식민지인 미시시피 지역을 개발하자는 계획이었다. 로우가 보기에 프랑스의 식민지는 거의 미개발 상태였다. 따라서 로우는 루이지애나 지역을 개발해 프랑스 무역을 꽃피우고자 했다. 당시 루이지애나는 미국 대륙의 거의 3분의 1이었다. 1718년 그는 그 전해에 설립된 미시시피 회사의 주식 양도거래에 응찰하여 낙찰받았다. 신대륙의 프랑스 영토 루이지애나에 대한 개발독점권을 갖고 있는 회사였다. 그 뒤 회사를 '서방회사Conpagnie d'Occident'로 개명하고 주식회사로 전환시킨다. 한마디로 프랑스의 서인도회사였다.

그가 발행한 주식의 최초 액면가는 500리브르였다. 그는 우선 회사의 주식을 국채로 살 수 있게 해주었다. 곧 단기재정증권과 교환해줌으로써 마치 정부에서 출자한 회사처럼 보였다. 그 뒤에 신주를 5만 주 발행하면서 자신이 90% 인수하여 주식 발행에 성공한다. 곧 정부의 신용을 등에 업고 존 로우의 회사가 되어버린 것이다. 주식 매각대금을 프랑스 국채로 받음으로써 골치 아픈 국가채무도 해결하고 식민지도 개발할 수 있는 일석이조의 기대효과에 도취된 필리프 2세는 로우의 은행에 더 많은 특혜를 주었다. 담배 판매와 프랑스 동인도회사, 프랑스 중국회사, 세금청부회사 설립까지 허락받은 로우의 은행은 더욱 번성했다. 이어 서방회사는 프랑스 동인도회사와 프랑스 중국회사 등 다른 무역회사들을 대부분 흡수하여 1719년 5월 인도회사Compagnie des Indes로 다시 한 번 재편되었다. 이회사는 프랑스가 가지고 있던 모든 해상 상업적 권리에 대한 독점을 가지게 되었다. 이후 이 회사는 다시 '미시시피 회사'로 불린다.

오늘날 존 로우는 흔히 미시시피 버블을 일으킨 재정 책략가로만 기억되지만, 그의 경제 지식은 단순한 재정관리 수준을 넘어서고 있었다. 그는 튼튼한 경제를 만들려면 기술이 중요하다는 것을 알았다. 그래서 은행 사업과 미시시피 회사 사업을 전개하는 한편, 프랑스의 기술을 향상시키기 위해 영국의 숙련 노동자 수백 명을 데려왔다. 당시에는 숙련 노동자들의 확보야말로 선진기술을 습득할 수 있는 열쇠였다. 영국은 숙련 노동자들을 빼내려는 존 로우의 시도에 이은 러시아의 비슷한 시도에 충격을 받고, 1719년에 '숙련 노동자 이주 금지법'을 도입했다.

이제 금융 천재가 사기꾼으로 전락해가는 과정을 보자. 당시 루이지애나는 아무 이익도 내지 못했다. 심지어 그곳을 개척하러 가려는 사람도 없었다. 존 로우는 감옥에 있는 사람들을 대상으로 루이지애나에 가려는 희망자들을 모았다. 석방 조건으로 결혼시켜 부부가 함께 삽을 들고 거리를 행진하게 했다. 일단 루이지애나 붐을 조성하였다. 또한 그는 500리브르에 발행한 주식이 300리브르로 떨어지자 6개월 이내에 500리브르로 되사주겠다고 약속한다. 사람들은 존 로우가 자기들이 모르는 무슨 새로운 사실을 알고 있다고 생각했고, 그 영향으로 다시 주가가 올라갔다. 거기에 존 로우는 12%의 배당을 약속하여 석 달 사이에 주가를 7배나 폭등시켰다. 그는 다시 5만 주의 신주를 발행하여 그 돈으로 인수합병을 계속하였다. 이렇게 해서 생긴 신용도를 바탕으로 정부로부터 국제징수권을 인수받는 대신 대금은 신주로 지불하기로 하고, 그 구실로 다시 액면가 500리브르이던 주식을 5000리브르에 10만 주나 발행하였다. 이후로 9월에 두 번이나 더 주식 발행에 성공하였다.

이쯤 되자 존 로우라는 이름 자체가 대박을 상징하였다. 그의 의도대로 동조화 현상이 일어나기 시작했다. 게다가 미시시피 회사의 독점개발권이 있는 루이지애나에 금이 묻혀 있다는 소문까지 가세했다. 당시는 주식을 12개월 할부로 사는 것이 관행이었다. 그 안에 주식이 계속 오를 것으로 보였기 때문에 한마디로 신용으로 주식을 사는 것이었다. 10월쯤에는 주가가 6500리브르로 올랐고 11월 말이 되자 1만 리브르를 넘어섰다. 주식 폭등에 힘입어 백만장자들이 생겨났다. '백만장자'라는 단어가 이때 탄생하였다. 여기서 그는 작전의 대가답게 주가의 정점에서 투자자들에게 1000리브르의 예탁금을 내고 6개월 후에 행사 가격 1만 리브르로 주식을 살 수 있는 주식 콜옵션을 팔았다. 액면가 500리브르로 시작한 주가가 1719년 2만 리브르까지 치솟았다.

존 로우, 프랑스 재무장관이 되다

1720년 존 로우가 재무장관이 되었다. 통화량의 증대로 주식 가격뿐 아니라 모든 생필품 값이 뛰었다. 존 로우는 2가지 정책을 발표하였다. 은행권을 유일한 법정통화로 선언했다. 그리고 100프랑 이상은 금이나 은으로 거래하지 못하도록 했다. 그리고 500리브르 이상 금이나 은으로 소지하는 것을 법으로 금했다. 그러나 주식 가격을 지지하려고 은행권과의 교환을 허용하였다. 하지만 이로 인해 통화량이 3배로 늘어나 인플레이션이 심화되었다. 미시시피 회사는 그동안 많은 주식을 발행했다. 미시시피 회사가 루이지애나의 독점개발권을 가지고는 있었지만, 루이지애나의 경제 전망은 형편없었다. 단지 신규 회사를 설립하여 정부 신용을 등에 업고 신규사업의 독점을 무기로 주가 띄우기에 성공했던 것이다. 결국 이러한 폭등은 막을 내리고, 1720년 6월 폭동이 일어나 존 로우는 재무장관 자리에서 물러난다. 생명의 위협을 느낀 존 로우가 해외로 도피하면서 모든 사건은 종결된다.

이렇게 존 로우는 미시시피 회사가 엄청난 수익을 낼 것으로 선전하며 자기 은행인 왕립은행에서 찍은 지폐로 주식 살 돈을 대출해주었다. 이로 인해 인플레이션이 심해져 주가가 40배나 폭등했다가 한순간 폭락했다. 그 파장이 워낙 커 프랑스 정부는 이후 150년 동안 주식회사 설립을 제한했다. 중앙은행 이외에는 은행Banque이란 이름을 못 붙이게 하고, 대신 '크레디트'라는 단어를 사용하게 했다. 이 사건은 당시 사회계층 구조에 심한 타격을 주어 70년 뒤에 일어나는 프랑스혁명의 배경이 되었다. 미시시피나 루이지애나는 쓸모도 없고 손해만 끼치는 땅이라는 인식이 퍼져 1803년 나폴레옹이 루이지애나를 미국에 팔아버리는 데 일조했다. 프랑스가 판 루이지애나는 지금의 루이지애나 주만이 아니라 당시 미 중부 지방의 통칭으로, 요즘 미국 국토의 3분의 1가량을 차지했다.

잘못된 인식이 황금알을 낳을 거위를 죽인 셈이다. 정부의 신용만으로 화폐를 발행하려던 존 로우의 실험은 시대를 200년이나 앞선 걸출

한 발상이었다. 하지만 제어되지 않는 탐욕으로 결국 실패했다. 1700년
대 초 존 로우의 은행과 미시시피 회사는 그 뒤에도 역사에서 되풀이되
는 금융사고의 본보기다. 존 로우는 베네치아에서 그의 확률 계산 능력
으로 주사위 놀이를 하여 모은 푼돈으로 여생을 보내다 나이 60세에 폐
렴으로 가난하게 생을 마쳤다. 손님이 1단위의 돈을 내고 주사위 6개를
동시에 던져서 모두 6이 나오면 존 로우의 1만 단위 돈을 가져가는 게임
이었다. 실제로 이런 일이 일어날 확률은 1만 분의 1보다 훨씬 적은 4만
6656분의 1이다.

재평가되는 존 로우

1729년 존 로우가 베네치아에서 사망했을 때 다음과 같은 비문이 세
워졌다. "대수학의 법칙에 따라 프랑스를 빈민구제소로 몰아넣은 저 비
할 데 없이 뛰어난 수학자이자 축복받은 스코틀랜드인, 여기 잠들다." 그
래도 서구의 이 초기 지폐의 시험 발행 덕분에 오늘날 널리 통용되는 통
화제도의 기반이 형성되었다.

존 로우는 금융위기로 많은 비난을 받았지만 몸소 이 금융위기를 경
험한 당대의 위대한 사상가 볼테르의 견해는 다르다. 그는 〈무역과 사치
품에 대하여〉(1738)라는 에세이에서 프랑스인들이 알고 있는 금융과 무
역에 대한 모든 지식이 존 로우의 덕이라고 치켜세웠다. 그리고 자본금
5000만 리브르의 인도회사와 300척에서 1800척으로 늘어난 상선이 모
두 존 로우 시스템의 폐허로부터 이루어낸 결과라면서 존 로우 시스템
실패의 원인을, 변화를 거부한 프랑스 사회에 돌리고 있다. 존 로우가 인
도회사를 설립할 당시 소르본느 지식인들이 주식의 이익 배당을 고리대

금으로 규정한 것에서 드러나는 강한 사회적 편견을 예로 들고 있다.

뒤에 슘페터는 존 로우를 두고 '스코틀랜드 출신의 전설적인 도박꾼이자 뛰어난 화폐금융 이론가'라고 평가했다. 비록 존 로우의 지폐 실험이 그때는 실패했지만 지금은 거의 모든 나라가 시행하고 있다. 이 사건이 오늘날 우리에게도 의미를 갖는 것은, 이 5년 사이에 일어난 일들 대부분이 현대 인터넷 사회의 금융에서도 일어나는 일들이기 때문이다. 그리고 지금도 여전히 저금리로 통화량과 신용을 늘려서 자산가격을 높게 유지하려는 실험이 되풀이되고 있다. 최근 존 로우에 대한 평가가 다시 이루어지고 있다. 일부에서는 아담 스미스 이전의 최고의 경제학자로 평가하기도 한다.

남해회사 버블

같은 해인 1720년 영국에선 미시시피 회사의 수법을 모방한 남해회사South Sea Company 주가가 폭등했다. 남해회사도 재무장관이었던 로버트 할리 백작이 설립한 회사였다. 남해회사 투기의 개요는 이렇다. 스페인 왕위 계승전쟁에 참여한 영국 정부는 많은 빚을 지게 되었다. 당시 영국의 재무장관 로버트 할리는 이 빚을 변제할 방법을 여러모로 강구하다 전쟁의 끝이 보이기 시작하는 1711년 남해회사를 설립했다. 영국 정부는 남해회사에 스페인의 남미 지역 식민지에 대한 무역독점권을 주는 대신 회사가 유상증자를 통해 1000만 파운드에 달하는 국채를 인수하도록 했다. 정부는 이에 대한 대가로 매년 원금의 6% 가까운 돈을 돌려주기로 했다. 즉 남해회사는 영국 정부의 부채를 떠안는 대신 남아메리카 무역독점권을 받기로 계약을 한 것이다.

그러나 전쟁에서 승리한 영국이 1713년 위트레흐트 조약으로 따낸 무역권의 내용은 기대에 훨씬 못 미치는 것이었다. 1년에 겨우 500톤 미만의 물량을 적재한 배 1척을 보내는 것으로 무역량이 제한되었던 것이다. 그럼에도 주식 가격은 하락하지 않았고 오히려 상승세를 이어갔다. 게다가 실제 교역은 1717년에야 이루어졌다. 그나마 이듬해에는 스페인이 영국 선박의 입항을 중지시켰다. 남해회사는 200만 파운드라는 빚더미에 올라앉았다. 위기의 순간에 궁지에 몰린 남해 회사는 1718년 발행한 복권이 큰 성공을 거두자 금융기관으로 변신을 꾀했다. 그 뒤 남해회사는 더욱 대담한 제안을 내놓았다. 연 5%의 전환사채를 발행해 3100만 파운드의 정부 부채, 곧 국채를 자사의 주식과 교환 조건으로 모두 인수하겠다고 나선 것이다. 강력한 경쟁자였던 잉글랜드 은행이 국채 경매입찰을 포기하자 남해회사의 주가는 단 하루 만에 130파운드에서 300파운드로 껑충 뛰었다. 그 뒤에도 남해회사는 통상권 확보와 은 광산 운영권 획득이라는 루머를 퍼뜨려 주가를 올렸다. 주가가 오르자 의회는 남해회사가 제안한 법률을 통과시켰다. 주가가 더 오르면 남해회사 주식과 국채 교환비율이 떨어져 정부가 앉아서 손해를 볼 수 있는 상황이었다. 법이 통과되자 남해회사는 주식을 더 많이 발행했음에도 주가는 더 올랐다.

⁙ 로버트 할리 백작

1720년 들어 사업을 본격적으로 시작할 채비를

갖추었다. 남해회사가 무역독점권을 통해 막대한 이윤을 창출할 것이라는 기대가 높아지면서 투자자들은 자신들이 보유하고 있던 국채를 내던지고 남해회사 주식을 사들이는 데 혈안이 되었다. 영국 부채와 남해회사의 주식 교환비율이 정해지지 않은 상황에서 주가를 올려 회사의 이익을 극대화하려는 남해회사 경영진의 상술도 한몫했다. 설립 이후 9년 동안 주당 100파운드대에 머물렀던 이 회사의 주가는 투자자들이 몰리면서 1720년 1월 128파운드에서 5월 550파운드로, 8월 초에는 1000파운드까지 수직 상승했다.

런던 주식시장에 투기 광풍을 불러일으킨 건 남해회사만이 아니었다. 남해회사의 폭풍 성장을 지켜본 사기꾼들이 수백 개의 회사를 세워 50배의 배당금을 내세우며 사람들을 현혹시켰다. 나라 전체가 투기로 들끓어 사방에 거품이 넘쳐났다.

그러나 주가 상승이 남해회사의 미래 전망과 크게 관련이 없다는 분석이 확산되면서 결국 거품은 터져버렸다. 영국 경쟁기업의 로비로 주식을 발행하는 기업들은 왕실의 허락을 받아야 한다는 투기방지법(버블법)이 6월 통과된 것도 치명타였다. 그해 12월 주가는 100파운드 아래로 곤두박질쳤고, 수천 명의 주주가 재산을 잃었다. 남해회사는 사업도 해보지 못하고 사실상 부도가 났다. 당시 영국의 주식시장 규모가 약 5억 파운드로 추정되는데, 이는 국내총생산의 약 7배에 달하는 규모였다. 요즘 미국의 주식시장 규모가 국내총생산의 2배 정도인 것을 감안하면 영국 주식시장을 지나치게 키운 남해회사 버블을 최악의 버블로 보는 시각도 있다. 그 뒤 영국 증시는 버블법이 1825년 폐지될 때까지 105년 동안 약세장을 지속했다.

대출로 주식을 샀던 수천 명의 투자자들이 파산했다. 심지어 만유인력 법칙으로 유명한 물리학자 아이작 뉴턴도 남해회사에 투자했다가 큰 낭패를 봤다. 과학자에서 공무원으로 변신해 요즘으로 치면 차관급인 런던 조폐국장을 지내던 뉴턴은 초기에 이 회사 주식을 샀다가 되팔아 상당한 수익인 7000파운드를 올리기도 했다. 하지만 주식 광풍이 분 이후 재투자하는 바람에 끝내 2만 파운드를 날렸다. 요즘 가치로 20억 원을 잃은 뉴턴은 "나는 천체의 움직임은 계산할 수 있어도 사람들의 광기는 도저히 예측하지 못하겠다"며 탄식했다고 한다.

남해회사 버블, 영국의 수상제도를 탄생시키다

영국은 원래 왕이 행정을 총괄하였다. 지금의 수상제도는 로버트 월폴이 1721년 재무대신으로 임명되면서 처음 시작되었다. 1720년 남해회사 거품이 터졌는데, 신대륙 무역으로 막대한 수익을 올릴 것으로 예상되었던 남해회사 주가가 폭락하면서 회사가 도산하여 국가재정에도 큰 문제가 발생하였다. 이 회사에 대하여 1721년 정부 차원의 조사가 시작되었는데, 여기에 많은 정치가가 관련된 사실이 밝혀지면서 일대 소동이 일어났다. 이 사건으로 당시 유명 정치인들이 낙마하게 되고, 일 처리를 맡았던 월폴은 일약 영국에서 가장 중요한 정치인으로 떠올라 재무대신으로 임명받기에 이른다. 월폴은 재무대신으로 임명된 이후 국왕을 대신하여 21년 동안이나 실제적으로 각 부 장관들을 이끌면서 명실상부하게 오늘날의 수상과 같은 권력을 행사하였다.

근대의 3대 버블에 대해 살펴보았다. 인간의 창의력과 자유가 보장되는 곳에서 경제 발전이 이루어졌다. 그러나 인간의 자유의지가 경제적 영역에서 무한하게 발현되는 끝은 탐욕이었다. 모든 인간의 위대한 진보에는 크건 작건 열광적인 투기가 있었다. 투기가 없었더라면 우리가 누리는 많은 진보 가운데 상당수는 아예 태어나지 않았을 수도 있다. 그러한 실례는 콜럼버스의 대항해 등 이루 헤아릴 수 없이 많다. 투자와 투기의 경계선은 모호하다. 단적인 예가 주식시장과 파생상품이다. 투기는 악마적이고 부도덕하지만 분명 그것에 맡겨진 역할도 있었다.

II

도버 해협을 건너: 영국

JEWISH ECONOMIC HISTORY

역사를 보면, 바다를 지배하는 민족이 세계를 지배했다. 근세 초 해가 지지 않는 최초의 제국, 스페인 왕국이 무적함대를 갖고 바다를 지배하고 있었다. 그 무렵 영국은 후진국이었다. 수출품이라곤 양모 한 품목에 의존하고 있었다. 그나마 이를 수출하는 사람들은 유대인이었다. 당시 영국에서 '머천트Merchant(상인)'라 하면 유대인을 뜻했다.

그 무렵까지만 해도 후진국 경제의 특징은 약탈경제였다. 영국은 해적질로 양모에 이어 제2의 수입을 올리고 있었다. 주 약탈 대상은 신대륙을 오가는 스페인 상선들이었다. 이러한 해적질을 잘하기 위해서는 우선 상대방 배보다 사거리가 긴 대포가 필요했다. 그들은 장사포 개발에 심혈을 기울여 스페인 상선보다 사거리가 긴 대포를 장착할 수 있었다. 하지만 장사포의 명중률이 형편없었다. 이러한 문제점을 당시의 왕 헨리 8세에게 보고하자 왕은 한참 생각한 후 배 밑바닥을 편평하게 만들어보라고 지시했다. 이로써 유럽 최초의 평저선이 탄생했다.

당시 배들은 물살을 쉽게 가르기 위해 배 아래가 뾰족한 역삼각형인 첨저선들이었다. 유선형이기 때문에 평저선에 비해 속도가 빨라 해상운행에 유리할 뿐 아니라 해상전투 시에도 기동력이 좋았다. 따라서 대부분의 나라는 첨저선을 선호하였다.

반면 평저선은 대포를 발사할 때의 반동을 편평한 밑바닥이 흡수해주기 때문에 배 밑바닥이 뾰족한 첨저선에 비해 명중률이 훨씬 높았다. 게다가 흘수, 곧 물에 잠기는 부분이 적어 방향 돌리기가 쉬워 민첩했다. 당연히 첨저선에 비해 선회력도 좋아 제자리에서 360도 회전이 가능했다. 반면 첨저선은 파도나 물살이 강한 곳에서 무리한 선회를 하다가 침몰하는 경우가 많았다. 반면 평저선은 물살이 빠르고 풍랑이 거친 곳에서도 쉽게 회전하며 사방의 상대 배들을 향해 발사할 수 있어 전투력이 월등했다. 평저선을 이끈 이순신 장군이 물살이 빠른 곳을 주로 활용한 이유도 이 때문이었다. 더구나 부두시설이 있어야만 접안이 가능한 첨저선과 달리 평저선은 수심이 얕은 연안에 정박할 수 있어 해안가 아무 곳이나 상륙할 수 있어 보급품 운송에도 적격이었다.

그 뒤 엘리자베스 여왕이 지휘했던 1588년 칼레 해상전투 때 영국은 전투선 34척, 상선을 무장시킨 무장상선 163척 이외에 평저선 30척이 있었다. 이 평저선 30척의 활약이 대단했다. 그 무렵 해전은 백병전을 위주로 하는 근접 전투였는데 영국 평저선은 장거리 함포로 80m 밖에서 치고 빠지는 전술로 스페인 무적함대를 괴롭힌 끝에 이길 수 있었다. 칼레 해전은 유럽에서 전함에 대포를 장착해 적함을 화력으로 격파시킨 최초의 해전이었다. 이로써 당시 유럽 최강이던 스페인은 쇠퇴의 길로 들어서고 영국이 바다를 장악하고 대국으로 부상했다.

해적질보다 나은 장사는 없다

해가 지지 않는 나라, 영국은 처음부터 대국의 면모를 갖춘 나라는 아니었다. 영국 귀족들은 상업을 천시하고 중세 기사들처럼 용기 있게 적을 공격하여 당당하게 이익을 얻는 정복활동을 찬양했다. 원래 기사들에게는 적의 성을 점령했을 때 사흘 동안 마음껏 재화를 약탈하는 게 관례였다. 따라서 상업으로 이익을 남기는 일 따위는 좀도둑처럼 좀스럽고 비열하게 보았다. 이 점에서 성 니콜라스가 영국에서 상인의 수호성인이자 도둑의 수호성인이라는 사실은, 영국인이 상업과 도둑질을 같은 걸로 보았음을 말해준다. 산타클로스의 원형으로 짐작되는 성 니콜라스는 한밤중에 남몰래 사람들을 도와주기로 유명했다.

신사의 나라

∴ 해적 드레이크 경

    그래서인지 17세기까지 영국 상선은 해적선과 구별되지 않았다. 해적선이 따로 있기보다는 모든 배가 잠재적인 해적선이었다. 심지어 1568년 스페인의 화물선이 해적을 피해 영국 항구에 들어왔을 때 엘리자베스 여왕은 배에 실린 황금을 빼앗아버렸다. 여왕이 앞장서서 약탈을 지휘한 것이다. 같은 시기에 활동한 해적 드레이크가 지금도 영국의 국민 영웅이라는 사실도 이런 맥락에서 볼 수 있다. '신사의 나라' 영국이라는 말은 뒤집어보면 너무 비신사적인 사회 분위기 탓에 이를 계몽하려고 나온 말이라 한다.

    송나라와 고려가 동아시아 무역을 주도할 때 왜구가 급격히 늘어났다. 교역에서 배제된 사람들이 하는 행동은 비슷하다. 영국도 그랬다. 영국의 수출입은 거의 15세기까지 플랑드르와 이탈리아가 장악했다. 더 정확히 이야기하면 플랑드르와 이탈리아계 유대인들이 주도했다. 영국인 자신은 무역에 끼어들 수 없었다. 양털과 주석은 이미 오래전부터 영국의 중요한 수출품목이었는데, 이렇게 자신의 주산물 수출을 외국인이 장악했다는 것이 이상하게 들릴지 모르나 이것이 낙후된 영국의 현실이었다. 사정이 이렇다 보니 그 무렵 그들로서는 해적질보다 나은 장사는 없었다. 따라서 국가 차원에서 해적질을 했던 것이다.❖

❖ 이지훈 해양대 강사, 《국제신문》, 2008년 5월 1일

유대 상인에 목매고 있었던 영국

유럽의 작은 섬나라 영국은 16세기 말까지만 해도 스페인 제국은 물론 포르투갈이나 네덜란드에도 밀리는 변방국이었다. 그러나 영국은 그로부터 200년 후 5대륙 45곳에 식민지를 건설하여 세계의 통치자가 된다. 사실 영국은 세계무대에 등장하기 전까지 양모와 모직물 수출을 제외하고는 특별한 산업이 없었다. 그나마 모직물도 14~15세기 영국과 프랑스 사이의 백년전쟁이 시작되기 직전 해인 1336년에 에드워드 3세가 모직업을 발전시키려고 플랑드르에서 유대인 직조 기술자를 데려온 후에야 양모 수출은 쇠퇴하고 모직물 수출이 증가했다. 그 뒤 백년전쟁 기간에는 영국이 양모의 수출을 금지했기 때문에 플랑드르의 모직물산업이 타격을 입었다. 그때 전란을 피해 다수의 플랑드르 직조공들이 영국으로 이주했기 때문에 모직물 생산의 중심이 플랑드르에서 영국의 요크셔로 이동했다.

이후 플랑드르와 북부 이탈리아에서 온 유대 상인들이 영국의 양모 수출을 주도했다. 그래서 원래 영어에서 '상인merchant'이라는 말은 주로 해외무역에 직간접적으로 종사하는 유대인을 가리켰다. 당시 영국에서 상인과 유대인은 동의어나 마찬가지였다. 나중에 서서히 영국인 모험상인조합이 성장했다.

17세기 초반 영국 경제의 최대 취약점은 모직물이라는 단일 수출 상품과 앤트워프라는 단일 수출시장에 목을 매고 있었다는 것이다. 만약 그 단일성이 붕괴된다면 영국 경제는 한순간에 큰 불황으로 치다를 위험을 항상 내포하고 있었다. 우려했던 대로 영국에는 1617년에 큰 불황이 닥쳐왔다. 1560대부터 시작된 네덜란드 독립전쟁으로 영향력이 큰 앤트워프 시장이 몰락하자 심각한 불황에 빠지게 된 것이다. 앤트워프의 유대인들이 전란을 피해 모두 암스테르담으로 옮겨 가 이윤이 더 큰 다른 나라와의 교역에 몰두했기 때문이다. 그 때문에 영국에는 아프리카 노예무역과 왕실에서 묵인하는 해적활동이 극성을 부렸다.

대규모 전쟁이나 다름없는 영국의 해적질

그 무렵 영국 경제를 지탱하는 데는 해적질이 한몫 단단히 기여했다. 당시 영국의 해외 진출 주역은 정부가 아니라 해적이었다. 영국 해적들은 스스로를 '해안의 동업자'라 불렀으며, 그들 나름대로 노획물에 대한 정교한 분배제도와 부상을 대비한 보험제도를 갖추고 있었다. 이들은 주로 무역선을 공격하여 귀금속과 선적된 거래상품을 약탈했다. 1449년에는 남쪽에서 1800톤의 소금을 싣고 오던 110척의 한자 상선대가 영국 해적들에게 약탈당했다. 그 무렵 소금은 북해 한자 상권의 청어절임에 없어서는 안 될 최고 고가품의 하나였다. 규모 면에서 대규모 전쟁이나 다름없었다. 당시 영국 왕실은 해적들에게 사략선 면허를 내주었다. 사략선私掠船이란 민간 선박이지만 항해 규칙과 전투 수칙에 의거해 배에 함포를 적재하고 전시에 적선을 나포하는 면허를 가진 민간 무력선을 일컫는다.

엘리자베스 1세 치하의 영국은 당시 신대륙을 지배하고, 제3국의 진출을 무력으로 배제하고 있었던 스페인의 독점무역을 타파하기 위해 아메리카 대륙의 식민지 도시를 약탈하고 선박들을 나포했다.

정부 입장에서 해적활동은 스페인을 상대로 저예산을 들여서 타격을 입히는 비정규적인 전쟁이었다. 스페인 측도 이에 응수함으로써 양국은 준전쟁 상태에 있었다. 노예상인 호킨스나 해적선장 드레이크는 스페인 국왕의 보물선을 훔쳐 해적으로서 증오의 대상이 되었다. 그러나 영국인은 이들을 영웅으로 찬양했다.

영국의 해적들은 스페인의 약점을 공략해 많은 자산을 뺏어왔다. 엘리자베스 여왕 시대의 유명한 해적인 드레이크가 1573년 한 해에만 영국에 반입한 약탈물의 가치는 60만 파운드에 해당했다. 당시 영국의 가장 큰 수입원이 양털 수출이었는데, 1600년의 수출액은 100만 파운드였다. 여기에 견주어보면 당시 약탈물의 규모가 어느 정도였는지 가늠해볼 수 있다. 특히 드레이크 해적선은 스페인으로 들어가는 신대륙 물건들을 주로 약탈했다. 심지어 스페인 제국의 신대륙 교역 중심 항구인 카디스까지 쳐들어가 약탈을 자행했다. 그뿐만 아니라 여왕의 방조 아래 해군을 대신해서 스페인 함대들과 해상 교전도 자주 벌였다. 스페인에 대한 영국의 전략적 견제였다.

엘리자베스 1세, 스페인 제국의 무적함대를 격파하다

이러한 전략적 견제를 뒤에서 조종한 사람이 바로 엘리자베스 1세 여왕이다. 그녀는 1558년 즉위하자 곧 통일령을 발표하여 영국교회, 곧 성공회를 확립했다. 그리고 국왕을 종교상의 최고 권위로서 인정하도록 했다. 동시에 가톨릭과 청교도를 억압하여 성공회로의 종교적 통일을 추진했다. 1570년대 후반 스페인 왕 펠리페 2세는 영국의

∴ 엘리자베스 1세

∴ 존 호킨스는 영국 해전의 영웅이자 영국에서 최초로 노예무역을 시작한 사람이다.

엘리자베스 1세에게 청혼했다가 거절당한다. 정략결혼으로 스페인 제국의 세력을 넓히려다 실패한 것이다. 당시 유럽 각국의 왕가는 서로 정략결혼을 하는 것이 관례여서 여왕에게도 구혼자가 많았다. 하지만 여왕은 "나는 영국과 결혼했다" 하여 끝내 독신으로 지냈다. 그래서 '처녀왕'이라 불리기도 한다.

구혼에 실패한 펠리페 2세는 독실한 가톨릭 신자로서, 이번에는 무력으로 성공회 국가인 영국을 점령하고 가톨릭 국가를 세울 목표를 세운다. 이러한 뜻을 영국의 대신들이 알고 전쟁의 불가피함을 주장하지만, 엘리자베스 1세는 전쟁에서 국민들이 입을 피해를 먼저 생각했다. 그녀는 직접적인 전쟁보다는 간접적인 방법을 택했다.

스페인에게 식민지 신대륙에서의 경제적 부는 거대한 수송함대의 전투력에 달려 있었다. 이를 간파한 그녀가 영국의 가장 뛰어난 해군제독 프랜시스 드레이크에게 비밀리에 해적 노릇을 하도록 시켰다는 설도 있다. 하여튼 여왕은 영국 해적들이 주로 스페인 상선을 공격하도록 조장했다. 드레이크와 존 호킨스는 1587년에 카디스를 급습하여 수많은 배와 특히 함대 보급을 위해 쌓아놓은 '통 제조용' 목재를 불태웠다. 그 뒤 스페인 상선과 함대가 해적들에게 자꾸 털리자 스페인의 펠리페 2세는 엘리자베스 여왕에게 드레이크의 처형을 요구했다. 그러나 여왕은 이 요구를 무시하고 도리어 드레이크에게 기사 작위를 수여했다. 펠리페 2세에게 이것은 구혼 실패와 더불어 엄청난 모욕이었다. 양국 사이에는 전운이 감돌았다.

영국, 해상 전투력을 높이다

한편 스페인에 자금을 대출해주었던 이탈리아 은행가들은 스페인 상선이 자꾸 털려 손실이 높아지자 스페인에 대한 이자율을 높였다. 이는 스페인이 함대를 증설하는 데 큰 차질을 빚게 만들었다. 엘리자베스 1세는 스페인과의 전쟁자금을 조달하는 데 세수가 부족하자 그녀 자신의 토지를 25%나 팔아야 했다. 이 자금으로 영국 해군성의 존 호킨스가 4년 동안 11척의 최신 갈레온선 전함을 추가로 건조했다. 갈레온선들은 선체의 너비를 줄여 기동성을 대폭 증가시키고, 길어진 선체 측면에는 더 많은 포를 설치할 수 있도록 개량했다.

그리고 희한하게도 당시 대포 생산기술은 '저개발국' 영국이 스페인 제국보다 앞서 있었다. 영국은 선박에 근접 전용의 구경이 큰 대포 대신 포탄을 장거리에서 날릴 수 있는 소구경 장포를 장착했다. 사거리가 긴 이 함포가 영국 해군의 해상 전투력을 크게 높였다. 이로써 영국 해군은 먼 거리에서 치고 빠질 수

∴ 갈레온선

있었다. 이제 영국이 보유한 최신 갈레온선은 25척이나 되었다. 여왕은 이제 해볼 만하다고 판단했다. 그리고 1588년 4월에는 여왕의 지시로 해안 지역 37개 도시에 대한 방어 강화가 시작되었다. 전투 준비에 들어간 것이다.

스페인의 무적함대를 격파하다

스페인의 함대 증설이 지연되자 엘리자베스 여왕은 더욱 치밀하게 스페인 함대에 대해 출항 규모와 출항일 등을 수시로 파악했다. 당시 엘리자베스 여왕은 1585년 이래 공공연하게 스페인과 싸우는 네덜란드 북부 7주를 지원하고 있었다. 이러한 영국의 행동에 펠리페 2세는 더는 못 참고 1588년 5월 131척의 무적함대를 영국으로 출격시킨다. 3000대가 넘는 대포로 무장한 스페인의 무적함대가 프랑스 칼레 항에서 스페인 군대와 합류하려 한다는 정보를 여왕이 입수했다. 배수량 3만 톤에 승선 인원만 3만 500명이었다. 130대가 넘는

함대가 바다 위를 항해한다고 상상해보라. 대단한 위용이었다. 태풍을 만나 시간이 지체되는 바람에 5월에 출발한 무적함대는 겨우 7월 29일이 되어 영국해협에 그 모습을 드러냈다.

미리 대기하고 있던 영국

과 네덜란드 연합군이 스페인의 무적함대를 상대로 기습공격을 단행했다. 영국의 기동성 좋은 작은 배들이 장거리포를 활용하여 치고 빠지는 작전을 벌였다. 당시 장거리포의 사거리가 스페인보다 영국이 훨씬 길었다. 영국이 다른 산업은 다 뒤져 있는데 유독 대포 제작기술만은 월등하였다. 덩치 큰 무적함대로서는 근접할 수가 없었다. 일주일 동안 계속되는 해전에 스페인 함대들은 지쳐갔다. 무적함대는 칼라이스에 닻을 내렸다.

그들과 1.6km 떨어진 해상에서 대치하던 영국 진영은 불배들을 준비해놓았다. 영국은 8척의 작은 배에 장작과 역청, 화약 등 가연성 물질을 잔뜩 싣고 가미가제식 기습공격을 단행했다. 화염에 싸인 영국 불배들이 스페인 전함에 부딪쳐 오자 화염과 폭음에 놀라 허둥대던 스페인 배들은 서로 부딪혀 깨지며 침몰하기 시작했다. 불들이 옮겨붙은 스페인 배들과 보급품은 순식간에 소실되었다. 동이 트는 바다 위에는 완전히 깨진 스페인 함대와 잔해들이 표류하고 있었다. 외곽에서 계속되는 영국 전함의 공격에 또다시 몇 척의 스페인 전함이 침몰하고, 나머지는 해안으로 도망치거나 선수를 돌려 북쪽으로 도주했다. 이 해전에서 스페인은 65척의 전함과 1만여 명의 병력을 잃었다. 영국은 100여 명의 병력만 잃었을 뿐 단 한 척의 전함도 잃지 않았다. 전술의 승리였다.

칼레 해전의 일등공신, 평저선

우리나라는 고대로부터 서해 갯벌 덕에 배 밑바닥이 편평한 평저

선이 주로 개발되었다. 우리의 전통 배 평저선은 세계 조선사_{造船史}에서 아주 예외적인 배다. 선박 구조가 물살을 가르는 유선형이 아니고 특이하기 때문이다. 중국, 일본 등 다른 나라 배들은 물살을 쉽게 가르기 위해 배 아래가 뾰족한 역삼각형인 첨저선이다. 유선형이기 때문에 평저선보다 속도가 빨라 해상운행에 유리할 뿐 아니라 해상전투 시에도 기동력이 좋았다. 그래서 대부분 나라의 배는 첨저선이었다.

우리나라에서 평저선 같은 독특한 배가 탄생한 이유는 갯벌 때문이다. 우리 서해안은 조수간만의 차가 커 갯벌이 널리 퍼져 있었다. 서해 갯벌이 유라시아 대륙의 거의 유일한 대형 갯벌이다. 서해안에는 6시간에 한 번씩 밀물과 썰물의 변화가 있는데 간조와 만조 때의 조수 차이는 최고 9m 이상에 달한다. 이런 조건에서 어업을 하거나 운항을 하려면 배 밑바닥이 편평해야 했다. 배 밑이 역삼각형인 V자형 첨저선은 썰물이 나가면 갯벌에 쓰러진다. 반면 평저선은 썰물 때 배를 갯벌 위에 올려놓고 작업을 할 수 있을 정도로 안전했다. 그래서 밑바닥이 편평한 평저선이 자연스럽게 발달했다. 평저선은 갯벌을 출입하는 데 안성맞춤이었다.

게다가 평저선은 바다 항해에 굉장한 장점을 가졌다. 앞쪽이 물에 30cm밖에 잠기지 않아 연안에 접근하더라도 해안 바닥에 걸리지 않고 접안시설이 없더라도 어디에나 정박할 수 있었다. 반면 첨저선은 연안 접근 자체가 어렵고 접안시설이 건설된 항구에만 정박할 수 있었다. 따라서 고대 중국의 배는 주로 강을 오르내리는 도강선이었다. 게다가 서양의 갤리선처럼 노군들이 노를 저어 운행하는 배들이 많았다. 고대 바닷가에는 접안시설이 부족해 첨저선은 연안항해도 쉽지 않았다. 고대에 서해를 비롯한 동남아 바다 전체가 한민족의 바다였던 이유다.

따라서 고대에는 평저선만이 어느 바다나 겁내지 않고 사방을 휘젓고 다닐 수 있어 그 무렵 바다를 돌아다닐 수 있는 배는 평저선뿐이었다. 고대로부터 우리 평저선이 먼 거리 바다 항해를 하며 파도와 해류에서 안정성을 높이다 보니 다른 나라 배보다 키가 길어졌다. 그리고 물에 잘 가라앉지 않는 평저선이다 보니 배의 무게중심을 아래로 내려 안정성을 확보하기 위해 배에 돌을 싣고 다녔다. 이로써 먼 바다 항해를 안전하게 할 수 있었다. 또 평저선은 높은 파도에 강했다. 한선은 파도가 높을 때 파도 위를 타고 나아가기 때문에 바닷물 속에 빠지지 않으나 선수가 뾰족한 첨저형 배는 큰 파도를 만나면 가르고 간다는 것이 잘못하면 오히려 파도에 휩쓸려 물속으로 처박히게 된다.

게다가 평저선은 해상전투에도 강했다. 평저선은 흘수, 곧 물에 잠기는 부분이 적어 방향 돌리기가 쉬워 민첩했다. 그리고 일반적으로 선체가 크고 무거워 고대의 해상 싸움에 유리했다. 당시는 배끼리 들이박는 박치기 싸움이었다. 평저선이 해상전투에서 강했던 이유다.

고려 때 최무선의 함포가 강했던 이유도 평저선이었기 때문이다. 장군은 왜구들의 침략이 빈번해지자 이를 물리치기 위해 유실되었던 화약 제조기술을 복원하고 대포를 만들어 평저선 위에 설치했다. 이로써 왜구들을 섬멸하여 바다를 지킬 수 있었다.

그 뒤 왜구들도 대포를 만들어 배 위에 장착했지만 우리 한선을 당해낼 수 없었다. 평저선은 첨저선에 비해 배 위에서 대포를 쏠 때 반동 흡수에 유리하여 명중률이 높았다. 반면 왜구의 배는 첨저선이라 흔들림이 심해 명중률이 형편없었다. 임진왜란 때 이순신 장군이 백전백승할 수 있었던 가장 큰 이유이자 최무선 장군이 재평가받아야 하는 이유이다.

게다가 평저선은 안정감이 있어 파도에 강하고 선회력이 좋았다. 제자리에서 360도 회전이 가능했다. 반면 첨저선은 파도나 물살이 강한 곳에서 무리한 선회를 하다가 침몰하는 경우가 많았다. 이순신 장군이 물살이 빠른 곳을 주로 활용한 이유도 이 때문이었다. 이런 평저선의 선회력을 이용하면 한쪽에서는 발사를, 다른 쪽에서는 장전을 하는 식으로 해서 상대방보다 훨씬 포를 빠르게 효율적으로 사용할 수 있었다. 평저선이 임진왜란 때 나라를 구한 일등공신이었다.

후발국 영국이 당대 최강의 스페인 무적함대를 깰 수 있었던 이유도 바로 평저선 위에 장거리 함포를 장착한 데 있다. 영국이 화력이 월등한 스페인 무적함대를 이기기 위해서는 사거리가 긴 장거리 함포가 절실했다. 그런데 어렵게 개발한 장거리 함포의 명중률이 형편없었다. 그러자 배 밑바닥을 편평하게 만들라는 아이디어를 당시 헨리 왕이 직접 냈다고 한다.

그 뒤 엘리자베스 여왕이 지휘했던 1588년 칼레 해상전투 때 영국은 전투선 34척, 상선을 무장시킨 무장상선 163척 이외에도 평저선 30척이 있었다. 평저선은 수심이 얕은 연안에 정박이 가능하여 보급품 나르기도 수월했을 뿐 아니라 함포 명중률도 스페인 무적함대의 첨저선보다 월등히 높았다.

그 무렵 해전은 백병전을 위주로 하는 근접 전투였는데 영국 함선은 장거리 함포로 80m 밖에서 치고 빠지는 전술로 스페인 무적함대를 괴롭힌 끝에 이길 수 있었다. 칼레 해전은 유럽에서 전함에 대포를 장착해 적함을 화력으로 격파시킨 최초의 해전이었다.

마침내 영국이 스페인의 무적함대를 무찌른 것이다. 이는 세계 권력의 이동이자 해상권의 장악을 뜻했다. 그간 스페인 제국의 기세에 눌려 살았던 영국이 이를 계기로 중상주의의 날개를 활짝 펼 수 있게 되었다. 해상권의 장악은 해상무역의 제패를 의미했다. 영국인들은 그들 영해에서만 스페인 배를 몰아낸 게 아니라 미국과 인도의 항구에서도 스페인 상선을 공격하여 쫓아내 버렸다. 이로써 이들은 옛날 페니키아인들이 그랬듯이 북미에 식민지를 많이 건설할 수 있었다. 이것이 세계사의 분수령이었다. 스페인 제국이 지고 영국의 해가 떠오르기 시작한 것이다. 그러자 종교전쟁에서 박해받았거나 추방당한 많은 영국인과 유럽 대륙의 유대인들이 자유로운 삶을 찾아 신대륙 식민지로 떠났다. 영국이 해상무역에 주력하면서부터 영국 선박이 전 세계 화물수송의 상당량을 담당하게 되었다.

크롬웰의 항해조례, 해상무역에서 네덜란드 배제 의도

엘리자베스 1세가 죽은 후 왕위에 오른 제임스 1세와 그의 뒤를 이은 찰스 1세는 왕권신수설의 신봉자로 전제정치를 실시하며 의회와 대립했다. 국왕과 의회의 대립은 내란으로 치달았는데, 마침내 1645년 크롬웰이 이끄는 의회군이 승리하였다. 17세기 중엽에 세계 무역에서 네덜란드의 독주는 영국 크롬웰에 의해 제동이 걸린다.

♣ 크롬웰

1651년 그 유명한 '항해조례'를 영국의 크롬웰이 발표한 것이다. 유럽 다른 나라들이 영국 및 영국 식민지와 무역을 하려면 반드시 영국 배이거나 영국 식민지 선박만을 사용해야 한다는 내용이었다. 한마디로 해운과 무역업계에서 경쟁국인 네덜란드를 배제시키겠다는 의도였다. 그리고 선장과 승무원의 4분의 3이 반드시 영국인이어야 한다고 규정했다. 이렇게 함으로써 부수적으로 전시에 해군이 필요로 하는 선원을 기를 수 있다고 보았다. 네덜란드의 유대인 해상무역업자들에게 위기가 닥친 것이다.

설탕무역 쟁탈전, 1차 영국-네덜란드 전쟁

경제사에 많은 영향력을 행사한 항해조례의 이면에는 설탕이 도사리고 있었다. 그 무렵 신대륙 서인도제도의 설탕 무역이 유럽 부의 근원이었다. 당시 사탕수수 농장이 있는 서인도제도의 바베이도스 섬은 영국령이었지만 네덜란드의 서인도회사가 교역을 주도하고 있었다. 사탕수수 농장으로 부를 얻은 바베이도스 섬의 유대인들은 영국 왕에게 충성을 맹세했다. 그들은 1640년 포르투갈 사람들을 피해 브라질에서 건너온 유대인들이었다. 그러나 내전에서 영국 왕이 지고 의회파인 크롬웰이 승리하자 바베이도스 섬을 오가던 네덜란드 상선 13척이 영국 함대에 나포되었다. 그에 따라 네덜란드의 설탕무역은 치명타를 입고, 1652년에 1차 영국-네덜란드 전쟁이 선포된

다. 그 뒤 전쟁에 이긴 영국은 1655년부터 서인도제도산 설탕 무역의
종주권을 네덜란드로부터 빼앗았다.

바베이도스 유대인, 직접 삼각무역에 뛰어들다

바베이도스 사탕수수 농장 유대인들에게 위기가 닥쳤다. 이제 사
탕수수 즙을 사줄 네덜란드 상선이 오지 않았다. 그렇다고 영국 상선
이 이를 제대로 대체한 것도 아니었다. 유대인들에게 이런 위기는 항
상 기회의 전조였다. 비정기적인 상선을 기다릴 것이 아니라 그들이
직접 배를 사서 무역에 뛰어들었다. 사탕수수 농장주에서 더 나아가
선주가 되어 직접 해상무역업자가 된 것이다. 그 뒤 바베이도스 유대
인들은 오히려 사업영역을 더욱 확장했다.

** 서인도제도의 남쪽 끝에 있는 바베이도스 섬

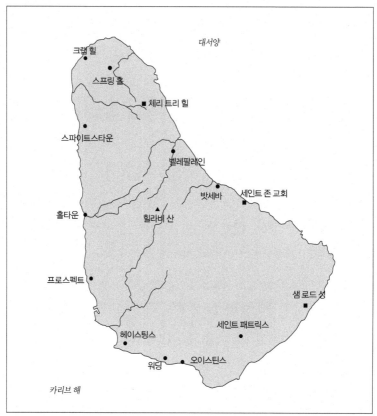

∴ 바베이도스 섬

    유대인들은 사탕수수의 부산물인 당밀의 구매자이자 노예무역상
으로서 서인도제도 시장에서 두각을 나타낸다. 당밀은 노예무역과
삼각무역에 긴요하게 쓰였다. 서인도제도에서 온 당밀로 생산된 럼
주는 아프리카에서 노예들을 획득하는 수단으로 요긴하게 쓰여 영
국 부의 주요 원천이 되었다. 이때부터 서인도제도의 사탕수수 농장
에는 유럽에서 데려온 노동자보다 아프리카 흑인노예의 숫자가 훨씬
많아졌다.

그 뒤 영국의 찰스 2세는 1661년 연소득 1만 파운드가 넘는 10명의 유대인 사탕수수 농장주이자 영국 국적선의 해상무역업자들에게 남작의 직위를 주었다. 여기서도 1671년에 기독교 상인들을 중심으로 한 반유대인 움직임이 있었으나 영국 정부에 의해 유대인들의 정착은 오히려 권장되었다.

정복왕 윌리엄,
유대인을 불러들이다

크롬웰은 청교도혁명을 통해 왕정을 타파하고 공화제를 설립했다. 그리고 그가 1651년에 발표한 항해조례로 영국과 네덜란드 사이에 1차 전쟁이 벌어져 3년여 전쟁 끝에 영국이 이기고 네덜란드 해안을 봉쇄하기에 이른다. 해상무역에 종사하는 네덜란드의 유대인들로서는 다른 방법이 없었다. 유대인들은 그들의 대표인 랍비 마나세 벤 이스라엘Manasseh ben Israel을 영국에 파견키로 했다. 1290년 이후로 유대인의 입국이 금지된 영국으로의 재입국 가능성을 타진하기 위해서였다.

신동으로 불리던 마나세는 18세의 어린 나이에 암스테르담 유대인 공동체의 랍비가 되었다. 그리고 그곳에서 유대인으로서는 처음으로 인쇄소를 열었다. 그의 저서는 라틴어와 스페인어로 번역되어 출판되었다. 그는 기독교도들에게 그 시대 유대인의 학문을 대표하는 존재였다. 이미 항해조례 발표 전인 1650년 암스테르담의 랍비 마나세 벤 이스라엘은 유대인의 영국 재입국을 위해 올리버 크롬웰에게 청원한 터였다. 1652년 크롬웰도 마나세 벤 이스라엘을 영국으로 초청하여 이 문제를 협상하고자 했다. 그도 암스테르담에서 두각을 나타내고 있는 유대인들에게 관심이 있었다. 전쟁을 비롯해 몇몇 난관 때문에 마나세의 영국 방문은 1655년에야 성사될 수 있었다. 크롬웰 시대에 영국 안에서 다양한 계층 간에 유대인의 재입국 문제에 대한 격렬한 토의가 진행되는 동안 이미 오래전부터 영국 안에 살아왔던 몇몇 마라노들은 1655년에 공개적으로 유대인임을 선언하고 나섰다. 그만큼 영국 내에서 유대인에 대한 평판은 호전되어 가고 있었다.

정복왕 윌리엄, 영국의 봉건 왕조를 열다

섬나라 영국의 초기 역사는 식민지 역사였다. 영국에서 유대인들이 살았다는 첫 기록은 노르만 시대로 거슬러 올라간다. 1066년 프랑스 북부에 살던 스칸디나비아 출신의 노르만족이 영국을 정복하였다. 당시 북부 프랑스 루앙 지방에 있던 유대인들이 윌리엄을 따라 해협을 건넜다. 이때 영국을 정복한 윌리엄 1세가 영국 왕조의 시조이다. 윌리엄 1세는 영국을 정복한 후 토지를 몰수하여 그의 노르만족 신하들에게 나누어 주었다. 이로써 영국에 처음으로 강력한 봉건제를 도입하여 왕권 강화에 주력하였다. 윌리엄 1세의 앵글로 노르만 왕조 이전에 게르만족의 일파인 색슨족이 이주해 와 세운

∴ 정복왕 윌리엄

왕국이 여럿 있었지만 이 왕조로부터 영국의 강력한 중앙집권적 봉건주의 국가가 시작되었다. 그래서 이때를 기준으로 '왕조 이전 시대'와 '왕조 시대'로 구분한다.

윌리엄 왕, 유대인을 불러들이다

윌리엄 왕은 프랑스에 살았었기 때문에 유대인들의 뛰어난 상업과 금융 능력에 대하여 잘 알고 있었다. 그는 정치적으로 안정되자 영국을 부흥시키기 위해 유대인들의 상업기술과 자본을 불러들이기로 했다. 그는 이를 위해 북부 프랑스 루앙에 남아 있던 나머지 유대인 커뮤니티 전체를 영국으로 초청하여 살도록 하였다. 이를 필두로 노르망디와 북부 프랑스에 살던 유대인들이 영국으로 대거 이주하여 정착촌을 이루며 상업과 대부업을 하며 살았다. 물론 노르만 왕조가 들어서기 이전에도 일부 유대인들이 영국에 거주하고 있었던 것은 사실이지만 그들은 이 무렵까지 아직 정착촌을 형성할 단계에 이르지는 못하였다.

영국에 들어온 유대인들은 대부업에 종사하기 시작했다. 대부업은 당시에 그들이 활동할 수 있는 유일한 업종이었다. 장원 중심의 봉건적 경제체제가 정착되어 가고 있던 영국 등 서유럽 국가들에서 유대인들은 감히 끼어들 자리가 없었다. 도시의 길드체제나 농촌의 장원체제 모두 유대인들에게 조그마한 활동공간조차 제공할 여지가 아예 없었다. 그리하여 토지를 보유할 수도, 기존의 경제체제에 편입될 수도 없었던 그들은 자연히 교회가 기독교도들에게 금지한 업종,

∴ 유대 자본으로 건설된 윈저 성. 1087년 정복왕 윌리엄이 이 지역의 중요성을 인식, 목조 성채를 쌓는 데서 시작하여 조지 4세 때 지금의 모습이 되었다. 단일 성으로는 세계 최대의 규모를 자랑한다.

즉 대부업에 종사할 수밖에 없었다. 특히 당시 영국은 사치스런 귀족들, 그리고 왕권 강화를 위해 분투하는 국왕들이 금전을 빌릴 수 있는 대상을 항상 필요로 했기 때문에 자본을 가진 유대인들에게는 대부업이 더없이 좋은 업종이기도 하였다.

이들 유대인은 이후 노르만족의 역대 왕들과 영주의 보호 아래 활기차게 번창했다. 그들은 독자적인 유대교 회당과 공동묘지가 있는 유대인 커뮤니티를 영국 도시 곳곳에 짓고 살았다. 그들이 사는 곳에는 어김없이 상업이 발전하고 경제가 힘차게 살아 움직였다. 또한 대부 때마다 매번 세금을 내고 왕이나 영주의 채무보증을 얻어야 하는 유대인의 대부업은 영국 국가재정에도 큰 힘이 되었다. 그 무렵 지배계급들은 전국에 성을 지어 워릭 성, 윈저 성 등 100여 개의 큰 성들

∴ 영국 국회의사당

이 이때 건설되었다. 유대 자본으로 건설된 것이다.

또한 1085년 토지대장이 완성되어 세금 징수의 토대가 되었다. 제대로 된 나라 꼴을 갖추게 된 것이다. 지금의 영국 국회의사당도 정복왕 윌리엄 시대인 1090년에 완성되어 궁으로 쓰였다. 헨리 8세가 화이트홀로 거처를 옮긴 1532년부터 영국의 국회의사당으로 자리를 잡게 되었다.

당시 상인은 유대인을 의미

헨리 2세 때 유대인의 대부업은 나라의 통화량을 조정할 정도로 위력을 발휘했다. 1185년 아론이라는 유대인 대부업자는 1만 5000파운드를 430명에게 빌려주었는데, 이것은 영국 연간 국고수입의 4분의 3이었다고 하니 유대인 대부업의 규모를 가히 짐작할 수 있다.

이 시기 유대인들이 누렸던 이러한 번영은 전적으로 국왕의 보호에 힘입은 것이었다. 그들은 국왕의 막중한 돈줄이자 수지맞는 과세 대상이었기 때문에 왕실은 그들을 과도하리만큼 후원했다. 그런데 유대인들은 자신들의 신체와 재산을 보호받기 위해 이같이 전적으로 국왕에게 의존하고 있었으므로 국왕이 취하는 각종 조처에 대해 거의 무력한 처지였다. 실제로 헨리 2세 때에 이르면 유대인들은 아예 국왕의 소유물, 즉 재산 그 자체였다. 1180년경의 법령에는 이 점이 다음과 같이 명확하게 규정되어 있다.

"왕국의 어느 곳에 거주하든지 모든 유대인은 왕의 신하의 감시와 보호를 받아야 한다. 유대인들과 그들의 모든 소유물은 국왕의 것이므로 어느 유력자를 막론하고 왕의 허가 없이 유대인들을 자신에게 예속시켜서는 안 된다. 또한 만약 어느 유력자가 유대인들이나 그들의 금전을 억류했을 경우, 만약 왕이 원하고 또 그렇게 할 수 있다면, 왕은 (본래) 자신의 것이었던 그 억류 대상을 마땅히 회수할 수 있다."

형편이 이러했으므로 국왕은 유대인들에 대한 거의 모든 조치를 내릴 수 있었다. 예컨대 유대인들이 돈을 빌려줄 때마다 왕의 관리들은 구체적인 액수와 대상을 문서에 기록했고, 그 대금을 회수할 때는 채무액의 1할을 징수했다. 또 만약 유대인 대금업자가 죽으면 왕은 그의 사채권을 모조리 왕의 재무관 수중으로 끌어올 수 있었다. 실례로 1185년에 영국 최고 거부로 알려진 유대인 링컨의 아론Aaron of Lincoln이 죽었을 때, 헨리 2세는 그의 전 재산을 자신의 것으로 삼아버렸다. 당시 그는 대륙에서 프랑스 왕 필리프 2세와 교전 중이었는데 이 전쟁의 경비 마련이 절실한 형편이었다. 이에 마침 아론이 죽자 그의 막대한 유산을 탐낸 왕은 거리낌 없이 자신의 법적 권리를 주장하면서 아론의 모든 유산을 몰수한다고 선언하였던 것이다.

헨리 2세는 또한 자신이 죽기 한 해 전인 1188년에 자신의 십자군 참전계획에 필요한 자금을 확보하기 위해 소위 '살라딘 십일조Saladin Tithe'를 징수하기도 했다. 이 세금 징수의 직접적 대상은 사실상 유대인들이었는데 그는 이때 유대인들의 재산을 실사하여 총 보유액 중 4분의 1을 납부하도록 명령하였다. 이렇게 하여 유대인들에게 거둔 금액은 모두 6만 파운드에 달했다. 당시 유대인들을 제외하고 영국 전체에서 징수한 총액이 7만 파운드였던 점에 비추어본다면 이 금액이 얼마나 막대했는지를 짐작할 수 있다.

왕은 1191년에 런던 상인들의 자치권을 인정했다. 당시 상인은 유대인을 의미했다. 대부분이 문맹이었던 중세에 글을 아는 유대인들이 상권을 장악할 수밖에 없었다. 그 무렵 유대인들의 위세는 지나치게 커져갔다.

유대인 박해가
추방과 학살로 치닫다

그러나 십자군 전쟁이 본격적으로 시작되면서 상황이 급격히 악화되었다. 교황과 성직자들이 '유대인은 예수 그리스도 살인자'라고 선동하기 시작하였다. 그러면서 영국 사회에도 반유대 정서가 퍼지게 되었다. 특히 고리대금업에 휘둘리는 서민들이 유대인을 미워했다. 3차 십자군 전쟁이 시작되면서 유대인 박해는 추방으로 연결되었으며 더 나아가 학살로 치달았다. 유대인이 추방되거나 죽으면 채무가 탕감될 뿐 아니라 그 재산은 영주에게 귀속되었다.

** 중세 유대인들이 써야 했던 독특한 고깔모자

실제로 영국의 사자왕 리처드가 이끌었던 제3차 십자군 출정에 앞서 1189~1190년 런던과 요크에서 발생한 유대인 학살에 채무자들이 대거 가담했다. 그 뒤 폭정과 무능의 대명사로 여겨지는 존 왕이 유대인 탄압의 새로운 장을 열었다. 1206에 프랑스 왕 필리프 2세에게 노르망디를 빼앗긴 그는 그곳을 탈환하려는 열망에 사로잡혀 1210년에 영국 내의 모든 유대인을 체포하고 그들의 재산을 실사하여 총 6만 6000마르크에 이르는 거액을 세금으로 징수하였다. 이제 유대인들에게 영국은 더 이상 안전과 번영을 약속하는 땅이 아니었다. 그리고 그의 아들 헨리 3세(1216~1272) 때에 이르면 유대인들은 아예 국왕의 목초지에서 방목되는 젖소 취급을 받기에 이르렀다. 헨리가 통치의 전 기간에 별의별 명목과 강압적 수단들을 동원하여 유대인들에게 막중한 세금을 징수하였던바, 그의 치세에서 유대인들은 철저한 착취의 대상으로 전락하고 말았던 것이다.

1257~1267년에는 영국의 주요 도시에서 유대인들이 연달아 추방당했다. 그리하여 런던, 캔터배리, 노샘프턴, 링컨, 케임브리지 등에서 유대인을 찾아보기 어려웠다. 이 같은 대중의 반유대 감정이 점차 국가정책에도 반영되어 1275년에는 아예 유대인의 대부업을 불법화시켰다. 그 무렵 영국에서 유대인의 대금업이 전성기를 이루고 있을 당시 영국 왕은 특별한 권한을 갖고 유대인의 재산을 자기 것처럼 처분할 수 있었다. 마치 봉건영주가 농노들에 대해 갖고 있었던 권한과 비슷했다.

사자왕 리처드가 집권하면서 유대인들의 수난이 시작됐다. 리처드 왕은 재정확보 수단으로 유대인들을 파산시켰다. 뒤에는 신성 모독죄로 몰아 유대인 300명을 교수형시켰다. 그들의 재산은 전부 왕의 것이 되었다. 왕으로서는 일석이조의 효과였다. 민심을 달래면서 왕의 돈주머니도 늘어났다.

1290년에 유대인을 추방했던 영국

사회 분위기가 험악해지고 대부업조차 차단당한 유대인들은 피난처를 찾아야 했다. 그때 추방령이 떨어졌다. 1290년 7월 18일, 영국 내의 모든 유대인에게 다가오는 만성절萬聖節(11월 1일)까지 국가를 떠나라는 통첩이 내려졌다. 정해진 기한 이후에 영국에서 발견되는 유대인은 모두 사형에 처해질 것이라는 경고가 포함되어 있었다. 한 나라에서 유대인들이 집단적으로 추방되는 첫 사례였다.

유대인들은 몸에 지니고 갈 수 없는 모든 재산을 몰수당한 채 영국에서 집단 추방되었다. 당시 약 1만 6000명에 이르는 유대인들이 바다 건너 플랑드르로 쫓겨 갔다. 영국은 스페인보다 200년이나 앞서서 유대인을 모두 나라 밖으로 추방한 것이다. 그 뒤 영국에 숨어 사는 개종 유대인들은 신분을 밝히지 않고 몰래 숨어 살았다. 이후 플랑드르는 북부 유럽의 상업과 금융 중심지로 탈바꿈한다.

이런 사례는 그 뒤 프랑스에서도 나타났다. 미려왕 필리프의 확장 정책과 반유대주의로 인해 1306년 유대인들에게 빌린 그간의 채무 관계를 백지화하고 프랑스 내 모든 유대인 1만 명을 추방했다. 부유한 유대인도 예외 없이 한 달 내에 모든 재산을 남겨두고 빈털터리로 떠나야 했다. 이러한 사례는 이후 유럽 곳곳에서 발생했다. 프랑스에서 추방당한 이들이 플랑드르와 북부 이탈리아로 나누어 정착하자 플랑드르가 북부 유럽의 최대 경제 중심지가 되었다.

영국, 유대인에 대한 새로운 평가

크롬웰 당시 영국에서는 실용주의가 대두했고, 이를 계기로 유대인에 대한 평가도 새롭게 이루어지고 있었다. 1638년 시몬 루자토가 쓴 〈베니스에서의 유대인에 관한 소고〉에서 "유대인들이 사는 곳은 어디에서나 무역과 상업이 넘쳐흐른다"는 주장이 제기되었다. 설교가 로저 윌리엄스는 1644년에 쓴 그의 수필에서 "기독교는 유대인과 이방인의 차별을 두는 것을 금지해야 한다. 이것이 하느님의 뜻이요 명령이다. 종교의 자유는 모든 국가나 지역 안에서 인정되어야만 한다"고 역설했다.

1290년 에드워드 1세에 의해 대대적인 추방을 당한 후에도 유대인들은 간헐적으로 영국에 들어왔다. 1500년경 성경이 영어로 번역되면서 영국인들은 하느님 백성과 성경과의 관계를 새롭게 알게 되었다. 이후 개종 유대인 마라노들의 유대인 거주지가 런던과 브리스톨에 생겨났다. 당시 공식적으로는 유대인 입국이 금지되어 있었지만 기존에 남아 있던 유대인들과 1520년 무렵부터 네덜란드에서 이민 온 유대인들이 이미 해상무역에 종사하고 있었다. 이 밖에도 1630년 무렵 유럽 대륙의 부유한 유대인들이 영국 정부의 비공식 요청으로 가톨릭교도로 위장해 들어와 있었다.

게다가 지복천년설을 믿는 급진적 청교도들은 유대인들을 개종시킬 요량으로 그들의 이주를 적극 주선하고 나섰다. 그들은 유대인들을 받아들여 개종시켜야만 예수가 재림해 천년왕국이 지상에 건설된다는 믿음을 갖고 있었다. 신명기 28장 64절에는 하느님이 유대인들을 "땅 이 끝에서 저 끝까지 온 땅에 있는 만백성 가운데 너희를

흩으실 것이다"라는 말씀이 있다. 다시 말해 유대인이 당시 '땅 끝'으로 여겨졌던 영국에 흩어져 살아야만 천년왕국이 온다고 그들은 믿고 있었다.

청교도혁명으로 일신된 사회 분위기

이러한 유대인에 대한 새로운 평가 근저에는 청교도혁명으로 일신된 사회 분위기가 주효했다. 청교도는 유대교와 분위기가 흡사했다. 청교도혁명이 일어난 배경을 보자. 영국의 절대 봉건주의는 엘리자베스 1세 여왕 때 최고조에 달했다. 그러나 청교도들은 1559년에 엘리자베스 1세가 내린 통일령에 순종하지 않고 국교인 성공회 내에 존재하고 있는 로마 가톨릭적인 제도와 의식 일체를 배척하며, 칼뱅주의에 의한 투철한 개혁을 주장했다. 종교적 믿음이 절대 왕정의 카리스마에 정면으로 대항한 것이다. 청교도들은 엄격한 도덕률, 신성한 주일의 엄수, 향락의 제한을 주장했다. 결국 청교도들은 제임스 1세와 찰스 1세 때에 심한 박해를 받고 네덜란드 지역으로 피해 갔다. 그 뒤 신대륙으로 떠난 메이플라워 호의 '필그림 파더스'는 유명하다. 그들의 믿음이 미국의 건국정신이 된다.

그 뒤 청교도는 영국 내에서 점차 세를 불려 정치적 영향력을 형성하게 된다. 그리고 발달된 시민의식은 점차로 정치적 요구와 결부되어 의회 민주주의가 고조되고, 1642년에 일어난 청교도혁명의 주체가 되었다. 결국 시민혁명으로 의회과 크롬웰에 의해 세상이 바뀌었다. 절대 왕정이 무너지고 공화정이 설립되면서 의회 민주주의의 싹이 튼 것이다. 청교도들은 그간 그들이 비국교도로서 심하게 박해를 받아왔던 만큼 다른 종교에 대한 관용에도 일찍 눈떴다.

또한 청교도들의 교리 자체가 구약성경을 중시하고 가톨릭에 비판적이어서 유대교와 흡사한 면이 많았다. 더구나 청교도는 다른 종교들과 달리 청빈을 주장하지 않았다. 이 점이 유대교와 맥을 같이했다. 성실한 노력으로 일군 부富를 오히려 찬양하였다. 그리고 가톨릭에서 죄악시했던 대부업을 경제 발전의 필요불가결한 요소로 보고 이자를 5% 이내에서 허용하였다. 이런 면에서 당시 영국 사회 분위기는 유대인을 받아들이는 데 큰 걸림돌이 없었다.

1656년 유대인의 영국 이주 허용

당시 서유럽에는 폴란드 대학살을 피해 많은 동구 유대인들이 피난 와 있었다. 본디 랍비 마나세는 피난처로 스웨덴을 염두에 두고 스웨덴 여왕을 접촉하고 있을 때였다. 그러던 중 영국 측이 비교적 유대인에게 우호적이라는 이야기가 들려왔다. 암스테르담과 런던을 오가며 크롬웰과 접촉한 랍비 마나세는 드디어 크롬웰의 지지를 얻어내는 데 성공했다. 크롬웰은 일부 국무위원들의 반대에도 1656년 유대인의 이주를 허용했다. 단, 영국 상인들과 성직자의 반발이 예상되어 공식적으로 공고하지 않고 법으로도 정하지 않은 채 이주를 묵인하였다.

크롬웰은 근대 유럽 역사에서 가장 주목할 만한 통치자 가운데 한 사람이었다. 칼뱅주의 신앙으로 무장되어 종교적 관용의 가치에 대해서도 깊은 신념을 갖고 있었다. 비공식적이긴 하지만 유대인은 경제적 동등권과 거주 이전 및 종교의 자유를 누릴 수 있었다. 이렇듯 영국과 유대인 양측의 이해관계가 맞아떨어져 유대인들의 영국 이주가 시작되었다. 해상봉쇄로 어려움을 겪었던 세파르디계 유대인 무역업자들이 먼저 도버 해협을 건넜다. 곧 세계의 경제력과 경쟁력이 유대인과 같이 도버 해협을 건넌 것이다.

유대인들, 구도심 '런던시티'에 자리 잡다

네덜란드 유대인들은 런던에 입성해 그 무렵 경제 중심지인 구도심 '런던시티'에 몰려 살았다. 당시 런던의 해외상품 유통 중심지는 도매시장과 행상에 의존하기보다는 구도심 다운타운과 웨스트엔드 등 좁은 도심에 빽빽하게 들어선 상점들이었다. 금은방, 서점, 양복점, 양장점, 향료점, 식품점, 커피 상점, 주류 판매점, 중국 상품점, 담배 상점 등 각종 전문화된 상점들이 좁은 거리에 가득 들어서서 사람들의 눈길을 끌었다. '런던시티'야말로 그들의 상업적 자질을 발휘하는 데 걸맞은 지역이었다. 이들은 시티에서 은행가나 무역상인 또는 의사 등 전문 직업가로 활동하였다.

이들은 런던시티의 경계에 처음으로 유대 회당인 시나고그를 건립하였고, 그 경계 밖 마일엔드Mile End의 황야에 그들의 전통 유대인 묘지를 만들었다. 유대인들은 어느 곳에 가든 자리가 잡히면 이 2가

∴ 런던 북부의 유대인 시나고그

지를 가장 먼저 마련하였다. 한편 크롬웰이 유대인 정착을 허용한 뒤에도 일부 군주들은 이를 번복하려 했다. 이 때문에 유대인들은 전쟁 때 재정지원을 하거나 자발적으로 군사모집에 나서는 등 충성심을 보여야 했다. 그리고 그 대가로 훗날 1753년 유대인들을 영국 시민으로 받아들이는 '유대인법'이 통과됐다.

청교도와 유대교

영국의 청교도혁명 이후 유대인은 물 만난 고기였다. 그 이유는 청교도 정신이 유대주의적인 성격을 가지고 있었기 때문이다. 청교도는 자신들이 구약성서의 정신을 이어받은 자로서 구약성서에서 신을 찾았다. 그 때문에 청교도가 영국에서 '유대인의 신파'라고 불린 이유 중의 하나도 바로 거기에 있었다.

또 청교도와 유대교 사이에 커다란 공통점이 있었다. 세계의 종교들은 부를 부정하고 탐욕을 억제하라고 가르친다. 탐욕에 의한 혼란과 약탈을 방지하고 인간 사회의 질서를 유지하기 위함이었다. 가톨릭은 돈과 부귀를 탐하지 말라고 가르친다. 불교는 모든 물욕을 버리고 마음을 비우도록 '무소유'를 설파한다. 힌두교는 아예 아무것도 소유해선 안 된다고 가르친다. 이슬람교도 물욕을 버릴 것을 요구한다. 이처럼 종교가 한결같이 물욕을 버리라고 가르치고 돈 버는 것을 깨끗하지 못한 것으로 보는데 딱 2개의 종교가 부를 인정하고 부자가 돼도 좋다는 교리를 강조한다.

이 두 종교가 바로 유대교와 청교도이다. 칼뱅은 '깨끗한 부자'를 강조했고 유대교도 부자가 축복받은 것임을 강조하는 공통점을 지니고 있는 것이다. 유대교는 개인 윤리적 차원에서 소유욕과 부를 경고했다. 돈과 부는 인간을 교만하게 하여 하느님을 잊어버리게 할 수 있다. 금전욕은 사람으로 하여금 불의와 부패로 이끈다. 다른 한편 돈과 부는 경건한 자에게 주어지는 하나님의 선물로 간주되었다. 따라서 부는 미래의 이상적 상이 되기도 한다.

유대인의 경전 탈무드는 돈의 중요성을 가르쳐준다. '사람을 해치는 것이 3가지 있다. 근심, 말다툼 그리고 빈 지갑이다.' '몸의 모든 부분은 마음에 의존하고, 마음은 돈지갑에 의존한다. 돈은 사람을 축복해주는 것이다. 부는 요새이고 가난은 폐허이다.'✤

크롬웰, 유대 금융인들에게 경제특구를 마련해주다

기실 영국 청교도혁명 당시 시민전쟁 기간에 많은 상인, 특히 유대 금융인들이 크롬웰을 적극 도왔다. 특히 랍비 마나세가 주도하여 네덜란드 유대인들이 크롬웰에게 대규모의 전쟁비용을 대주었다. 실제 프랑스 문호 빅토르 위고의 희곡 〈크롬웰〉에는 청교도혁명을 이끈 올리버 크롬웰에게 전비를 대준 실존 인물인 유대교 랍비 마나세 벤 이스라엘이 등장한다. 네덜란드 유대 커뮤니티와 미리 들어와 있던 영국 내 유대인 커뮤니티가 힘을 합해 도운 것으로 보인다.

크롬웰은 그들에 대한 고마움을 잊지 않았다. 시민전쟁에서 승리

✤ 이원복, 《먼 나라 이웃 나라》, 김영사, 2013

∴ 오늘날 런던시티의 모습

한 크롬웰은 전쟁 때 자기를 도와준 상인들을 위해 중상주의 정책을 시작하였다. 귀족과 교회로부터 몰수한 토지도 재분배하면서 유대 상인들에게 파격적인 특혜를 베푼다. 최초 로마인들의 거주지였으며 추방당하기 이전 유대 상인 자치 지역이었던 구도심 지역을 아예 경제특구로 넘겨준 것이다. 일종의 경제자유구역이었다. 유대인의 금융업이 다시는 군주나 귀족들에 의해 침해받거나 흔들리지 않게끔 제도적으로 보호해주기 위한 배려였다. 크기는 1제곱마일 남짓으로 서울의 중구보다도 작지만 당시에 그곳은 런던 경제의 중심지이자 유대인이 몰려 살고 있었던 곳이었다. 이것이 발전하여 오늘날의 '런던시티The City'가 되었다.

시티의 역사는 기원전 1세기 로마 시대로 거슬러 올라간다. 율리어스 카이사르가 로마군을 이끌고 맨 처음 뿌리를 내린 곳이 템스 강 남쪽이었다. 그 뒤 88년이 지나 로마군이 2차로 침략한 다음 그곳에는 조그만 항구와 상업 공동체가 생겼다. 로마군은 템스 강에 첫 다리인 런던 브리지를 놓고 강의 북쪽 땅에 성을 쌓아 진지를 구축했다. 이 작은 진지가 런던의 출생지인 셈이다. 지금 런던의 한복판이다. 그래서 이곳을 '런던 속의 런던The City of London'이라 부른다. 크롬웰이 바로 이 유서 깊은 지역을 통째로 경제특구로 지정하여 유대 금융가들에게 넘겨준 것이다. 이 지역은 지금도 특별자치지역으로 의회도 따로 둔다. 그 안에서는 회사법 같은 영국 법률이 적용되지 않아 영국 정부에 세금도 내지 않는다.

영국, 수리남과 반다 제도 대신 뉴욕을 얻다

1660년 영국의 2차 항해조례 법안은 설탕, 담배, 목화 등 중요 상품은 영국 식민지로부터 영국 및 영국령으로만 수출할 수 있도록 했다. 돈 되는 상품은 영국령끼리만 무역하도록 한 것이었다. 완전히 네덜란드의 목을 조르자는 의도였다. 게다가 1663년의 3차 항해조례, 즉 시장조례는 더 가관이었다. 유럽 대륙에서 아메리카 영국 식민지로 수송되는 모든 화물은 먼저 영국에 들러 육지로 올려진 후 식민지로 재선적하지 않으면 안 된다고 규정했다. 이는 다른 국가로부터 식민지로 향하는 화물에 영국 관세를 부과함으로써 식민지와 다른 국가 간의 직접무역을 제한하려는 의도였다. 예전의 열강은 이렇게 '무대뽀'였다.

결국 영국과 네덜란드 두 나라는 1665년 다시 전쟁을 시작한다. 양국의 적대행위는 그 전해부터 시작되어 영국은 이미 뉴암스테르담(뉴욕)을 점령하고 있었다. 영국은 1665년 3월 전쟁을 선포하고 6월 영국의 로스토프트 앞바다에서 네덜란드 해군을 격파했다. 그러나 이듬해에 벌어진 대부분의 전투에서는 네덜란드가 승리했다. 영국의 동맹국인 뮌스터 공국은 네덜란드 영토로 군대를 출정시켰으나 네덜란드 편을 들어 전쟁에 개입한 프랑스군에 패했다.

그 와중에 런던에서 발생한 1665년의 전염병과 1666년의 런던 대화재는 영국을 곤경에 빠뜨렸다. 페스트로 추정되는 질병이 휩쓸어 런던 인구의 5분의 1이 넘는 10만 명 정도가 사망하고 왕실을 비롯한 많은 시민이 런던을 떠나는 혼란이 일어났다. 근거 없는 질병 예방책으로 담배가 유행하기도 했다. 게다가 이듬해 9월에는 나무로 지

∴ 런던 대화재

어진 중세도시 런던이 나흘간 계속된 대화재로 문자 그대로 초토화
됐다. 세인트폴 대성당을 비롯한 무려 1만 3000채의 건물이 불에 타
시의 5분의 4가 소실되었고, 약 25만 명이 집을 잃었다. 런던이 대재
앙을 맞은 것이다. 이 화재 후 목조건물 건축이 금지되었으며 화재보
험이 생겨났다. 이것이 오늘날에도 유럽 도시에 목조건물이 별로 없
는 이유이다.

이듬해 1667년 6월 채텀에 정박 중이던 영국 함대가 네덜란드군
의 공격으로 파괴됨으로써 영국은 완전히 전의를 상실하였다. 전쟁
은 그해 7월 브레다 조약으로 종결되었다. 제2차 전쟁은 네덜란드의
승리였다. 1667년 제2차 전쟁의 종식과 함께 영국이 뉴욕을 얻는 대
가로 네덜란드에 사탕수수 산지인 수리남을 양도하고 분쟁 중이었

던 육두구 산지 반다 제도의 네덜란드 소유권을 인정했다. 당시 네덜란드에 사탕수수 산지와 육두구 재배지의 경제적 가치가 더 높았겠지만 전쟁에 이긴 네덜란드가 뉴욕을 포기한 건 큰 실수였다.

특허권, 수입품과 무역에도 적용되다

발명가에게 부여된 특허권은 15세기 베네치아에서 최초로 인정되었다. 특허권은 발명품뿐 아니라 수입품 및 새로운 산업시설에 대해서도 인정되었으며 처음에는 시한 만료가 없었다. 영국은 17세기 중엽까지 대륙의 유럽 국가에 비해 공업기술과 상업에서 후진성을 면치 못했다. 그래서 영국 국왕은 자국의 공업과 상업을 진흥시키기 위해 유럽 대륙의 기술자들과 상인을 불러들일 목적으로 새로운 기술이나 상품을 가진 자에게 배타적 권리를 인정하는 특권, 곧 독점면허를 부여하였다. 당시 독점면허를 왕이 수여했는데, 심지어 트럼프와 같은 일상용품에도 독점면허가 있었다.

1624년에는 의회가 이를 제도적으로 보호하기 위해 전매조례, 곧 '독점법'을 제정하기에 이른다. 독점권을 14년간 보장하는 법이었다. 이 법이 제정되자 유럽 대륙의 기술자와 상인들이 영국으로 몰려들었고 이것이 산업혁명이 일어나게 되는 원동력의 하나가 되었다. 이러한 독점에 관한 인식은 상업과 무역에도 고스란히 적용되었다.

유대인들, 지역별 독점무역회사를 설립하다

영국의 동인도회사는 네덜란드보다도 2년 빠른 1600년에 발족되었지만 당시는 네덜란드 유대인들에게 밀려 상대적으로 해상교역이 활발치 못했다. 그래서 비공식적으로 앤트워프와 네덜란드에 있던 유대인들을 불러들여 1605년 '레반트회사'를 별도로 만들어 동방무역을 독점적으로 전담시켰다. 그 무렵 이슬람이 지배하던 레반트 지역(소아시아)은 유대인이 아니면 들어갈 수 없었기 때문이다.

그 뒤 크롬웰에 의해 1656년 유대인 이주가 묵인되어 네덜란드로부터 해상무역에 종사하는 유대인들이 몰려오자 무역이 아연 활기를 띠었다. 이들이 기존 영국 동인도회사의 대주주가 되어 아시아 교역에 앞장서는 한편 신대륙과의 교역도 활발히 추진하였다. 그들이 네덜란드에서 이미 오래전부터 해오던 일이었기 때문에 거칠 것이 없었다. 신대륙과의 교역 규모가 커지자 1670년에는 네덜란드의 서인도회사를 본떠 아예 '허드슨회사'를 별도로 설립했다.

그 뒤 허드슨회사의 교역량도 기하급수적으로 커지자 이번에는 노예 삼각무역 부문을 별도로 떼어내어 회사를 분사시켰다. 이것이 1672년에 설립된 '왕립 아프리카회사'이다. 이후 영국은 왕립 아프리카회사를 중심으로 영국, 아프리카, 서인도를 연결하는 삼각무역을 경영하여 네덜란드를 압도하였다.

프랑스-네덜란드 전쟁, 유대인들 윌리엄을 돕다

1658년 크롬웰이 사망했다. 이를 틈타 영국은 11년 만에 왕정이 복고되었다. 1660년에 영국의 왕좌에 복귀한 찰스 왕 역시 경제적 필요로 유대인의 입국에 대해 묵인하는 입장이었다. 그 뒤 유럽 대륙에서는 1672년 프랑스의 태양왕 루이 14세가 네덜란드로 쳐들어왔다. 네덜란드는 인구도 적은 데다가 해군 중심 국가여서 프랑스 육군을 대적하기 어렵게 되자 사람들은 오렌지 가문의 윌리엄(빌럼) 3세를 위기에 대처할 지도자로 추대했다. 이때 윌리엄 3세는 프랑스군에 완강히 저항하면서 한편으로 세계 외교사에 남을 만한 기획을 한다. 그는 프랑스 루이 14세의 야심에 대항하기 위해서는 영국과 동맹관계를 맺어야 한다고 판단했다. 그는 영국 왕 제임스 2세의 딸이자 자기의 사촌인 메리와 결혼했다.

그러나 영국은 네덜란드 편을 드는 스페인에 대항하기 위해 프랑스와 동맹을 맺었다. 결과적으로 당시 유럽을 주름잡던 루이 14세의 군대와 영국, 독일 공국의 '동맹군'과 네덜란드, 스페인, 신성 로마 제국의 '연합군' 간의 전쟁이 되었다. 동맹군에 대항하여 싸운 연합군사령관 오렌지 공 윌리엄에게 적군을 이겨낼 수 있게 경제적인 뒷받침을 해준 것은 주로 유대인이었다. 당시 오렌지 공 윌리엄이 연합군을 지휘했는데, 자금과 식료품을 조달한 것은 헤이그를 주요 거점으로 삼은 스파라디계 유대인 그룹이었다. 윌리엄은 그들 대표 격인 마차도와 페레이라를 조달장관이라고 불렀다. 6년간의 전쟁 끝에 루이 14세의 야망을 저지하고 1678년 평화조약을 맺었다.

1689년 윌리엄의 영국 왕위계승, 유대 금융자본 따라오다

그 뒤 제임스 2세 때 영국의 귀족들은 왕이 가톨릭을 회복시키지 않을까 걱정했다. 아니나 다를까 제임스 2세가 전제정치와 가톨릭 신앙을 강요하는 데 반대하여 명예혁명이 일어났다. 그들은 네덜란드의 윌리엄 공을 영국 왕으로 추대하여 불러들이는 공작을 진행했다. 의회에서는 토리당·휘그당의 양당 지도자가 협의한 끝에

1688년 6월 말 네덜란드의 오렌지 공 윌리엄과 메리 부처에게 영국의 자유와 권리를 수호하기 위해 군대를 이끌고 귀환하도록 초청장을 보냈다. 윌리엄 3세가 영국 찰스 1세의 딸 메리의 아들로 외가 쪽으로 영국 왕실의 혈통을 이어받았고, 또한 그의 왕비 메리 스튜어트가 영국 왕실의 적통을 이을 수 있는 제임스 2세의 딸이었기 때문이다.

∴ 윌리엄 3세

기실 윌리엄도 영국 입성을 미리 준비하고 있었다. 용병을 모으는 한편 윌리엄은 유대인 은행가인 프란시스코 수아소로부터 은화 200만 길더를 빌려 군자금을 확보했다. 바라는 게 무엇이냐는 윌리엄의 질문에 수아소는 이렇게 대답했다고 한다. "만약 폐하께서 이긴다면 반드시 갚으리라 생각합니다. 만약 진다면 그야 내 손실로 감수할 수밖에 없겠지요." 심지어 교황 인노첸시오 11세까지 숙적인 프랑스의 루이 14세를 견제하기 위해 자금을 빌려주었다. 총비용은 700만 길더였으며 그 가운데 400만 길더는 국채로 발행되어 대부분 유대 금융가들이 사주었다.

그해 11월 윌리엄·메리 부처는 1만 5000명의 군대를 이끌고 영국 남서부에 상륙하여 런던으로 진격했다. 그러자 영국 국내 귀족과 지방호족들도 잇달아 윌리엄·메리 부처의 진영에 가담했다. 사위 부부가 장인을 공격하는 얄궂은 판이었다. 권력은 혈육도 상관하지 않았다. 제임스 2세는 사태가 불리해지자 프랑스로 망명했다. 1688년의 사건은 피 한 방울 흘리지 않고 통치자를 교체했기 때문에 무혈혁명, 곧 '명예혁명'이라 한다. 윌리엄 부처에게 1689년 2월 의회는 '권리선언'을 제출하여 승인을 요구했다. 부처는 그것을 승인한 다음 공동으로 왕위에 올랐다.

그해 윌리엄 왕을 따라 영국으로 건너간 인원이 호위 병력을 포함하여 3만여 명이었다. 민간인 가운데 반 이상이 유대인들로 세파르디 유대인 3000명과 아쉬케나지 유대인 5000명 등 8000여 명이 이때 영국으로 옮겨 갔다. 맨 앞에서 이들 유대 금융인들을 이끌었던 페레이라의 아들 이삭은 영국의 병참부 장관이 되었다. 그는 1690년 9월부터 1년간이라는 짧은 시기에 막대한 선박 건조비용과 군수품

조달을 무난히 성사시킨다. 그리고 그 비용 9만 5000파운드의 돈도 되돌려받을 수 있었다.

이후에도 유대인의 이동은 계속되었다. 네덜란드의 빌럼 공이 영국 왕 윌리엄이 되자 네덜란드에서 영국으로 막대한 인적자본과 금융자본이 유출되기 시작했다. 윌리엄의 경제관과 금융에 대한 시각을 잘 알고 있는 유대 금융업자들이 대거 옮겨 간 것이다. 이들 진취적인 유대인 금융업자들과 함께 네덜란드를 부흥시켰던 현대적인 '사업 방식'이 고스란히 영국으로 건너갔다. 이로써 영국은 짧은 시간에 선진적인 금융산업의 토대를 구축할 수 있었다.

영국, 네덜란드로부터 국제금융과 해상국가의 바통을 넘겨받다

명예혁명 이전 영국은 오랫동안 종교 간, 민족 간 전쟁이 벌어지던 각축장이었다. 윌리엄과 메리가 즉위하면서 모든 것이 달라졌다. 1689년 영국 의회는 '권리장전'과 '관용법'을 통과시켰다. 왕권을 제한하는 권리장전은 가톨릭교도가 왕위를 계승할 수 없도록 했고, 의회가 자주 소집되어야 한다고 명시했다. 또한 관용법은 가톨릭교도를 제외한 비국교도에게 신앙의 자유를 인정하는 법이었다. 이러한 혁명적인 법률들은 새로운 시대의 출발을 알리는 신호였다. 영국은 그 후 200년이 넘도록 지구상에서 가장 관대한 나라라는 명성을 얻게 된다. 관용정책 덕분에 유대인들은 어느 때보다 자유롭게 영국 사회로 진입할 수 있었다. 이들은 산업혁명과 금융혁명에서 중요한 역할을 담당했다. 이를 토대로 영국은 세계적인 패권국가로 비상했다.

1609년에 설립된 네덜란드 은행은 17세기 중후반 70~80여 년의 황금기를 마감하고 국제금융 중심지의 바통을 영국에 넘겼다. 이에 따라 그 뒤 네덜란드에서와 같은 '저리'로 대규모의 금융지원을 받은 영국 제조업은 나날이 발전했다. 그리고 무역 확대와 식민지 개척도 속도를 낼 수 있었다. 그 뒤 영국은 네덜란드로부터 세계 최고의 해상국가로서의 지위까지도 넘겨받았다. 그 뒤 영국은 사상 최대 규모로 세계의 상업과 식민 정책을 주무르는 제국으로 탈바꿈했다. 네덜란드의 전성기와 유대인들의 네덜란드 체류기간이 무섭도록 일치한다. 참으로 무서운 민족이다.[*]

❖ 에이미 추아 지음, 이순희 옮김, 《제국의 미래》, 비아북, 2008

민간 소유의 중앙은행 탄생

17세기 영국 상인들은 여유 자금을 정부 기관인 조폐창에 맡기는 경우가 많았다. 그런데 돈이 궁해진 찰스 1세가 '대부'라는 명목으로 조폐창에 보관 중인 상인들의 돈 20만 파운드를 강탈하는 사건이 벌어졌다. 그러자 상인들은 조폐창에서 돈을 빼서 골드스미스goldsmith(금세공인), 즉 금장金匠들에게 맡기기 시작했다. 그들은 예금에 대한 이자도 지불했고 보관영수증도 발행했다. 이들이 발행한 보관영수증은 마치 은행권처럼 통용되기도 했다.

그러나 유대인들이 몰려온 17세기 후반 이후 영국의 대외무역 팽창으로 상인과 해운업자들의 자금 수요가 크게 늘어나면서 새로운 금융기관에 대한 요구가 커졌다. 영란은행의 설립 배경은 또 있

❖ 은행권의 전신, 금장이 발행한 보관영수증

었다. 1689년 윌리엄 왕이 영국 왕위계승 이후 처음 부닥친 난제가 재정적자 문제였다. 심각했다. 오랜 전쟁으로 국고가 바닥나 매우 곤란한 지경에 처해 있었다. 영국은 스페인과 네덜란드를 상대로 50여 년에 걸친 전쟁 수행으로 국고가 바닥나자 세금을 올렸다. 정부는 17세기에 국민소득의 2~4%를 세금으로 걷어들였는데 전시에는 6%까지 올라갔다. 프랑스와의 긴장이 고조된 1689년에는 12%까지 뛰어올랐다. 국민의 혈세로도 전비를 조달할 수 없었다.

전비가 모자라자 1692년에 국채 발행 제도가 시작되었다. 이것은 일종의 재정혁명이었다. 그간 엉성하고 군주의 변덕에 달려 있던 대부 방식을 효과적인 정부채권 체계로 대체했기 때문이다. 또 국채를 발행하기 위해서는 의회의 동의를 받아야 했기 때문에 재정 악화를 어느 정도 견제하는 효과가 있었다. 재정 운용권을 가지게 되자 의회가 그전처럼 증세에 반대하지 않았고, 1693년에는 국가채무에 대해 지급을 보장했다. 이런 몇 가지 사정 덕택에 국채의 신뢰도가 높아졌다. 그러나 이러한 국채 발행조차도 한계가 있었다. 국채 발행이 한계에 다다르자 더는 재정적자를 해소할 방법이 없었다. 왕으로서 가장 화급한 문제는 당장 눈앞에 닥친 전쟁을 위한 전비 마련이었다.

마지막 수단으로 윌리엄 3세는 네덜란드 시절 활용했던 '전쟁기금 모금기구'를 설치하기로 결정했다. 그는 네덜란드 시절부터 친했던 유대 금융가들에게 긴급 협조를 요청했다. 그런데 왕이 요청한 돈은 너무 큰 금액이었다. 120만 파운드였다. 몇 명이 나서서 해결할 수 있는 금액이 아니었다. 그런데 문제는 큰돈을 마련하여 왕에게 빌려준다 해도 이렇게 재정적자가 날로 심해지는 형국에 돈 받을 가능성이 희박했다. 그렇다고 모른 체할 수도 없는 난처한 처지였다. 그들은 우선 윌리엄 패터슨 등 스코틀랜드인들을 끌어들였다. 이른바 신디케이트 대출을 구상한 것이다.

유대 자본, 민간 소유 중앙은행을 설립하다

이때 유대인들은 또 한 번의 기발한 발상을 하게 된다. 유대인들과 스코틀랜드인들이 주축이 된 금융가들은 왕에게 큰 딜을 제안한다. 돈을 모아 빌려주는 대가로 '은행권'을 발권할 수 있는 민간은행을 설립할 수 있도록 허가해줄 것을 요구한 것이다. 그들의 제안은 상인들이 120만 파운드의 자본금을 모아 주식회사 은행을 세우고 이때 모은 자본금을 모두 국왕에게 대부하겠다는 것이었다. 대신 상인들은 출자액만큼을 은행권으로 교부받아 지불수단으로 통용할 수 있게 해달라고 한 것이다.

그들로서는 금괴를 맡기고 그만큼의 은행권을 받는 것이어서 밑질게 없는 장사였다. 그뿐만이 아니다. 더 중요한 것은 최초로 은행권을 찍어낼 수 있는 발권력을 쥐게 된다는 점이었다. 유대인들은 고대로부터 유대 은전의 발권을 통해 발권력의 위력을 잘 알고 있었다. 당시 영국은 주화와 금장들이 발행한 금괴나 은괴 보관증은 많이 통용되어도 은행이 정식으로 발권한 은행권이라는 개념이 없던 때였다.

게다가 당시 윌리엄 3세는 전임 제임스 2세의 왕위 탈환 움직임을 공공연히 지원하는 프랑스와의 전쟁에 필요한 자금을 마련해야 했다. 왕은 의회에 세금징수권을 내주는 통에 세금을 거두지 않고 전쟁비용을 마련할 방안이 필요했다. 의회도 국왕이 다시는 조세권에 접근치 못하게 하려는 의도에서 왕의 차입을 적극 지원했다.

상인들의 제안은 왕에게도 솔깃했다. 무엇보다 상인들이 출자금만큼을 은행권으로 가지고 가기 때문에 왕은 빚을 구태여 갚지 않아도 됐다. 왕은 120만 파운드를 연이자 8%로 빌리는 대신 이자만 지급하고 원금은 영구히 갚지 않아도 되는 영구채무로 하기로 유대인들과 협상했다. 은행권 발권력 부분만 제외하면 누이 좋고 매부 좋은 협상이었다. 이때부터 유대 금융권력이 주도하여 세운 민간은행이 은행권에 대한 독점 발권력을 소유하고 중앙은행으로 진화하게 된다. 영란은행은 처음에 개인 예금은 받지 않다가 18세기 초 예금은행의 기능을 갖게 된다.

이상한 셈법

이때부터 영란은행은 국가에 거액의 대출을 해주고 짭짤한 이자 수입을 챙기게 되었다. 여기서 하나 이상한 것은 유대인들은 은행 설립 때 출자한 금괴만큼의 은행권을 되받아 갔기 때문에 실질적으로 빌려준 돈이 없었다는 점이다. 그래도 국가로부터 받는 이자는 매년 꼬박꼬박 챙기는 것이다. 참 이상한 셈법이다.

윌리엄 3세는 영란은행에 은행권 발행 독점권을 주는 칙허장을 교부했다. 군비 조달을 위해 이렇게 자금을 영구히 빌리는 대가로 유대인들에게 화폐 주조권을 넘겼던 것이다. 이렇게 국가를 대표하는 왕과 상인들의 이해관계가 절묘하게 맞아떨어져 탄생한 것이 영국의 중앙은행이다. 화폐 주조권을 손에 넣은 유대인들은 은행을 설립했

∴ 영란은행

고, 이것이 민간 중앙은행 제도의 시작이 되었다. 이렇게 해서 탄생한 것이 잉글랜드은행, 곧 영란은행이다. 세계 최초의 '민간 소유' 중앙은행이 탄생한 것이다. 그것은 동시에 현재에 이르는 국제금융 역사의 시작이기도 하다.

그리하여 영국 중앙은행도 여느 개인기업과 마찬가지로 주식공모를 통해 설립자금을 모집했다. 당시 영국 정부가 요구한 120만 파운드가 필요했으나 투자자들인 런던 상인 1286명에게서 주식공모 형태로 거둬들인 돈은 80만 파운드에 불과했다. 앞서 언급했듯 그 무렵 상인이라 함은 유대인과 동의어였다. 그럼에도 다급한 영국 정부와 의회는 1694년 7월 의회 입법을 통해 영란은행의 창립을 허가했다. 근대의 은행권은 영란은행이 설립되면서 시작되었다.

이렇게 유대인 금융가들은 네덜란드로부터 영국에 건너온 지 얼마 안 되어 17세기 말 영국 중앙은행을 탄생시켰다. 그들이 주주가 되어 설립한 것이 잉글랜드은행BOE: Bank of England이다. 1694년에 잉글랜드은행이 설립되어 첫 대출로 정부에 80만 파운드를 빌려주었을 때, 이 금액의 일부는 은행권 형태로 정부에 지불되었다. 정부는 이 은행권을 이용해서 루이 14세와 싸우기 위한 전쟁의 보급품을 사들였다. 이 은행권들은 기업 사이에서, 그리고 사람들 사이에서 돈처럼 유통되었다. 이것이 영란은행 지폐의 원조이다.

덕분에 프랑스는 전비 마련에 어려움을 겪었지만 영국은 쉽게 전비를 마련하였다. 영란은행은 주주들 가운데 2000파운드 이상 응모

한 상인 14명에게 이사 자격을 주었다.

화폐의 발행과 국채를 묶어놓은 괴상한 구조

이렇게 강력한 새로운 금융수단이 생기면서 영국의 재정적자는 수직 상승했다. 쉽게 돈을 빌릴 곳이 생겼기 때문이다. 1670~1685년에 영국 재정수입은 2480만 파운드였고 그 뒤 1685~1700년의 정부 수입은 2배 넘게 증가한 5570만 파운드였다. 그런데 같은 기간 재정지출은 더 늘어나 영국 정부가 영란은행에서 대출한 액수는 17배나 급증해 80만 파운드에서 1380만 파운드가 되었다. 아이러니하게도 이 제도는 국가 화폐의 발행과 영구적 국채를 묶어놓는 구조였다. 그래서 화폐를 신규 발행하면 국채가 늘어나게 되었다. 그렇다고 국채를 상환하면 국가의 화폐를 폐기하는 셈이 되므로 시중에 유통할 화폐가 없어지게 된다. 따라서 정부는 영원히 채무를 상환할 수 없는 구조가 되었다.

경제도 발전시켜야 하고 이자도 갚아야 하므로 화폐 수요는 필연적으로 늘 수밖에 없다. 그 돈을 다시 은행에서 빌려 와야 했기 때문에 국채는 계속해서 불어날 수밖에 없다. 이 채무에 대한 이자수입은 고스란히 은행가의 지갑으로 들어갔으며, 이자는 국민의 세금으로 부담해야 했다. 실제 영국 정부는 그때부터 채무를 갚지 않았다. 1783년의 국채 발행 누적액은 세금수입 20년분이었다.

이처럼 정부가 신뢰도 높은 국채를 대량으로 발행하자 영국의 금융업은 크게 발달하였다. 런던 금융시장의 유통자본이 늘어나고 국채의 신뢰도가 높아지자 이자율이 하락했다. 영란은행은 런던 상공업자를 대상으로 대출해주었고, 런던 이외에서는 지방은행이 설립되어 소액 은행권을 발행하거나 대부했는데, 18세기 말에 런던의 이자율은 연 6~8%였다.

국채는 주로 전시에 많이 발행되었는데 1814년에 나폴레옹 전쟁이 끝났을 때는 국채의 이자 지급액이 국가 세입의 56%를 차지할 정도로 많았다. 이후에도 국채는 계속 발행되어 2010년 초 현재 영국 정부의 채무는 1694년의 80만 파운드에서 8900억 파운드로 늘어나서 영국 GDP의 62%를 차지하고 있다. 이러한 구조를 미국이 따라 하고 있다. 미국 중앙은행도 민간 소유이기 때문이다.

당시에는 기존 금세공인 등 다른 사적 금융기관 중에도 돈을 주조하는 데가 있었으므로 엄밀한 의미에서 영란은행이 독점적인 발권은행은 아니었다. 게다가 그 뒤 영란은행에 맞서 1716년 브리스톨 은행을 필두로 지방은행들이 설립되어 왕권에 맞서며 은행권을 발행하였다. 그러자 600여 개로 불어난 다른 지방은행들도 우후죽순으로 은행권을 남발하였다. 그러다 공황이 들어닥치자 지방은행들 반 이상이 망하여 크게 사회문제화되었다. 1844년 당시 수상이던 로버트 필 경이 '은행허가법'을 제정하여 이러한 금융 상황을 정리하였다. 골자는 지방은행권 발행을 금지시키고 영란은행의 은행권만을 법정화폐로 선포하는 것이었다.

1690년대의 주식회사 설립 붐

1687년, 뉴잉글랜드 호의 선장 윌리엄 핍스가 스페인 섬 부근에서 침몰한 해적선에서 건져 올린 은 32톤과 상당한 양의 보석들을 싣고 영국으로 돌아왔다. 왕과 선장, 선원들은 자신들의 몫을 챙긴 뒤 남은 19만 파운드를 배당금 형태로 항해를 지원했던 투자가들에게 배분했다. 투자 대비 1만 퍼센트였다. 한마디로 대박이 난 것이다. 이들의 성공적인 귀환은 영국 전역에 엄청난 파문을 일으켰다. 핍스 선장은 돌아온 지 3주 만에 기사 작위를 받았다.

사정이 이쯤 되자 너 나 할 것 없이 핍스 선장을 모방해 해저유물 인양에 뛰어들었다. 하지만 이들은 핍스 선장처럼 투자가를 모집한 것이 아니라 아예 주식회사를 설립했다. 보물인양 회사들의 주식은 대중들의 관심을 끌기 시작했다. 1690년대 영국 주식시장에서는 건전한 투자자도 많았지만 사기꾼도 많았다. 발기인들은 제 주머니만 불리기 위해 급조한 주식회사들을 마구 상장시켰다. 주가는 조작되고 허위 정보들이 날조되기도 했다. 이런 와중에도 주식회사 설립 붐은 계속되어 주식시장이 활황이었다. 그 이후에도 주식회사가 붐을 이루었지만, 투기로 인한 폐해가 컸기 때문에 영국은 1720년에 포말회사법을 제정하여 사업 특권을 얻은 사업자에 한하여 주식회사의 설립을 인정했다. 아울러 1734년에는 선물과 옵션을 금지했다.

통화량 결정권은 누가 쥐고 있나

1694년 당시 자본확충을 위한 영란은행의 주식공모는 청약 개시 2~3일 만에 마감될 정도로 대성공을 거두었다. 배정받은 영란은행 주식은 20%의 프리미엄을 받고 팔려나갔다. 주식 발행으로 영란은행의 자본금이 확충되자 이 돈은 계속 재정적자에 시달리는 영국 정부에 대출되었다. 영국 정부는 그 뒤에도 계속 영란은행으로부터 돈을 꾸어 통화량을 늘려나갔다.

처음에 120만 파운드의 빚이 4년 후인 1698년에는 무려 1700만 파운드로 급격히 늘어났다. 이는 전체 영국 경제의 절반 수준이었다. 이때부터 정부 통화량의 증대는 정부가 경제 상황을 감안하여 그 증감 정도를 주도하는 것이 아니라 대출로부터 기인하는 이상한 역사가 시작되었다. 비록 정부 부채는 엄청나게 늘어났지만 시중에 돈의 유통량이 늘어나니 자연히 경제 사정도 호전되었다. 윌리엄 왕은 이 돈을 프랑스와의 전쟁에 썼다.

악화가 양화를 구축하여 최초의 공황이 나타나다

프랑스와의 전쟁에 든 비용은 영국 정부의 재정수입을 초과했다. 정부는 마침내 과거에 했던 짓을 되풀이했다. 통화 품질을 떨어뜨린 것이다. 금의 함량을 줄여 품질이 떨어지면서 영국인들은 집에 양화를 축적하기 시작했고 악화만이 시중에 유통되고 있었다. 당시 영국은 에드워드 3세 시대부터 금은복본위제를 채택하고 있었다.

1696년 여름 존 이블린은 일기에 "시장에서 생필품도 사지 못할 만큼 돈이 부족했다"고 기록했다.

잉글랜드 북부에서 마침내 폭동이 일어났다. 금융의 핵심인 신용도 붕괴되었다. 정부의 단기 채권은 할인율이 40%까지 치솟았다. 마침내 주가가 폭락하기 시작했다. 우량주였던 동인도회사의 주가도 1692년 200파운드에서 1697년에 37파운드로 폭락했다. 1693년 잉글랜드와 스코틀랜드에 있던 140여 개의 주식회사 가운데 1697년까지 살아남은 회사는 단 40개에 지나지 않았다. 이 공황은 투기와 연결되어 발생한 최초의 경제공황이다.

그러자 공황 타개를 위해 유대 금융인들이 나섰다. 우선 시중에 유동성을 늘려주는 것이 급선무였다. 이를 위해 유대인들은 부동산을 담보로 대출을 늘리고 이자율을 낮추어주었다. 이자율이 떨어지자 유동성이 늘어났으며 이는 다시 이자율을 떨어뜨리는 선순환 구조가 되었다. 1690년대 초만 해도 14%였던 이자율이 1700년도 직전에는 6~8%로 떨어졌다. 유대인들이 금융시장에 개입하면서 자본의 공급이 원활해져 이러한 금리인하 효과가 나타났다.

영란은행, 훼손되지 않는 동전을 주조하다

'악화가 양화를 몰아낸다'는 그레샴의 법칙은 16세기 영국의 금융인이자 무역상인 토마스 그레샴이 제창한 것이다. 실질가치가 다른 두 화폐가 같은 명목가치로 동시에 시장에 유통되면 실질가치가 큰 화폐는 유통 과정에서 사라지고 실질가치가 작은 화폐만이 계속 유통되는 현상을 의미한다. 그 무렵 영국 정부에 의한 불량화폐 발행이 주범이었다. 당시 영국의 화폐는 금은복본위제 하의 주화였는데 헨리 8세를 비롯한 튜더조의 왕들이 정부의 재정적자를 손쉽게 메워보려고 화폐의 액면은 그대로 둔 채 금, 은의 양을 줄이는 편법을 동원했다. 사람들은 순도가 높은 은화는 자신이 소유하고 순도가 낮은 은화만을 시장에 유통시킴으로써 종국에는 순도가 낮은 저질 은화만이 유통되는 상황에 이르게 되었다. 이 때문에 통화량이 증가해 물가도 올랐다. 엘리자베스 여왕이 건의를 받아들여 화폐의 편법 발행을 중지했으나 물가는 계속 올랐다.

♣ 아이작 뉴턴

1699년 영란은행의 조폐국장이 된 물리학자 아이작 뉴턴은 이를 바로잡고 주화의 순도를 보장했다. 그뿐만 아니라 금화와 은화의 둥그런 가장자리에 톱니 모양의 장식을 했다. 주화를 받았을 때 이 톱니 모양의 장식이 없으면 사람들은 받지 않았다. 이는 로마 시대 이래로 골치를 썩이던 문제였다. 뉴턴의 조치는 그간 동전을 조금씩 깎아내는 행위를 방지하여 동전 가치의 손상을 막기 위한 보호조치였다. 그 이전까지는 동전을 교환할 때 항상 무게를 달아 정량인지를 확인해야 했다. 톱니 모양은 이 같은 불편함을 일거에 해소했다. 뉴턴이 과학계에만 공헌한 게 아니라 우리 실생활에도 큰 공헌을 한 것이다. 오늘날 우리가 사용하는 동전에도 이 같은 톱니 모양의 장식은 여전히 남아 있다.

뉴턴은 30년간 금융계에 종사하면서 세계 최초로 금과 지폐를 연결시켰다. 금본위제가 탄생한 것이다. 그는 1717년 금 1온스당 3파운드 17실링 10.5펜스로 결합시켰다. 이는 1931년 영국이 금본위제를 포기할 때까지 계속되었다.

천재 유대인 아이작 뉴턴, 과학의 지평을 열다

역사를 바꾸고 세계를 움직인 사람 가운데 다섯 손가락 안에 드는 사람을 뽑는다면 사람마다 약간의 차이는 있겠지만 대체로 물리학의 아버지 아이작 뉴턴, 광자론으로 노벨상을 받은 아인슈타인, 성경을 기초로 공산당 선언을 만든 칼 마르크스, 최초로 인간의 무의식을 연구한 지그문트 프로이트, 발명왕 에디슨을 꼽는다. 이 5명에게는 공통점이 있다. 모두 유대인이라는 사실이다.

사과가 떨어지는 것을 보고 만유인력을 발견했다는 뉴턴은 이것을 우연히 발견한 게 아니었다. 그는 천재였다. 그는 물리학자, 수학자, 천문학자, 광학자, 자연철학자이자 연금술사, 신학자였다. 그는 85년을 독신으로 살면서 특히 수학과 과학사에 전설적인 업적을 남겼다. 아이작 뉴턴은 1642년 12월 25일 크리스마스 날에 미숙아로 태어났다. 그의 어머니는 그가 1쿼터짜리 주전자에 들어갈 수 있을 만큼 아주 작았다고 말하곤 했다. 그의 아버지는 아들이 태어나기도 전에 죽었다. 아이작은 구약성경의 '이삭'으로 대표적인 유대인 이름이다.

아이작이 3살 무렵, 어머니는 그 지방의 어느 목사와 재혼해 어린 아이작을 가정부의 손에 맡긴 채 떠나버렸다. 아이작은 다른 아이들로부터 언제나 놀림을 당했던 작고 허약한 아이였으나 남다른 재주가 있었다. 여가시간에는 쥐들의 힘으로 움직이는 풍차 모형, 물시계, 해시계, 그리고 시골 사람들을 깜짝 놀라게 했던 촛불을 단 연 등을 만들면서 시간 가는 줄을 몰랐다. 뉴턴은 이렇게 어려서부터 천부적인 재능과 호기심이 가득했다. 결국 그 지방의 어느 학교 교장이 뉴턴의 천재성을 발견하고 그를 케임브리지로 보내주었다.

1665년 페스트가 영국 전역으로 퍼지기 시작하면서 케임브리지 역시 휴업에 들어갔다. 이와 동시에 큰 화재가 연이어 일어나면서 런던의 대부분이 파괴되었고, 많은 사람은 이를 일컬어 '세상의 종말'이라고들 하였다. 뉴턴은 케임브리지에서 돌아와 고향 과수원에 있었다. 이때부터가 시작이었다. 뉴턴은 과수원에 앉아 나무에서 사과가 떨어지는 것을 보며 의문을 품기 시작했다. 이런 단순한 관찰에서부터 뉴턴은 복잡하고 보편적인 법칙을 찾아내어 발전시켰다.

그는 지구의 중력과 행성의 궤도, 별의 위치 등에 대해 연구했다. 그 과정에서 수학에서도 새로운 분야를 열었다. 바로 미적분학이다. 이후 역학이나 물리학의 거의 모든 문제는 뉴턴의 미적분에 기반을 두고 있다. 더욱이 행성의 일정한 운동과 우주선의 행적을 알아내는 데 없어서는 안 될 학문이다. 뉴턴 이후 모든 과학자는 그의 영향을 받았다. 뉴턴이 과학의 시대를 열었기에 오늘날의 과학문명이 가능했다. 빛과 운동역학과 중력에 관한 뉴턴의 이론 덕에 누구나 과학을 이해하고 활용할 수 있게 되었다. 마침내 인류는 우리 주위를 객관적으로 바라볼 수 있었고 우주에 대한 이해를 넓힐 수 있었다.

1687년 발간된 라틴어로 쓴 《자연철학의 수학적 원리》는 고전역학의 기본 바탕을 제시하며 과학사에서 가장 영향력 있는 저서 중의 하나로 꼽힌다. 이 저서에서 뉴턴은 다음 3세기 동안 우주의 과학적 관점에서 절대적이었던 만유인력과 3가지의 운동 법칙을 서술했다. 관성의 법칙, 가속도의 법칙, 작용 반작용의 법칙이 그것이다.

뉴턴은 또한 천체 관측을 위해 그 스스로 첫 번째 실용 반사 망원경을 발명했다. 그것은 직접 눈으로 반사된다는 점에서 단순한 굴절 망원경과 달랐다. 그리고 프리즘이 흰빛을 가시광선으로 분해시키는 것을 관찰한 결과를 바탕으로 색에 대한 이론도 발달시켰다. 그는 이렇게 20대 초반에 이미 미적분을 완성하여 고등수학의 기초를 다졌고 또 스펙트럼을 사용하여 햇빛을 분해하는 실험을 통해 현대 광학의 토대를 닦았다. 그리고 운동의 법칙을 만들고 그 결과를 연역함으로써 현대 물리학의 기초를 쌓았다. 또한 만유인력 법칙을 완성하여 현대 천문학의 기초도 닦았다. 이 4가지 업적 중 어느 하나만 해도 뉴턴을 대 과학자라고 부르는 데 부족함이 없을 텐데 하물며 4가지 업적 전체를 종합한 위대한 과학자였다. 한마디로 뉴턴이 남긴 업적은 경이적이었다. 뉴턴의 업적에서 나타난 수학적 방법은 이후 자연과학의 모범이 되었고 사상 면에서 그의 자연관은 철학에도 커다란 영향을 미쳐 계몽주의를 탄생시키는 초석이 된다.

아이작 뉴턴, 성서와 과학의 연결고리를 찾다

하지만 뉴턴이 정작 가장 많은 시간을 할애한 것은 성서 연구였다. 그는 자연과학보다도 성경 해석이나 유대교 신비주의의 하나인 오컬트 연구에 더 많은 시간을 쏟았다. 오컬트the occult란 초자연 현상을 뜻하는 말이다. 그는 신약의 삼위일체설을 부정했고 그의 결론은 스페인계 유대인 신학자 마이모니데스Maimonides 학파가 풀이하는 유일신론에 가까웠다.

뉴턴은 근대 과학을 확립한 인물일 뿐만 아니라 연금술사이기도 했다. 전하는 바에 따르면, 그가 남긴 저작에서 가장 많은 양을 차지하는 것은 다름 아니라 연금술 분야였다. 그는 현미경이 발달하여 원자를 눈으로 직접 확인할 수 있게 되기를 고대했지만, 연금술사답게 자연의 진정한 작품은 미립자 속에 끝내 감추어져 있기를 바라기도 했다. 그는 이를 통해 '비물질적이고 살아 있으며 지적이고 어디에나 있는 존재', 즉 신에 대한 믿음을 유지할 수 있을 것으로 생각했다. 이때 분명한 사실은 뉴턴이 연금술사에서 근대 과학자로 변모한 것도 아니고, 그의 역학이 연금술에서 직접 연원한 것도 아니라는 점이다. 정확히 말하자면 그는 근대 역학을 확립한 과학자이면서 동시에 연금술사였다. 또는 근대 과학의 확립자이면서 동시에 종교적 신비주의자였다. 그는 유대교의 신비주의, 곧 카발라에 심취했던 것으로 보인다.

그는 고대 언어와 역사에도 능통한 성서학자였다. 특히 히브리어와 유대 역사에 정통했다. 날마다 성서를 평생에 걸쳐 읽었고 그에 따른 많은 연구 노트를 작성했다. 그는 일생을 통해 성서적 진실을 과학적 진실로 증명하려고 노력했다. 그는 과학을 성서적 믿음을 강화하는 수단으로 바라보았다. 기실 뉴턴이 유대인이냐, 아니냐 하는 여러 의견이 있으나 기독교의 삼위일체설을 부정했던 것과 그의 신앙관을 볼 때 유대인임이 더 유력하다. 아이작이라는 이름 자체가 유대인들이 많이 쓰는 이름이거니와 '과학은 하느님이 창조하신 피조물의 세계를 연구하는 학문'이라고 하는 그의 과학적 신앙관도 영락없는 유대인의 사상이다.

뉴턴이 남겼다는 아래의 말들에서 그의 과학적 신앙관이 잘 나타나 있음을 알 수 있다. "내가 다른 사람보다 멀리 보았다면 그것은 내가 거인의 어깨 위에 서 있었기 때문이다.""무신론은 매우 어리석은 것이다. 태양계를 볼 때면 나는 지구가 태양으로부터 적합한 양의 열과 빛을 받도록 올바른 거리에 있음을 본다. 이것은 우연히 일어나지 않았다.""시련이란 우리의 우아하고 현명한 의사가 처방해주는 약이다. 왜냐하면 우리가 그것을 필요로 하기 때문이다. 그(의사)는 경우에 따라 약의 용량과 빈도를 조절한다. 우리는 그의 능력을 믿고 처방에 감사해야 한다." 뉴턴은 모든 사람은 성서를 읽어야 하며, 성서를 읽음으로써 그 안에 내포하는 보편적인 진리의 이해가 가능하다고 믿었다.❖

여담이지만 아이작 뉴턴과 같은 천재라도 공부는 그냥 되는 게 아닌 모양이다. 19세의 케임브리지 대학생이었던 뉴턴에게 기하학 책은 너무 어려웠다. 첫 장부터 도무지 알아먹기 힘든 내용의 연속이었다. 첫 페이지를 3번 연속 읽으니 어렴풋이 감이 잡혔다. 3번을 더 읽

❖ 로취, 《아이작 뉴턴》

으니 조금 이해가 되었다. 다음 페이지에서 다시 깜깜해졌다. 스스로의 아둔함에 화가 치밀었다. 다시 첫 페이지부터 10번이고 20번이고 같은 내용을 정독했다. 그렇게 하루 7~8시간씩 하며 결국 그는 기하학 책을 돌파했다.

금융혁명과 증권시장 활성화

영국의 금융혁명은 윌리엄 3세를 따라 1689년에 같이 온 유대 금융인들이 주도하였다. 이들은 암스테르담에서 그들이 했던 금융 방식을 토대로 영국의 금융혁명을 일사천리로 밀어붙였다. 먼저 의회로 하여금 '국가채무에 대한 의회의 지불보장'을 법으로 제정토록 하여 이를 근거로 영란은행을 창설해 영국 정부에 거대한 자금을 빌려줄 수 있었다. 또 1696년에는 재무성 채권을 발행토록 해 이를 인수했다. 이로써 중앙은행의 기본 틀을 잡았다. 17세기 말에는 영란은행이 발행한 채권과 주식이 증권시장에서 매매되었다.

유대인들이 런던에 입성한 후 증시가 활성화되는 데 그리 오랜 시간이 걸리지 않았다. 그들이 이미 네덜란드에서 익숙히 해왔던 일이었기 때문이다. 곧이어 일주일에 두 번 주가 소식을 전하는 유료 소식지도 등장했다. 1704년에는 유대인들이 의회로 하여금 약속어음에 관한 법을 제정토록 하여 신용금융의 기초를 닦았다. 이로써 영국의 산업혁명이 태동하여 성장하고 파급될 수 있는 금융적 토양이 구축되었다. 18세기 중엽에 영란은행은 국고 증권을 유통시키고 또한 국채를 매각하기도 했다. 1751년 영란은행은 아예 정부 부채의 관리를 떠맡았다.

18세기 초에는 신용 업무가 확대되면서 해상무역보다 금융산업 종사자들의 벌이가 훨씬 좋아졌다. 당연히 해상무역에서 이 분야로 진출하는 '상인'들이 늘어났다. 그 무렵 은행가, 주식중개인, 공채중개인, 지금_{地金}거래인 등 신용 분야 종사자들도 일반적으로 '상인'이라 불렸던 것은 이 때문이다. 런던에서 이같이 상인들의 주된 활동 무대는 왕립 증권거래소였다. 이곳에서 온갖 상인과 중개인들이 서로 만나 계약하고 선박을 물색하고 보험에 가입했다. 한편으로 무역 상인들도 이곳에서 도매상을 만나 수입상품을 넘기기도 했다. 해외 무역에 종사하는 상인들의 주류가 런던을 근거지로 삼았기 때문에 18세기 영국의 상인이란 곧 런던 유대 상인을 가리키는 말이었다. 상인들이 물품 대전으로 받은 어음을 할인하여 장사에 필요한 단기 자금을 조달하게 되면서 오늘날 런던 금융시장의 근원이 됐다.

05

유대인,
고객만족 경영으로 세상을 바꾸다

영국도 유대인의 상업을 제한하다

영국도 유대인의 세력이 커지자 네덜란드와 마찬가지로 상업의 귀재인 유대인을 견제하기 시작했다. 소매상인으로 활동하려면 자유민 신분이 필요했는데, 그것은 기독교 신앙을 믿는다는 서약을 전제로 했다. 그 뒤 아예 자국인과 경쟁을 제한하기 위한 법률이 제정되어 유대인은 '소매업'에 종사할 수 없게 되었다. 이것이 유대인에게 오히려 전화위복의 계기가 된다. 그들은 소매업 대신 도매업, 유통업, 무역업, 은행업, 재정 분야에 주력했다. 특히 금융 분야에 집중했다. 고대 이래로 특정 분야에서의 유대인에 대한 배제는 오히려 그들을 더 부가가치가 높은 분야에서 키우는 결과를 가져왔다.

그 뒤 그들은 각종 장사와 투자로 부를 축적하여 영국에서도 네덜란드 시절과 마찬가지로 그들의 자본축적이 본격적으로 시작되었다. 자본축적은 곧 금융산업의 부흥을 뜻했다. 암스테르담에서 온 요셉

베가를 비롯한 유대인 금융가문들은 1688년에 영국에서 전문적인 주식거래 사업을 시작했다. 유대인이 주식거래인으로 활동하기 위해서는 시참사회Court of Aldermen에서 값비싼 면허장을 구입해야 했고, 왕립 거래소에서 활동할 수 있는 유대인 출신 거래인은 전체 124명 가운데 12명을 넘을 수 없었다. 하지만 이때를 기점으로 유대인들이 런던 주식시장을 장악하기 시작했다.

유대인, 고객만족 경영으로 수공업자조합을 무력화시키다

유대인들은 가는 나라마다 이렇게 그들의 상업적 재능을 견제받았다. 뒤집어보면 그들의 장사 수법이 비범하다는 의미다. 도대체 그들의 장사 비법에 어떤 것들이 있어 이렇게 견제당하는지 알아보자. 《유대인의 역사》를 쓴 폴 존스는 그의 저서에서 그 무렵 유대인 상업의 특징을 다음 5가지로 요약했다.

"첫째, 그들은 '혁신'을 생활화하였다. 무엇이든지 효율과 능률적인 방법을 찾아내고자 노력하였다. 주식시장이 좋은 예다. 주식시장은 생산현장에 재원을 효율적으로 투자할 수 있도록 만든 합리적인 방식이었다. 둘째, 판매의 중요성을 늘 강조하였다. 셋째, 가능한 넓은 시장을 추구하였다. 규모의 경제에 대한 중요성을 이미 이해하고 있었다는 이야기다. 넷째, 그들은 될 수 있으면 상품의 가격을 낮추려고 애썼다. 생산성 향상과 유통구조 합리화 등 늘 경쟁력 향상을 위해 노력했다. 다섯째, 유대인들은 상업정보 수집과 활용에 정통했다.

세계 각국에 뿔뿔이 흩어져 사는 디아스포라(이산) 간의 소통과 결집력 덕분이었다.”

한마디로 그들은 18세기 경제체제에서 종합적인 정보를 바탕으로 '더 낫고, 더 쉬우며, 더 싸고, 더 빠른' 방식들을 끊임없이 모색하였다. 그리고 이 과정에서 '합리주의'를 추구하였다. 이는 세상의 부란 다른 사람을 도와줌으로써 만들어진다는 원리를 일찍이 터득한 덕분이었다. 옛날부터 유대인들은 고객들의 필요와 욕구를 경쟁자보다 더 빨리 파악하고 만족시키는 '기업가정신'에 충실했다. 따라서 부를 축적하였다는 것은 경쟁자보다 훨씬 나은 가치를 제공해 고객을 만족시켰다는 뜻이다. 이른바 현대 경영학에서 이야기하고 있는 '고객만족 경영'이었다. 유대인들은 먼 옛날부터 떠돌이 생활을 하면서도 벌써 자본주의 게임에서 승리하는 방법을 알고 있었다. 유대인들의 상업적 재능과 고객만족 경영은 전통과 규범에 얽매어 있던 영국의 수공업자조합을 17세기 말에 무력화시켰다.

영국, 유대인 유치에 열을 올리다

유대인들이 몰려오자 경제가 발전하는 것을 직접 목격한 영국인들은 이후 유대인 유치에 더 열을 올렸다. 당시 내로라하는 사상가들이나 정치 지도자들은 대부분 유대인을 옹호했다. 먼저 이론적 근거를 제시한 사람은 영국의 철학자이자 정치사상가로서 '사회계약론'으로 유명한 존 로크였다. 그는 《관용에 관한 서한》(1689)에서 “이방인도, 무슬림이나 유대인도 그들의 종교 때문에 시민권이 제한되어서는 결코 안 된다"고 주장했다. 이것이 이른바 17세기 말의 '종교적 관용 이론'의 기초다.

그 무렵 영국 철학자 존 톨란드는 《대영제국과 아일랜드의 유대인 귀화를 위한 근거》(1714)에서 유대인들을 영국으로 데려오는 일이 왜 이익이 되는지를 설명하였다. 여기에 당시 계몽주의 사상의 대가인 몽테스키외는 유대인들이 그들의 돈을 국제적으로 통용시키기 위해 환어음을 고안해낸 사실을 강조하면서, 유대인들이 유럽 경제 발전에 긍정적인 영향을 끼친다고 주장했다.

인간은 이성의 힘으로 자신의 상황을 개선할 수 있다고 보는 당시의 계몽주의는 지식·자유·행복이 합리적 인간의 목표라고 보았다. 계몽주의가 널리 전파되자 이 사상은 특히 경제력은 있었지만 정치적 권력이 없었던 부르주아 계층에서 크게 환영받았다. 자신들의 정치적 권리 획득의 뒷받침이 될 수 있는 이론이었기 때문이다. 이는 유대인에게도 유리하게 작용했다.

영국에서도 네덜란드와 같은 '우연의 일치'가 일어나다

17세기 영국의 지배자들은 유대인들에게 기독교도들의 부당한 고리대금업을 견제해달라고 부탁했다. 또한 그들이 독점적으로 터무니없이 비싼 값에 파는 국채에 대한 제재에도 협력해줄 것을 요청했다. 당시 은행을 경영하던 유대인들은 개인적으로 높은 이자율로 큰 이득을 볼 수도 있었지만, 부당한 고금리 금지 법률 제정에 앞장서 영국 정부에 적극 협력했다. 결국 유대인 은행가들의 경쟁력이 네덜란드에서처럼 시장금리를 떨어뜨리는 효과를 가져왔다.

그 뒤 영국의 산업혁명 확산과 과학기술의 발달에도 유대인의 자본력과 저금리의 금융지원이 큰 역할을 하여 영국은 세계 경제의 패권을 쥐게 된다. 1669년부터 1750년 사이에 영국의 지배자들은 줄기차게 네덜란드의 유대인 장인들에게 영국으로의 이주를 권유했다. 이것은 마치 종교적 관용을 찾아 스페인에서 네덜란드로 몰려들었던 유대인들의 경우와 흡사했다. 1750년경 독일과 러시아의 게토에서도 아쉬케나지 유대인들이 대거 이주해 왔다.

유대인들의 이주 뒤 영국에서도 네덜란드와 같은 '우연의 일치'가 일어났다. 유대인들이 자리를 잡자 영국 경제가 무섭게 발전하기 시작한 것이다. 얼마 뒤 영국은 네덜란드에 도전하게 되었고, 마침내 유럽 제일의 무역국이 되었다. 17세기 초 인구 15만 명을 헤아리던 런던이 17세기 말 인구 40만 명의 대도시로 급부상한 것에서도 알 수 있듯이, 경제의 중심이 암스테르담에서 런던으로 이동하고 있었다. 1700년 당시 영국 해외 무역량의 75~80%가량이 런던 항을 통해 이루어졌다. 사실 18세기 초의 영국은 이미 네덜란드를 추월하여 세계에서 가장 넓은 해외시장을 가진 경제권을 이룩하였고 가장 규모가 큰 상선대를 보유하고 있었다.

영국 정부도 두 팔 걷고 도와주었다. 수출 장려를 위해 산업계에 보조금을 지급하고, 수출 보상금도 지원하였다. 그리고 국내산업 육성을 위해 수입에는 각종 금지조치를 내리고, 보호관세를 부과했다. 또한 다양한 지원정책을 법령으로 제정했다. 특히 1662년에는 기술력 향상을 목적으로 왕립 런던 학술원을 설립했다. 산업혁명은 이런 제도적 뒷받침 속에서 싹을 틔웠다. 1640년 런던의 수출액 중 80~90%가 모직물 제품이었고, 같은 해 중계무역은 수출총액의 3~4%를 넘지 못했으나 유대인이 몰려온 17세기 후반 들어 영국의 수출에서 모직물의 비중은 감소하고 중계무역이 현저하게 증가하기 시작했다. 한 추계에 따르면, 1700~1760년 사이에 영국의 국민생산에서 수출이 차지하는 비중은 8.4%에서 14.6%로 상승하였고, 1770년대에 담배 수입량의 85%, 커피의 94%가 대륙으로 재수출되었다. 18세기는 해외무역에서 영국과 유럽 간의 거래보다 영국과 아메리카 및 아시아와의 거래 비중이 더 높아지는 추세를 보여주었다.

설탕과 노예무역이 키운
유럽 자본주의

유대인, 검은 화물 삼각무역에 주력

항해조례 발표 뒤 영국과 네덜란드 사이에 1652년부터 1674년까지 22년 동안 3번의 전쟁이 있었다. 결과는 네덜란드의 패배였다. 그 뒤에도 네덜란드는 아시아 및 아프리카에서 여전히 많은 식민지를 갖고 있었으나 해상강국의 지위는 잃고 말았다. 유대인들은 영국에 자리 잡자 기존의 해외거점을 활용하여 무역거래를 폭발적으로 늘려나갔다. 기원전부터 중국과 교역을 했고, 10세기에는 이집트의 알렉산드리아와 카이로에서 중국과 정기적으로 대규모 해상교역을 주도했던 유대민족에게, 17세기에 대서양과 인도양, 태평양을 개척하는 일은 그리 대단한 도전도 아니었다.

고대 솔로몬 왕 때부터 유대인의 주특기가 중계무역이다. 솔로몬은 터키 지역의 말을 사다 훈련시켜 이집트에 팔았고 이집트의 물품과 전차를 사다 물품은 인근국들에 팔고 전차는 훈련시킨 말과 함

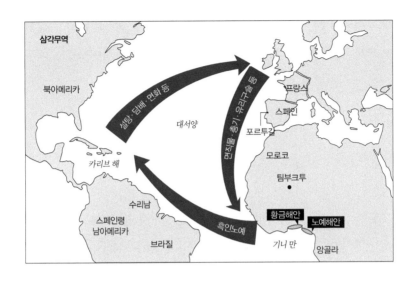

게 소아시아 지역에 팔았다. 그것이 근대 들어 삼각무역으로 발전하였다. 대서양 무역을 대표하는 것 가운데 하나가 삼각무역이었다. 리버풀에서 직물이나 총기, 술, 유리구슬 등을 싣고 아프리카에 가서 흑인노예와 바꾸고, 이를 다시 신대륙에 팔아 사탕수수·담배·면화·커피 등 아메리카 플랜테이션 산물을 싣고 유럽으로 되돌아오는 것이다. 한 번 항차에 여러 번 거래를 할 수 있었다. 요약하자면 유럽에서 아프리카로 공산품이 실려 가고, 아프리카에서 아메리카로 노예들이 실려 갔으며, 아메리카에서 유럽으로 설탕이 실려 갔다. 당시 설탕은 흰 화물이라 불렀고, 상품으로 전락한 노예는 검은 화물이라 불리었다. 대서양은 흰 화물과 검은 화물을 가득 실은 배들로 분주했다.

이렇게 영국의 유대인들이 노예무역을 주도하게 된 이면에는 교황의 노예무역 금지 선포가 한몫 단단히 했다. 1640년대에 교황이 노예무역 금지를 명하자 가톨릭 국가인 스페인과 포르투갈이 노예무역에서 철수하였기 때문이다. 다른 나라의 가톨릭 상인들도 노예무역에서 자진하여 철수하였다.

제당산업, 영국으로 옮겨 오다

17세기 유럽에서 가장 중요한 산업은 '하얀 황금'이라 불리던 설탕산업이었다. 정제시설에 많은 자본이 투입되나 높은 수익을 올려주는 유럽 최초의 자본주의적 산업이었다. 18세기 후반에 면직물산업이 발전하기 전까지 자본축적에 요긴한 사업이었다. 네덜란드에서 영국으로 이주해 온 유대인들이 설탕산업을 주도하자 네덜란드의 제당산업은 내리막길로 접어들었다. 1668년 36개였던 암스테르담의 제당공장 수도 1680년에는 20개로 감소했다. 이후 1720년경부터는 제당산업뿐 아니라 네덜란드 산업계 전체가 심각한 붕괴를 겪었다. 네덜란드 시대가 끝나가고 있었다. 유대인들이 빠져나온 흔적을 여지없이 보여주었다.

설탕은 세계 자본주의 성장과 깊이 관련된 역사적 산물이다. 또한 설탕은 유럽인의 식생활에 큰 변화를 가져와 17세기 이후 커피나 홍차 같은 음료 문화의 발전에도 기여했다. 18세기로 접어들면서 설탕 수요가 급증하여 중요한 국제 상품이 되었다. 영국의 1인당 설탕 소비량이 16세기 초에 500그램이었던 것이 17세기에는 약 2킬로그램, 18세기에는 약 7킬로그램으로 급증했다. 1650년에는 귀중품이었던 설탕이 1750년에는 사치품, 1850년에는 생활필수품이 되었다.

설탕에 어른거리는 흑인노예의 땀과 피

이러한 설탕의 대중화를 가능케 해준 것은 흑인노예였다. 사탕수수 농사에는 일손이 많이 필요했다. 이로써 신대륙에 노예무역을 통하여 흑인노예들이 대거 투입되었다. 열대지방에는 계절의 변화가 없으므로 1년 내내 사탕수수 재배가 가능했다. 심는 시기를 조금만 달리해도 1년 내내 수확할 수 있었다. 사탕수수는 다년생 풀이라서 새로이 씨앗을 심어 경작하는 방식이 아니라 잘라낸 줄기 옆으로 새로운 줄기가 솟아 다시 자란다. 그렇지만 지력을 심하게 소모하는 작물인 만큼 윤작을 통해 지력을 회복해줘야 하기에 경작지를 계속 바꾸어주어야 한다. 게다가 수확 후에는 사탕수수의 단맛이 급격히 떨어지기 때문에 재빨리 즙을 짜내어 이를 다시 졸이고 정제해야만 한다. 이렇듯 사탕수수 재배를 위해서는 언제나 대규모의 노동력이 필요했다.

사탕수수는 다 자라면 키가 4m가 넘는다. 이때는 도로들을 제외한 나머지 지역이 도저히 뚫고 지나갈 수 없는 정글로 변해버린다. 이를 베어서 공장으로 운반하고 분쇄한 다음 롤러를 이용해서 압착하여 즙을 얻어낸다. 그리고 이것을 정제하기 위해 큰 솥에서 오랫동안 끓여야 한다. 이때 엄청나게 많은 연료가 필요하므로 주변 지역에서 땔나무를 베어서 가져와야 한다. 그래서 사탕수수 농장에는 항상 대량의 일손이 필요했다.

20세기 이전에는 이 모든 일을 기계의 도움 없이 전부 사람의 힘으로 처리했기 때문에 노동력 확보와 노동 통제가 제당업의 핵심이었다.

아메리카의 사탕수수 재배 역사에서 17세기 중엽은 결정적인 전환점이었다. 특히 영국의 2차 항해조례로 설탕 등 중요 상품은 영국령끼리만 무역하도록 한 것이 결정타였다. 이 시점 이후로 설탕 유통의 판도가 바뀌었고 때맞추어 수요가 급증하면서 아프리카 노예수입이 크게 확대되었다. 그 뒤 대규모 플랜테이션이 완전히 자리 잡았다. 예컨대 바베이도스에서는 1660년대까지 유럽인 노동자가 다수를 차지했으나 이후 흑인노예들이 더 많아졌다. 그 뒤 사탕수수 농지는 급속도로 확대되어 이웃 나라로 번져 갔다.

17세기에 크게 번영했던 바베이도스를 제치고 18세기에는 자메이카가 서인도제도의 으뜸 제당산지로 발전했다. 1774년 자메이카 국세조사에 따르면 680개소의 경작지에 있는 12만 ha의 농장에서

10만 5000명의 흑인노예와 6만 5000마리의 말로 사탕수수를 재배했다는 기록이 있다. 농장 밖의 농지에서도 4만 명의 흑인노예가 일했다. 사탕수수 플랜테이션에서는 기술 발전에 따른 생산성 증가가 거의 없어 설탕 수요 확대에 대처하기 위해서는 오로지 생산 규모의 확대에만 의존해야 했다. 이는 곧 노예무역의 증가로 연결되었다. 그 무렵 자메이카는 영국-서아프리카-카리브 해를 잇는 노예 삼각무역의 중심지였다.

악마의 창조물 설탕, 노예무역을 부르다

설탕 외에도 면화, 담배, 커피 등 플랜테이션 농장 재배품목이 늘어나면서 흑인노예의 수요도 증가하였다. 초기 노예상인들은 고작 2~5파운드에 사들인 노예들을 25~30파운드에 팔아 폭리를 취했다. 노예 값이 말 가격의 30분의 1에 불과했다. 사람 30명이 고작 말 한 마리 값에 불과한 것이었다. 그 뒤 수요가 늘면서 노예 값은 점차 올라갔다. 역사상 가장 위대한 밴드인 비틀스가 노래를 시작한 영국의 리버풀은 노예무역을 통해 번성한 곳이다. 리버풀에서 럼주나 거울 또는 인도산 면직물을 실은 배

∴ 노예무역의 중심지 리버풀 항구

가 아프리카 서부 해안에 가서 흑인노예와 교환한 후 이 노예들을 자메이카 또는 버지니아로 데려가 사탕수수 즙이나 담배로 바꾸었다.

노예무역은 16세기에 본격화하여 19세기 중반까지 300여 년간 유지되었는데, 그동안에 흑인들이 아메리카로 팔려 가 혹독한 노예생활을 했다. 서인도제도의 사탕수수 농장 노예들이나 유럽 제당공장의 노동자들은 무덥고 비위생적인 환경에서 새벽 3시부터 하루 17시간의 살인적인 강도의 노동에 시달리며 혹사당했다. 노예들의 피가 배어 있지 않은 설탕이 없다고 할 정도였다. 오죽했으면 달콤한 산물 설탕을 악마의 창조물이라고 했을까.

영국, 비인간적 노예무역으로 자본을 형성하다

그 무렵 노예무역에 영국이 가장 적극적이었다. 어떤 연구자는 17세기 영국 자본 형성의 3분의 1이 노예무역에 의한 것으로 추산했다. 이것은 스페인, 포르투갈, 네덜란드, 프랑스 같은 다른 나라의 경우에도 정도는 덜하나 마찬가지였다. 따라서 이 시기 번영했던 유럽의 대서양 연안 항구 가운데 노예무역과 관련을 맺지 않은 곳은 거의 없었다. 그리고 흑인노예에 대한 비인간적인 대우는 말로 표현할 수 없을 지경이었다.

전쟁도 노예무역에 한몫 거들었다. 영국은 스페인 왕위계승 전쟁에서 프랑스를 제압한 끝에 1713년 위트레흐트 조약으로 프

랑스로부터 미국 식민지 일부를 할애받았다. 그리고 스페인으로부터는 지브롤터 해협을 양도받고 또 스페인령에 대한 노예수출 독점권인 '아시엔토Asiento'도 획득하였다. 아시엔토 협정에서 영국은 차후 30년 동안 11만 4000명의 노예를 스페인 식민지인 포르트베로 또는 베라크루스의 노예시장에 공급하는 권리를 얻었다. 영국 정부는 이 특권을 남해회사에 양도하였는데 이것이 투기열을 유발시켜 남해회사 버블 사건 원인의 하나가 되었다. 또한 이 시기에 노예의 밀무역도 성행하여 노예무역의 황금시대를 이루었다.

대서양 노예무역은 18세기 말에 정점에 이르렀는데, 노예 대부분은 서아프리카 내륙에서 벌어진 약탈 원정에서 잡힌 사람들이었다. 약탈 원정은 보통 아프리카 부족의 왕이나 추장들이 실시했다. 아프리카 내륙으로 들어간 유럽인은 거의 없었는데, 질병과 아프리카인들의 격렬한 저항이 두려웠기 때문이다. 이렇게 서아프리카 부족의 왕들은 전쟁포로나 이웃 마을에서 납치한 주민들을 유럽인들에게 노예로 팔았다. 그들은 노예들을 줄줄이 세워 목에 나무로 만든 족쇄 같은 것을 채운 채 해안으로 데려왔다.

해안에 도착하면 나무로 된 우리에 가둬두는데 갇혀 있는 기간이 며칠이 될 수도 있고, 몇 주, 때로는 몇 달이 되는 경우도 있었다. 노예들은 건장한 남자가 대부분이었지만 여자나 아이들도 있었다. 배가 도착하면 노예들이 아프리카 어느 해안 출신인지 표시하기 위해 몸에 낙인을 찍은 다음에 배 아래 선창에 몰아넣었다. 그렇게 배를 꽉 채워서 아메리카로 가는 100톤의 노예선

에 400명 이상을 실었다. 항해 중에 병으로 6분의 1 이상이 죽었다.

노예 호송원들의 증언에 따르면, "노예들은 6명씩 목에 고리가 씌워지고, 2명씩 발에 족쇄가 채워진 상태에서 배 밑바닥 선창에 갇혔다. 노예들이 갇혀 있는 곳에는 햇빛이나 달빛이 전혀 들지 않았고… 워낙 악취가 심해서 선원들은 잠깐 문을 열고 들여다보기만 해도 구토를 느낄 정도였다. 노예들이 선창에서 벗어날 수 있는 시간은 하루에 한 번 주어지는 식사 시간뿐…. 그나마 음식이라곤 옥수수 가루나 조로 쑨 죽 한 사발과 물 한 잔이 전부였다."

그리고 노예들이 병들어서 값이 떨어질 것을 우려한 상인들은 가끔씩 노예들을 갑판으로 끌고 나와 운동을 시키기도 했다. 채찍을 휘두르며 강제로 춤을 추게 하는 등 매우 가혹하게 대했다. 노예 중에는 이 같은 고통과 굴욕을 견디다 못해 음식을 거부하거나 바다에 뛰어들어 자살하는 경우도 있었다. 분노한 노예들이 반란을 일으켜 몰살당하기도 했다. 이렇게 길들이는 동안에 3분의 1 이상이 죽었다. 중간 항로에서의 잔혹하고 비참한 실정은 말로 표현할 수 없는 지경이었다.

거래가 끝난 흑인에게는 그 즉시 가슴 또는 어깨 위에 불에 달군 은제 낙관으로 새로운 주인의 이니셜이 새겨졌다. 이러한 과정이 끝나면 노예들은 마리, 장 따위의 새 이름을 얻게 된다. 이제 그 노예는 다른 노예에게 맡겨져 농장으로 이끌려 간다. 한 주 동안 그 노예는 일도 하지 않고 배불리 잘 먹기만 한다. 대서양을 건너는 동안 녹초가 되었던 노예에게 이러한 요법은 아주 유효했다. 일주일이 지나면 주인은 살이 올라 모든 힘을 농장에 바칠 준비가 된 노예를 부릴 수 있게 되는 것이다. 흑인노예를 아프리카에서 매입할 때는 보통 럼주·화약·직물 등을 추장에게 지불하였으나, 1750년 이후에는 노예수렵에 의한 약탈로 이루어졌다.

1771년에는 영국 노예무역선의 총수가 190척이나 되었고, 연간 4만 7000명을 운반했다. 16세기에서 19세기까지 아메리카로 실려 간 아프리카인은 1500만~2000만 명으로 추산된다. 이들 대부분은 중남미와 서인도제도 사탕수수 농장으로 팔려 갔고 나머지 645만 명은 오늘날의 미국 땅으로 끌려갔다. 1860년 미국 인구조사에 따르면, 미국인 40만 명이 노예 400만 명을 소유하고 있었다.

노예상인 하이네

하인리히 하이네를 흔히 독일 문학사에서 가장 우수한 서정시인임과 동시에 풍자시인으로 기억하나, 그는 시인이기에 앞서 유대 노예상인이었다. 노예무역을 칭송한 〈노예선〉이란 시에서 "고무도 좋고 후추도 좋다. 300자루에 300통. 사금도 있고 상아도 있다. 하지만 검은 상품이 더 좋다. 나는 세네갈 강가에서 검둥이 600명을 값싸게 사들였다. 내가 준 것은 포도주와 렌즈와 강철 제품뿐. 그것으로 8배의 이익이 남는다. 만약 검둥이가 절반만 살아남는다 해도."

❖ 하인리히 하이네

하이네의 삶에는 곡절이 많았다. 노예상인이 되기 전에는 프랑크푸르트 로스차일드 가문의 식객이었다. 하이네는 랍비가 아닌 세속의 지식인임에도 유복한 유대인이 원조해주기를 기대하고 있었다. 그 무렵 그는 로스차일드에 대해 유명한 말을 남겼다. "만약 돈이 우리 시대의 하느님이라면 로스차일드는 돈의 선지자다." 그 뒤 파리에서 살 때는 카를 마르크스와 친구가 되었다. 그들은 함께 시를 썼다. 하이네는 아직 갓난 아기였던 마르크스의 딸 제니가 경련을 일으켰을 때 목숨을 구해준 일도 있다. 하이네가 종교를 비웃으며 내뱉은 '정신적인 아편'이라는 말이 바탕이 되어, 마르크스의 '민중의 아편'이라는 말이 탄생했다. 그러던 그가 마르크스의 사회주의와 결별한다. 그는 "사회주의의 미래에서 가죽 채찍, 피, 무자비와 응징의 냄새가 난다"고 쓰고 있다. "이런 흉악한 우상 파괴주의자가 힘을 가지게 될 때를 생각하면, 나는 불안과 공포에 싸일 뿐이다. 완고한 나의 친구 마르크스는 '하느님을 믿지 않고, 자신을 신이라고 생각하는 인간'의 하나다." 하이네는 그렇게 생각하고 마르크스와의 인연을 끊는다. 이 두 사람에게 공통된 특징은 극단적인 증오였다. 그것은 적에 대해서뿐만 아니라, 친구에게 향해지는 독살스러운 공격에서도 잘 나타나고 있다. 이는 배교한 유대인에게 공통된 자기혐오의 일부였다.

그리고 하이네는 말년에 오래 계속된 질병 때문에 고통 중에서 시를 썼다. 성병이 척추를 침범해서 마지막 10년 동안은 소파에 앉은 채 일어나지도 못했다. 그럼에도 그의 말년의 시는 그 어느 시보다도 훌륭했다. 그 무렵 하이네는 유대교로 회귀했다. 그러고는 다음과 같이 뇌까렸다. "나는 유대교도라는 것을 비밀에 부친 일이 없다. 즉 나는 한 번도 유대교를 버린 일이 없으니까, 유대교로 되돌아온 것이 아니다."

산업혁명의 조짐들

인클로저 운동, 양이 사람을 잡아먹다

영국의 가장 중요한 산업은 모직물산업이었다. 처음에는 양모를 그대로 수출했다. 그러나 14세기 중엽부터는 양모를 가공하여 모직물을 짜서 수출하기도 했다. 부가가치가 높아지자 양모 수요가 늘고 가격도 치올랐다. 그러자 봉건영주 등 토지 소유자들은 농사를 그만두고 목장을 만들어 양을 기르기 시작했다. 확실히 목장은 농사보다

노동력이 덜 들고 이익도 많아 훨씬 유리했다. 토지 소유자들은 너나 할 것 없이 목양업에 뛰어들었다. 농경지는 물론 황무지, 공동 경작지까지 판자로 막아 울타리를 둘러쳤다. 사람들이 토지를 수익을 낳는 자산으로 보기 시작하면

서 땅이 상품화되는 첫 단계였다.

원래 영국은 14세기에 창궐한 흑사병으로 인구가 절반으로 줄어들자 엄청난 잉여 농작물이 발생했고 그 결과 농산물 값이 많이 내려갔다. 그러자 경작으로 수지를 맞출 수 없게 된 지주들이 아예 경지를 놀렸다. 지주가 가진 땅이라도 이렇게 놀리는 곳에는 아무나 와서 농사를 지었다. 그런데 모직물산업이 성행하기 시작하자 지주들이 돈 냄새를 맡기 시작했다. 빈자리를 내버려둘 게 아니라 사람들이 못 들어오게 하고 그곳에 양을 키우면 큰돈을 벌 수 있겠다는 생각을 했다. 그래서 자기 토지에서 농노나 소작인들을 내쫓고 경작지에 울타리를 둘러친 뒤 거기에다 양을 기르기 시작했다. 이같이 양을 기르기 위해 울타리를 둘러쳤던 것이 인클로저enclosure다. '울타리를 둘러친다'는 뜻이다. 이렇게 울타리가 둘러쳐진 목장은 그 땅을 경작하던 농민들과 합의 아래 이루어진 것이 아니라 강제로 폭력과 함께 진행된 것이었다. 《유토피아》의 저자 토머스 모어는 이를 가리켜 "사람이 양을 먹는 것이 아니라 양이 사람을 잡아먹었다"고 표현했다.

쫓겨난 농민들, 도시로 몰려 임금노동자로 전락하다

인클로저의 관행이 늘어나면서 처음에는 정부와 교회가 인클로저를 비난하기 시작했다. 그리고 정부는 인클로저를 금지하는 법을 만들었다. 그러나 무용지물이었다. 일부 지식인들조차 인클로저를 지지하기 시작했고 나중에는 인클로저의 비율이 급증했다. 인클로저

가 너무 심해지다 보니 농민들이 갈 곳이 없어지고 떼거지가 됐다. 한편 쫓겨난 농민들은 대거 도시로 몰려 임금노동자로 전락했다. 영국의 산업혁명은 바로 이 광범위한 임금노동자층의 값싼 노동력 덕택에 가능했다. 자본축적의 역사, 곧 자본주의는 바로 이러한 농민의 희생 위에 세워졌다.

유대인, 도시 길드의 제약을 피해 농촌과 거래하다

영국에서는 이렇듯 일거리를 잃은 농촌 실업자들이 많았는데, 이들이 모두 유휴인력이었다. 이런 농촌 실업자들의 유휴노동력을 이용해 돈을 벌어보려는 도시의 의류 상인들이 있었다. 상인들이 양털을 농촌 실업자들에게 나누어 주는 것으로 농촌의 가족 사업은 시작됐다. 양털을 세탁해 먼지와 기름기를 제거한 후 염색하고 털의 끝

이 한 방향으로 향하도록 손질하는 일은
여자들의 몫이었다. 그런 다음 물레를 이
용해 실을 만들었다. 베틀을 이용해 옷감
을 짜는 작업은 힘든 노동을 요했기에 남
자들이 맡았다. 이러한 농촌 실업자 층의
인력을 기반으로 영국에는 일찍이 '직물
가내수공업'이 발달하였다.

　직물 가내수공업은 순회 상인들이 농민들에게 양모와 대마, 면 같
은 원재료를 나누어 주고 나중에 완성품을 수거하는 방식이다. 이것
이 바로 '선대제先貸制, putting-out system'이다. 선대제 덕분에 과거 가공되
지 않은 양모를 그대로 수출하던 영국은 16세기 중반부터 대부분의
상품을 원단 형태로 가공해 수출했다. 수출량은 8배까지 늘어났으
며 수십만 명에게 일자리를 제공했다. 이것이 발전하여 직물 이외에
도 상인들로부터 선금을 받는 선대객주제에 의한 제조업이라는 특
수한 생산관계가 나타났다.

　선대제도는 선금을 먼저 받거나 원자재를 외상으로 미리 공급해
주는 도시상인의 주문에 따라 생산하는 가내수공업 제도이다. 특히
17세기 중엽 이후 도시 상업조합에서 배제된 유대인들이 도시 길드
의 제약을 피해 농촌과 직접 거래하면서 이 제도를 적극 활용했다.
선대제에 참여했던 농민들은 나중에 각각 독립된 작업장과 도구를
지니고 있는 소생산자들이 된다. 상업이 발달하고 제조품에 대한 수
요가 증가하자 길드에서 배제된 유대인들은 이러한 생산과정을 통
해 생산물을 확보했다.

　유대 도시상인들은 수거한 완성품을 유대인 도매상이나 무역업

자에게 넘겼다. 이들 도시상인의 일부는 그 뒤 대상인 자본과 결합하거나 그 자신들이 모직물 도매상draper 또는 모직물 수출상merchant adventurer으로 점차 전화하여 생산자들을 지배했다.

매뉴팩처와 분업의 탄생

그러나 선대제의 약점은 농민들이 약속을 어기고 생산을 미루기 일쑤라는 점이었다. 그러자 일부에서는 상인이 직접 생산도구와 작업장 등을 소유하고 노동자를 고용해 제품을 생산하기도 했다. 일종의 공장의 출현이었다. 초기 공장제의 본질은 기계화 자체라기보다 결국 규율로 노동을 지휘하고 통제하는 것이었다. 산업혁명기에 이르러 선대제로는 더는 대량생산을 감당할 수 없게 되었다. 그러자 노동자를 한곳에 모아 과업별 감독을 시행하고 규율을 강제하는 공장 생산제도가 성행하였다. 모직물 공업의 경우, 농촌 매뉴팩처 경영자는 수십 대의 베틀을 설치한 작업장에서 임금 노동자들을 고용했으며, 그와 아울러 원모 처리나 실잣기와 같은 예비공정은 주변의 가내수공업자들에게 하청을 주었다.

✽ 스코틀랜드 고지대의 양모가공 매뉴팩처, 1772년경

이같이 농촌 매뉴팩처는 일부 공정에 집중했지만, 그 밖의 다른 공정에 대해서는 가내수공업자들과 선대제 관계를 맺고 있었다. 따라서 선대제는 자본주의 경제의 발달 과정에서 중요한 의의를 지닌다. 이렇게 하여 영국에서 초기 자본주의

생산관계가 시작되었다.

발명과 창의를 장려하기 위해 영국은 특허법을 탄생시켰다. 1624년에 세계에서 가장 먼저 현대적 특허법의 모태인 '전매조례'를 제정했다. 이는 '선발명주의'와 '14년간의 독점권' 등의 내용을 포함하였다. 그 뒤 1665년 뉴턴이 만유인력의 법칙을 발견하자 이러한 과학정신은 영국 사회로 스며들었다. 이런 환경은 영국 국민이 발명과 생산에 열중하는 분위기를 만들어주어 산업혁명의 불씨가 되었다.

17세기 영국에서 '분업'이 도입되었다. 17세기 중엽 네덜란드 유대인들이 건너오자 네덜란드 청어 가공에서부터 시작된 유대인의 분업경영 능력이 이 분야에서도 다시 빛을 발하였다. 자본가가 공장을 세우고 각자의 능력에 맞게 일을 맡기는 분업으로 물건을 신속히 만들었다. 이것을 공장제 수공업, 곧 매뉴팩처라 불렀다. 이러한 분업은 혼자서 물건을 만들던 시대에는 상상도 할 수 없을 정도로 많은 양의 물건을, 그것도 이른 시간에 만들어낼 수 있었다. 생산성이 급격히 향상된 것이다. 더 나아가 기계가 발명되었다. 수공업자들은 그들이 사용하는 도구를 기계로 바꾸어나갔다. 면직물공업 분야에서 가장 먼저 기계화가 이루어졌다.

2차 인클로저 운동, 농업생산성을 비약적으로 높이다

영국 경제의 펀더멘털을 탄탄하게 만든 또 하나의 요소는 인클로저 운동이었다. 인클로저 운동이 농민들에게는 몹쓸 짓이었지만 경제 발전에는 크게 기여했다. 17세기 중엽부터 자본집약적인 상업적

농업이 전개되었는데 그 중심에 전환농업이 있었다. 이를 '2차 인클로저 운동'이라 부른다. 이는 대규모 토지에 울타리를 둘러치고 여러 구역으로 분리해 각기 목축지와 경작지로 사용하다 몇 년 후에 용도를 바꾸는 방식이었다.

종래에도 휴한지는 있었다. 그러나 이번에는 종래의 휴한지를 목축지로 활용하였다. 그러면서 네덜란드 북부로부터 원예작물인 클로버clover와 터닙turnip(순무)을 도입하여 사료작물로 목축지에서 함께 재배했다. 최초에 도입되었던 것은 클로버였다. 이로써 사료 부족 문제가 해결되었고, 특히 클로버와 같은 콩과식물은 뿌리로 질소 비료를 스스로 합성하므로 척박한 토양에 질소 비료의 성분이 증가했다. 그뿐만 아니라 가축의 배설물이 스며들어 경작지로 전환될 무렵에는 토양이 좋아져 자연히 농업생산성이 비약적으로 향상되었다.

게다가 사료와 목축 증가라는 일석이조의 효과가 있었다. 이는 지력 회복뿐만 아니라 '사료 증대 → 가축 증가 → 퇴비 증가 → 곡물 증산'에 의해 농업생산 증대가 이루어졌다. 이러한 개량농업에 의해 가축 사육수가 늘어났을 뿐만 아니라, 품종 개량에 의해 가축의 평균중량은 18세기 중에 2~3배나 증대하였다. '밀 → 터닙→ 보리 → 클로버'의 4윤작 체계는 이 시대 농업 기술혁신의 중요한 부문이다.

18세기에 줄지어 파종하는 조파기가 개발되자 한 번에 많은 종자를 뿌릴 수 있게 되었고 같은 세기에 제초기도 개발되었다. 18세기 중반부터 소와 말의 사육

∴ 콩과식물 클로버

두수가 늘어나자 쟁기도 바뀌었다. 여러 마리의 소와 말이 끄는 무거운 쟁기가 경지를 깊이 갈았고, 지력을 충분히 이용할 수 있게 되었다. 그 뒤 농업에서는 대규모 경영과 기계화가 이루어졌다. 그리하여 더 적은 농촌인구가 더 많은 사람과 산업에 식량과 원료를 공급할 수 있게 되었다. 영국이 산업혁명에 박차를 가하고 식량 수출국가로 전환할 수 있었던 것은 2차 인클로저의 힘 덕분이었다.

이때 나온 것이 '곡물법'이었다. 1689년에서 1846년까지 150년 이상 유지된 곡물법은 곡물수입을 줄임으로써 화폐의 유출을 줄이고 국내 농업을 진흥시키기 위한 것이었다. 이는 또 외국 곡물에 대한 의존도를 낮추기 위한 목적도 갖고 있었다. 이것이 전시에는 매우 위험했기 때문이다. 이 시기에 식량 증대가 이루어지자 영국 인구는 비약적으로 증가하게 된다. 1500년에 250만 명에 불과했던 영국의 인구는 1700년에 650만 명으로, 또 1851년에 2100만 명으로 크게 증가했다.

유대인에 의한 면직물산업 태동

유대인, 원면과 면직물을 레반트와 인도에서 수입하다

산업혁명은 면직물산업에서부터 일어났다. 산업혁명 이전까지 면직물이나 모직물은 일일이 손으로 짜는 수공예품이기 때문에 가격이 비쌌다. 특히 17세기 후반 동인도회사가 들여온 아름답게 염색된 인도 무명cotton '캘리코'는 유럽인들 사이에서 신기한 패션으로 인기를 끌었다. 이것이 일종의 의류혁명을 일으켰다. 무명은 드레스 외에 침대 시트와 커튼으로도 이용되었다. 그러자 면제품에 대한 수요가 급속히 늘어났다.

인도 직물의 수입은 영국 경제를 일신시키는 자극제가 되었다. 엄청난 양으로 수입되어 국내 경제를 압박하자 이 직물을 국내에서 생산하고자 한 것이다. 물론 인도에서처럼 헐값의 급여로 세계 최고 수준의 직물을 제조하는 인력을 기대할 수는 없었다. 결국 답은 기계화에 있었다. 인도 무명에 맞설 면직물 제조가 18세기 초 영국의 국민적 관심사가 되었다.

면직물산업의 발전에서 처음으로 부딪치는 가장 커다란 어려움의 하나가 바로 원료 조달 문제였다. 원면原綿(솜)이 영국에서는 생산되지 않았다. 최초의 면직물산업은 이미 16세기 말에 네덜란드에서 건너온 이민자들에 의해 처음으로 시작되었다. 그들은 주로 레반트(소아시아) 지역에서 원면을, 그리고 인도에서 면직물을 수입했다. 네덜란드 이민자들이란 당시 동방무역에 종사했던 유대인들이었다. 당시 이슬람이 지배하고 있던 레반트 지역은 유대인이 아니면 들어갈 수 없었기 때문이다.

유대인, 원면 수입처를 확대하다

면직물은 일찍부터 유럽에서 수요가 많았다. 상인들은 17세기 이전부터 인도에서 면직물을 수입하여 유럽에서 사용하는 이외에 아프리카, 아메리카로도 재수출했다. 이는 매우 이윤이 높았다. 17세기 들어 면직물을 독점적으로 수입한 것은 영국 동인도회사였다. 수입량이 너무 많아지자 정부는 제한을 가했다. 이는 전통적인 영국의 모직물산업을 보호하기 위해서였다. 그래서 혼방제품만 수입하도록 규제하기도 했다. 또 1680년부터는 국내에서 혼방제품 이외의 순면 제품은 사용을 금지시키기도 했다. 수입 면직물에 대한 규제는 이렇게 1770년대까지 여러 형태로 유지되었다.

그럼에도 면직물이 워낙 이익이 많이 남는 상품이었다. 상인들은 여러 제약에도 면직물산업에 열을 올렸다. 그들은 17세기에 수입 원면을 들여와 국내에서 면직물을 생산하기 시작했다. 대체로 선대제를 통해 일손이 많은 농촌에서 생산했다. 또 17세기 중엽 이후에는 유대인들이 선대제에 가세했다. 이는 아직 도시에는 유대인들이 가입하지 못하는 길드의 규제가 남아 있었기 때문이다. 그러나 유대인들이 레반트로부터 수입하는 원면만으로는 선대제 가내수공업에 쓰일 물량이 턱없이 모자랐다. 그래서 18세기에 들어와서 유대인들은 영국령 카리브 지역이나 브라질 등 여러 곳으로 수입처를 확대했다. 당시 인도산 원면을 수입하면 가장 좋았으나 부가가치가 훨씬 높은 면직물 수출에도 바쁜 인도가 원면을 수출할 리 없었다. 원료 문제가 해결되지 않는 한 영국의 면직물산업은 큰 한계를 안고 있었다.

원면 확보를 위한 플라시 전투

원면 확보에 돌파구가 열린 것은 1757년 인도에서 벌어진 플라시 전투였다. 플라시 전투로 동인도회사가 원면의 주 생산지인 벵골 지방을 장악한 것이다. 1765년에는 벵골 지방의 조세징수권을 뺏었고 실질적인 통치권을 행사했다. 이때부터 영국의 동인도회사는 무역보다는 여러 가지 세금을 만들어 인도로부터 돈과 자원을 수탈하기 시작했다. 인도에 식민지 체제를 수립한 동인도회사는 벵골인에게서 거둔 세금으로 원면을 사서 영국으로 보냈다.

원면이 확보되자 영국의 면직물산업은 본격적인 수출산업이 되었다. 멀리 아프리카와 카리브 지역으로 수출되었다. 이것이 면직물 최초의 수출이었다. 수출액은 1760년에는 전체 생산량의 50%에 달했다. 그러나 대량의 원면 확보가 이루어진 뒤에도 실은 여전히 사람 손으로 짜였기 때문에 많은 양을 빨리 만들 수는 없었다. 게다가 1760년대에 천 짜는 공정의 능률이 배가 되자 실을 미처 못 대어 실기근이 일어났다.

산업혁명 시동 걸리다

필요는 발명의 어머니였다. 목수인 하그리브스가 1767년에 면화에서 실을 뽑는 기계인 '방적기'를 발명했다. 바로 그의 아내 이름을 딴 제니방적기다. 이것이 산업혁명에 시동을 걸었다. 이어 1769년에는 이발사이자 가발 제조업자였던 아크라이트가 제니방적기를 물레방아의 힘을 이용하여 연속작업을 할 수 있도록 개량하여 수력방적기를 발명했다. 이로써 생산성이 비약적으로 증가하였고 물레방아를 돌릴 수 있는 물이 있는 계곡에 '공장'이 출현했다.

한편 수력방적기로 제조된 실은 강하나 굵어 모양새가 좋지 않았고 제니방적기로 제조된 실은 섬세하여 모양새는 좋았으나 약했다. 1779년에는 새뮤얼 크롬프턴이 수력방적기와 제니방적기의 장점을 합친 '뮬방적기'를 만들었다. '뮬$_{mule}$'이란 힘 좋은 말과 지구력이 강인한 당나귀 사이에서 나온 노새를 일컫는 말이다. 이제 품질 좋은 실이 대량으로 생산되었다. 실이 남아돌자 이번에는 옷감 짜는 직조가 더딘 게 문제였다. 이번에도 어김없이

필요는 발명의 어머니였다. 1784년에는 옥스퍼드대학 출신의 목사 카트라이트가 '옷감 짜는' 직조기를 만들어냈다.

영국 정부의 면직물산업 보호육성정책

영국 정부는 국내 면직물산업이 가져올 희망찬 미래를 금방 알아 보았다. 그래서 지금까지의 태도를 바꿔 발전을 위한 모든 조치를 다 했다. 1774년에 원면 수입에 대한 관세면제 혜택을 베풀었다. 같은 해 에 영국 내에서 생산한 면직물은 혼방이 아니더라도 의복뿐 아니라 커튼이나 식탁보 등의 집안 살림살이용이나 가구에 사용하는 것을 허용해주었다. 이는 국내의 면직물 수요를 증가시키기 위한 조치였 다. 한편 인도 면직물은 재수출 조건으로 런던만 수입이 가능하도록 했다. 면직물 생산업자들을 인도와의 경쟁에서 지켜주기 위해서였 다. 정부가 철저하게 자국의 면직물산업을 보호하고 육성하기 위해 발 벗고 나선 것이다.

1776년 영국이 식민지 무역을 통해 얻은 이익은 식민지 교역액 950만 파운드의 28%인 264만 파운드나 되었다. 이익률이 굉장히 높 았다. 특히 노예무역 하나만의 이익이 영국의 모든 상업과 산업 투자 액의 40%에 달할 정도였다. 그러니 무역이 산업혁명을 위한 자본축 적에 얼마나 큰 기여를 했는지 알 수 있다.

산업혁명: 기술사가 곧 경제사였다

산업혁명 이전까지만 해도 인류에게 삶은 고난이었다. 죽지 않고 살아가는 것만 해도 다행이었다. 아니 그 자체가 최고의 이상이었다. 당시 서민층에게는 옷 입는 것 자체가 사치스러운 꿈이었다. 이러던 영국에서 산업혁명이 일어났다.

영국의 산업혁명은 새로운 산업인 면직물산업에서 먼저 일어났다. 중세에 유럽인에게 면직물은 사치품이었다. 유럽에서 면화가 재배되지 않아 가격이 비쌌기 때문이다. 그런 만큼 수요가 적어 수입대체가 이루어지지 않았고 생산량은 매우 적을 수밖에 없었다. 상류층은 인도에서 면직물을 수입하여 소비했다. 17~18세기에 영국인의 소득수준이 상승하면서 면직물에 대한 수요가 증가했다. 인도로부터의 면직물 수입이 증가하자 영국의 모직물산업이 피해를 입었다. 영국 정부는 17세기부터 모직물산업을 국가의 선도산업으로 육성하고 있었다. 영국의 동인도회사는 면직물을 많이 수입할수록 회사의 이익이 늘어났기 때문에 모직물산업 보호정책에 반대했지만, 영국 정부는 모직물산업을 보호하기로 했다. 1701년에 옥양목 조례를 제정했고, 염색된 면직물의 수입을 금지했다. 그 결과로 수입 면직물의 염색공업이 발달했다. 1721년에는 제2차 옥양목 조례를 제정하여 순면 제품에 중과세했다. 이 두 조례는 모직물업자의 요청에 의한 것이었지만 결과적으로는 면직물의 수입대체가 시작되었다.

그런데 면직물산업에는, 모직물산업과 달리 수공업자가 거의 없었다. 그래서 면직물산업에서는 처음부터 기계가 생산의 중심이 될 수밖에 없었다. 1733년에 케이가 비사飛梭, flying shuttle 곧 '나는 북'이라는 방직기를 발명했다. 전통적인 면직물은 폭이 30cm가량이었는데, 비사에 의해 45~60cm 정도의 광폭 직물을 조수의 도움 없이 짤 수 있게 되었다. 덕택에 생산성이 3배나 상승했다. 광폭직물이 생산되기 시작하자 이번에는 실의 수요가 급증했다. 그런데 그때까지의 기술로는 직포공 1명이 필요로 하는 실을 공급하기 위해서는 3~4명의 방적공이 실을 자아내야 했기 때문에 공급을 충족시킬 수 없었다.

산업혁명의 시작, 제니방적기의 발명

필요는 발명의 어머니였다. 천 짜는 직포공이자 목수인 하그리브스가 1767년에 '면화에서 실을 뽑는 기계'인 '방적기'를 발명하였다. 이것이 그의 아내 이름을 딴 제니방적기다. 그는 물레를 보고 힌트를 얻어 8개의 가락북(방추)이 동시에 돌아가는 방적기를 고안했다. 종래에는 한 사람이 가락북 하나밖에 다루지 못했다. 하지만 방적기가 발명되어 대량으로 실을 얻을 수 있게 되었다. 가락북의 수를 늘릴수록 생산량이 향상되자, 그는 나중에 80개의 가락북이 달린 방적기를 제작하여 한 대가 방적공 200명분의 일을 해냈다. 실로 혁명적인 변화였다. 생산성이 200배로 증

가한 것이다. 이로써 기계에 의한 산업혁명이 시작되었다. 그 뒤 대량의 원면이 싼 가격에 안정적으로 반입되자 기계가 개량되고 공장이 등장하였다. 특히 랭카셔를 중심으로 면직산업이 본격적으로 발달하였다.

이 혁신으로 인해 실의 공급이 늘어나자

1780년대부터 50년에 걸쳐 방적실의 원가가 36실링에서 3실링으로 지속적으로 떨어져 영국은 무적의 경쟁력을 갖추게 된다. 영국은 이 발명으로 노동시간을 획기적으로 줄여주어 직물공업에 일대 혁신을 가져왔다. 이어 연달아 많은 발명이 이루어졌다. 따라서 이를 계기로 영국의 산업혁명이 시작됐다고 보는 경제학자들이 많다.

아크라이트 수력방적기로 공장이 출현하다

1769년에는 이발사이자 가발 제조업자였던 아크라이트가 제니방적기를 물레방아의 힘을 이용하여 연속작업을 할 수 있도록 개량했다. 이 기계는 꼬기, 감기 기구를 멋들어지게 결합한 기계였다.

그 뒤 이를 물의 힘을 이용한 물레방아와 연결시켜 작동할 수 있도록 개량했기 때문에 아크라이트 수력방적기라 불렀다. 그의 방적기는 연속공정을 실현했을 뿐 아니라, 자동공정으로 숙련공이 필요 없었다. 그 뒤 동력을 사용하여 한꺼번에 수천 개의 방추

를 움직이는 수력방적기를 발명함으로써 대량생산이 가능해졌다. 이 기계 한 대만 있으면 어린아이가 기계를 조작하더라도 과거 성인 10명의 작업량을 소화해낼 수 있었다. 이로써 면직물이 영국의 명실상부한 주력 산업이 되었다. 1770년에 영국 수출품의 절반이 직물이었다. 그리고 나머지 44%가 금속 등 공업제품이었다. 면직물 가격은 1786년 파운드당 38실링에서 1800년에는 10실링도

♣ 아크라이트 방적기

∴ 아크라이트

안 되는 수준으로 떨어졌다. 덕택에 이때부터 농부와 도시 빈민들도 값싼 면직 의류를 입을 수 있게 되었다.

그 뒤 아크라이트는 방적 공정과 관련되는 여러 가지 기계를 유기적으로 결합하고 배치하여 공통의 동력으로 움직이는 생산체계를 고안해냈다. 이로써 경제사에 한 획을 긋는 현대적 의미의 '공장'이 출현하였다. 그가 1771년에 자신이 개량한 직기들을 물레방아와 결합시켜 더비셔에 공장을 설립했다. 최초의 근대적 면직공장이었다. 이렇게 수력 자동방적기계를 발명한 발명가 아크라이트는 면사 사업가로 변신했다. 1773년부터는 인도의 직물을 본뜬 최초의 순면을 생산했다. 자동기계 수백 대가 시끄러운 소리를 내며 돌아가던 공장은 산업혁명의 심벌이었다. 그 뒤 그는 대규모 방적공장을 각지에 설립하고 직접 경영하여 산업혁명으로 성공한 최초의 경영자가 되었다.

그의 공장은 무려 1900명의 노동자를 고용하고 있었다. 이 중 3분의 2가 미성년자였다. 개중에는 여섯 살 난 소년 노동자도 있었다. 공장 노동자들은 8초 이상 한눈을 팔아서는 안 된다는 엄격한 규율 속에 11시간 이상의 노동에 종사했다. 당시 공장은 수력을 이용한 동력이 필요했기 때문에 대부분 물이 흐르는 계곡에 있었다. 그는 방적기계를 실용화하여 근대적 공장 제도를 창시하고 성공적인 경영관리를 이룩한 점을 높이 평가받아 1786년에 기사 칭호를 받았다. 이듬해에는 더비셔의 주지사로 임명되었다.

뮬방적기, 높은 생산성으로 영국을 변화시키다

한편 수력방적기로 제조된 실은 강하나 굵어 모양새가 좋지 않았고 제니방적기로 제조된 실은 섬세하여 모양새는 좋았으나 약하였다. 1779년에는 새뮤얼 크롬프턴이 수력방적기와 제니방적기의 장점을 합친 뮬방적기를 만들었다. 뮬이란 말과 당나귀의 혼혈인 '노새'를 의미하는데, 두 기계의 장점을 살려 만들었다고 하여 붙여진 이름이다. 이로써 가늘고 강한 실을 자을 수 있게 되었다.

뮬방적기로 인한 품질 향상과 생산성 향상은 눈부신 것이었다. 예컨대 18세기 인도의 면 방적기는 면화 45kg을 면사로 가공하는 데 5만 시간의 노동이 필요했다. 그런데 뮬방적기를 이용하면 불과 2000시간이면 같은 양의 면사를 가공할 수 있었다. 생산성이 25배나 높아진 것이다. 여기에 증기기관의 동력을 연결시키면 300시간이면 충분했다. 무려 160배가 넘는 생산성의 향상이 이루어졌다. 뮬방적기에 제임스 와트에 의해 발명된 증기기관이 결합된 것이다. 와트의 증기기관은 피스톤의 왕복운동을 회전운동으로 바꿀 수 있었기 때문에 그 이전의 다른 증기기관과 달리 방적기에 이용할 수 있었다. 이러한 변화는 하나의 대세로서 영국의 모든 산업 분야에서 일어나고 있었다.

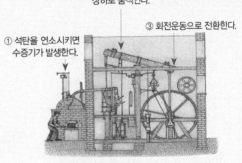

② 증기의 힘을 이용하여 피스톤을 상하로 움직인다.

③ 회전운동으로 전환한다.

① 석탄을 연소시키면 수증기가 발생한다.

∗∗ 증기기관의 내부 구조도

카트라이트의 '옷감 짜는' 직조기

이제 품질 좋은 실이 대량으로 생산되었으나 문제는 옷감 짜는 직조였다. 이번에도 어김없이 필요는 발명의 어머니였다. 1784년에는 옥스퍼드 출신의 목사 카트라이트가 '옷감 짜는' 직조기를 만들어낸 것이다. 그가 성직자로만 살았다면 지금 그의 이름을 기억하는 사람은 별로 없을 것이다. 그러나 그는 40대 이후 기계 만지는 것에 취미를 들여 이런저런 기계들을 고안해냈고, 결국 직조기를 발명하였다. 그때까지 손으로 하던 길쌈 작업을 기계화한 것이다.

처음 이 직조기는 발로 밟아 작동시키는 것이었다. 하지만 나중에 동력을 사용한 기계화가 실현됨으로써 실을 뽑는 방적기와 옷감을 짜는 직조기가 모두 한 공장에 설치되어 기계화되었다. 가내수공업이 아닌 공장에서 기계를 이용하여 물건을 만들어 내는 '공장제 기계공업'이 본격적으로 가동된 것이다. 덕분에 영국의 면직물공업은 모직물공업을 누르고 영국의 대표산업으로 발전하였다. 그리하여 영국은 1784년부터 유럽 최대의 면직물 생산국이 되었고, 1787년부터는 세계 최대의 무역국가가 될 수 있었다.

삼림 고갈이 산업혁명을 낳다

본격적인 산업혁명에 불을 붙인 증기기관의 발명 경위를 살펴보자. 16세기 중엽 영국에서는 목재가 고갈되었다. 그동안의 에너지 공급원이었던 숯을 만들 나무가 바닥난 것이다. 요새로 비교하면 석유가 바닥난 것과 다름없는 큰일이었다. 이러한 자원의 고갈은 경제사에서 살펴보면 필연코 새로운 대체재를 개발하게 된다. 이번에도 그 결과로 영국은

1540년부터 1650년 사이에 연료 위기를 타개할 석탄산업이 발전하였다.

다행히 영국에는 석탄 광산이 많았다. 영국의 석탄 생산량은 1540년 무렵 연간 20만 톤에서 1650년 무렵에는 약 150만 톤, 1700년 무렵에는 약 300만 톤이라는 비약적 증가를 보였다. 그리하여 17세기 후반 영국 한 나라의 석탄 생산량은 전 세계 석탄 생산량의 약 85%를 차지하였다. 그러나 석탄에 대한 수요와 생산이 증대함에 따라 기술적으로 해결해야 하는 과제가 3가지 있었다. 탄갱의 배수 문제, 석탄수송 문제, 철광석 용해를 위한 석탄 이용의 기술개발이 그것이었다.

다비의 코크스 제련법, 인류를 숲의 황폐화로부터 구하다

산업혁명이 시작되자 수력을 동력원으로 하는 기계화와 대형화가 시작되어 철에 대한 수요가 엄청나게 많아졌다. 철 1톤을 생산하려면 목탄 1000톤이 필요했다. 철을 녹이는 데 필요한 고온을 내려면 나무를 밀폐된 가마에서 태운 목탄밖에 없었다. 하지만 이미 11세기부터 숲이 사라지기 시작한 영국은 나무가 부족해 목탄을 제대로 생산할 수 없었던 것이다. 영국은 철을 만들 수가 없어 수요의 절반 이상을 당시 울창한 숲 덕분에 철강산업 강국이 된 러시아와 스웨덴에서 수입해야 했다.

역시 필요는 발명의 어머니였다. 이러한 수요에 대응해 연구를 거듭하다가 아브라함 다비가 유연탄에 섞인 불순물을 제거해 용광로에 집어넣

∴ 코크스

으면 목탄 이상의 효과를 낸다는 것을 알아냈다. 석탄 가운데 점결탄을 '공기와 접촉시키지 않고' 고온에서 가열해 휘발 성분을 없앤 '코크스'를 생산해낸 것이다. 냄비와 주전자를 생산하던 다비는 1709년 시험 용광로까지 만들어 석탄에서 얻은 코크스를 연료로 하여 철광석을 녹이는 데 성공했다. 코크스 공법은 그의 사위와 아들, 손자를 거치면서 더욱 다듬어졌다.

1730년대에 코크스를 연료로 쓰는 대형 용광로가 개발되어 양질의 철을 대량 공급할 수 있게 되었다. 일명 철광석 코크스로 제련법이 개발된 것이다. 철과 석탄 시대를 가져온 가장 중요한 기술혁신의 하나였다. 이로써 더는 비싼 철을 수입하지 않아도 될 뿐 아니라 영국을 철강산업 최강자로 끌어올렸다. 나아가 목탄을 쓰지 않으니 인류를 숲의 황폐화로부터 구하였다. 이를 계기로 영국은 철공업에서 먼저 근대화가 시작되었다. 기실 아브라함 다비보다 앞선 사람이 있었다. 1619년에 영국의 더들리가 석탄을 이용하여 고품질 선철을 제조했지만, 숯을 이용하는 기업가들의 격렬한 저항을 받아 더들리는 파산했고, 연구도 결국 중단되었다. 코크스를 이용하는 제련 방법이 널리 쓰이게 된 것은 1747년 이후부터였다.

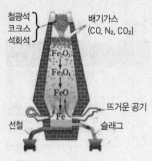
∴ 철광석 코크스로 제련법

새로운 철제 농기구의 대량생산은 농업 생산성의 증대로 이어졌다. 또한 철은 기계공업의 밑거름이 되었다. 그리고 철골 등 건축자

재로 쓰여 지금과 같은 철교 및 고층 빌딩의 건축이 가능해졌다. 이어 방적기계를 비롯한 섬유기계의 발달은 영국을 본격적인 산업혁명의 궤도에 올려놓았다. 이어 광범위한 기계공업과 금속공업의 발전을 가져왔다.

증기기관의 출현

아브라함 다비의 코크스 공법 발명은 기술혁신이 상승작용을 일으킨 전형적인 사례로 꼽힌다. 코크스 공법은 석탄의 수요를 늘렸다. 17세기까지 석탄산업은 노출 탄광의 석탄을 채굴하면 되었다. 그러나 17세기 말에 이르러 노출 탄광의 석탄이 고갈되자 지하에 매장된 석탄을 채굴해야 했다. 채탄이 늘어나자 새로운 고민이 생겼다. 갱도를 파 내려갈수록 차오르는 지하수를 빼내는 배수가 큰 문제였다. 석탄을 계속 파내기 위해서는 이 문제를 해결해야 했다.

바로 이때, 1698년에 영국의 토마스 세이버리가 광산의 물을 뽑아 올리는 수동 밸브펌프를 만들어냈다. 그는 증기를 응축시켜서 얻은 흡입력으로 펌프를 만들어 최초로 특허를 받았다. 그리고 1712년에 솜씨 좋은 대장장이이자 침례교 목사인 토마스 뉴커먼이 배수용 저압 증기기관을 만들었다. 이는 가열한 증기로 2.5톤의 물을 100피트의 깊이에서 퍼 올리는 데 석탄 28kg 정도만 소비하면 되는 최초의 실용적인 증기기관이었다. 하지만 결점이 많았고 고장이 심했다. 이의 해결책을 찾는 과정에서 마침내 제임스 와트가 실용 증기기관을 발명하였다. 18세기 증기기관의 등장은 중대한 변화를 가져온 사건이었다. 이 증기기관은 뒤에 배의 동력으로 이용된다. 다음에는 기차, 기계의 동력으로 사용되고, 이는 공장을 가동시켜 산업혁명의 원동력이 된다. 그 장치가 서양으로 하여금

전 세계를 제패하게 하였다. 또한 이것이 화석연료 시대의 시작이었다.

와트의 증기기관, 연료소비를 4분의 1로 줄이다

산업혁명기에 증기기관이 널리 전파되는 데 가장 큰 공헌을 한 사람은 제임스 와트였다. 그는 글래스고대학에서 수업용 과학기자재를 담당한 기술자였다. 수업용 기계의 수리를 맡아 하던 제임스 와트가 물리학 시간에 쓰는 광산용 배수기계인 뉴커먼 증기기관을 수리하다가 기관의 열효율이 낮은 사실을 발견하고 실린더와 응축기(콘덴서)를 분리시킬 것을 착안했다. 원래의 증기기관은 실린더에 증기를 넣어 그 압력으로 피스톤을 올리고, 이어 증기를 찬물로 냉각시켜 실린더 안의 압력을 낮춰 피스톤을 내렸다. 그러나 와트의 증기기관은 응축기를 따로 두어 여기에서 수증기를 빼내 식힐 수 있었다. 그 때문에 실린더는 늘 뜨겁게 유지할 수 있어 열효율을 대폭 높였다. 이로써 석탄 사용량을 크게 줄일 수 있었다. 1769년 와트는 실린더에서 응축기를 분리시킨 증기기관으로 최초의 특허를 받았다.

7년의 실패 끝에 마침내 1776년 효율적인 증기기관을 만들어냈다. 증기기관 생산과 관련해서 와트를 도운 앞선 공로자들이 있었다. 1775년에 볼턴의 후원으로 와트가 연구에만 전념할 수 있었다. 버밍엄에 볼턴-와트상회를 창업한 이 둘의 결합이 실용적인 증기기관을 탄생시켜 산업혁명을 이끌어갔다는 점에서 소중한 만남이었다. 또 같은 해 철기 제조업자 윌킨슨이 대포 포신砲身의 구멍을 뚫는 보링머신을 발명하였다. 이 기계 덕분에 정밀한

❖❖ 제임스 와트

증기기관용 실린더를 제작할 수 있었다. 와트가 제작한 최초의 증기기관은 윌킨슨제작소 용광로의 송풍을 위해 사용되었다. 이의 성공을 시발점으로 탄광에도 와트의 증기기관이 채택되었다.

왕복운동을 회전운동으로 바꾸다

그 뒤 와트는 증기기관의 왕복운동을 회전운동으로 바꾸어야 한다는 착안을 했다. 마침내 기계적인 고안을 통하여 증기기관의 왕복운동을 회전운동으로 전환시키는 데 성공하였다. 왕복운동식 피스톤에 크랭크를 설치하여 회전력을 발생시키는 증기기관을 개발한 것이다. 이로써 와트의 증기기관은 수직운동만 하는 것이 아니었으므로 펌프만이 아니라 여러 다른 용도로 다양하게 쓸 수 있게 되었다. 게다가 열효율을 4배 이상 향상시켰다.

결국 핵심은 피스톤의 '왕복운동을 회전운동으로' 바꾸어 쓰임새를 다양화하고 효율을 높인 것이다. 지금 보면 누구나 다 아는 이 크랭크 운동이 인류의 기술사와 경제사에 일대 전환점을 이룩한 산업혁명의 '핵심 기술'이었다. 이로써 그는 뉴커맨 기관을 개량하는 과정에서부터 출발하여 분리응축기와 크랭크 운동을 도입하여 연료소비량을 4분의 1로 줄이는 획기적인 기술적 진전을 이루어냈다. 와트의 증기기관은 섬유공장에 도입되어 급속히 보급되었다. 1795년 소호에 주물공장을 설립하여 와트

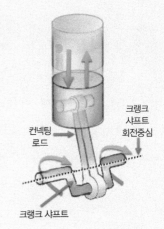

컨넥팅
로드

크랭크
샤프트
회전중심

크랭크 샤프트

❖ 엔진 구조

의 증기기관이 대량생산되었다. 이후 5년간 제조된 회전식 증기기관은 300대였다.

와트를 물리 단위로 사용하다

이 내연기관은 광산에서 지하수를 퍼내는 일과 방적기에만 사용된 것이 아니었다. 땅속으로부터 석탄을 채취했으며 광공업·금속 분야, 섬유 공장 등 다양한 분야의 동력기계로 사용되었다. 이제 공장들은 수력을 이용하기 위해 더는 강가에 자리할 필요가 없어졌다. 이로써 대규모 공장들이 운송 채널이 다양하고 노동력이 풍부한 도시 근처에 자리 잡을 수 있게 되었다. 이는 산업혁명 발전에 지대한 영향을 미쳤다. 또한 증기기관을 이용해 캐낸 석탄은 1784년 카트라이트가 발명한 직조기에 동력을 제공했다. 그 뒤 10년 사이에 면화 제사의 생산성이 무려 10배나 증가했다.

기계화의 축복을 경험한 영국은 또 다른 비극에 휩싸였다. 기계의 생산성이 높아지자 노동자들의 일자리가 줄어든 것이다. 1811년에 기계 파괴 운동인 러다이트 운동이 시작되어 정부는 이듬해 산업용 기계를 파손한 자는 사형이라는 극형을 내리기까지 했다. 하여튼 증기기관 덕분에 19세기 초, 구리와 주석 채광이 급속히 발달하며 콘월과 웨스트 데본 지역에서 세계 구리 공급량의 3분의 2를 생산했다. 영국 제철공업의 철 생산능력은 1800년대 중엽부터 100년 동안 200배나 증가했다.❖ 와트가 증기기관으로 가장 핵심적인 동력 문제를 해결한 후, 영국의 공업화는

❖ 데니, 〈인류의 100대 과학사건〉

놀라운 속도로 확산되었다. 훗날 이를 기리기 위해 와트를 물리 단위로 사용하였다. 일량이나 힘의 단위인 와트w는 제임스 와트의 이름에서 따온 것이다.

석탄 수송의 문제, 증기기관차를 출현시키다

철과 석탄에 대한 수요가 증가함에 따라 이제는 석탄 수송이 문제였다. 이번에도 필요는 발명의 어머니였다. 철도의 시작은 미미했다. 광부들이 발명가였다. 그들은 레일 위에 마차를 올려놓고 말로 끌어 광물과 폐기물을 운반했다. 그래서 지금도 전 세계의 철로 폭은 1m 43cm 정도로 거의 비슷하다. 철로 폭과 마차의 좌우 바퀴 간격 폭을 맞추었기 때문이다. 말의 힘에 의존한 철도는 영국 제임스 와트가 증기엔진을 개발한 1784년까지 광산 밖으로 나오지 못했다. 마침내 증기기관을 바탕으로 탈것이 발명되었다. 이를 바탕으로 철과 석탄을 옮길 수 있는 교통수단, 곧 증기의 힘으로 가는 증기자동차·증기선박·증기기관차가 만들어졌다.

증기를 이용한 최초의 탈것은 1769년 프랑스의 전쟁성 장관 니콜라스 커그넛이 만들었다. 와트가 실용적인 증기기관을 만든 지 4년 만의 일이다. 이것이 현대 자동차의 시조로 파르디에라고 하는 증기 동력의 삼륜차였다. 이 기계는 말이 끄는 것보다 느리고 운전하기도 어려워 본격적으로 생산되지는 않았다. 그 뒤 증기자동차뿐 아니라 1804년 트레비틱의 증기기관차에 이어 1807년 로버트 풀

턴이 미국에서 증기선박을 만들었다. 이 가운데 가장 먼저 실용화된 것이 증기기관차였다. 당시 증기기관차는 그 자체가 철을 상징하는 대명사였다. 철도가 가는 곳마다 철교가 생겼으며, 철도 건설 붐은 레일의 대량 수요를 창출해 19세기 철강산업이 비약적으로 발전하는 계기가 되었다. 바야흐로 영국은 철과 석탄의 시대를 맞이했다. 이 시기부터는 철을 얼마나 자유롭게 다룰 수 있는가가 국력을 좌우할 만큼 철의 영향력은 대단하였다.

철강산업의 도약

1740년대에 벤저민 헌츠먼이 도가니 제강법을 창안해 종전보다 우수한 강철을 짧은 시간에 싼 비용으로 생산할 수 있게 되었다. 그 뒤 세계 최초의 철교를 1779년 고향에 건설한 아브라함 다비 3세는 공장에 증기기관을 설치해 영국 최대의 제철소를 지었다. 다비 가문의 코크스 공법이 확산되면서 영국의 선철 생산량은 1740년 1만 7000톤에서 1840년 1840만 톤으로 늘어났다. 이는 세계 생산량의 52%에 달하는 것이었다.

1784년 콜브루크데일 제철소 직원이었던 헨리 코트가 끓는 쇳물을 뒤집어서 휘젓는 반죽 방법(퍼들법)으로 더욱 품질이 좋은 철을 만들었다. 이것이 바로 연강이다. 연강은 곧바로 선철(주철)을 밀어내고 건축 구조물에 쓰이기 시작한다. 이후부터 강철이 등장하는 19세기 말까지 연강의 시대가 계속된다. 헨리 코트가 개발한 새로운 압연기술과 정련기술은 영국의 제철산업에 커다란 영향을 미쳤다.

유대인들, 면직물산업에서도 독과점 프로세스를 만들다

면직물산업은 1750년대부터 1830년대에 이르는 사이에 생산성이 약 400% 증가하여 영국이 세계 제조업 생산에서 차지하는 비중이 극적으로 높아졌다. 그 뒤 면직물산업은 대량생산 시대로 돌입하여 1785년부터 1860년 사이에 영국 총생산액의 60%를 차지하는 중요한 산업이 되었다. 면직물산업은 일반적으로 산업혁명의 원동력으로 간주된다. 경제학자 로스토우는 면직물산업이 영국의 경제 발전 단계에서 최초 이륙 단계의 선도 부분이라고 표현했다. 슘페터 역시 1782~1842년 영국 산업의 역사는 면직물산업의 역사 속에 거의 전부 환원될 수 있다고 주장했다.

면직물산업의 급성장으로 인해 인도산 원면만으로도 부족하자 1790년대에는 이집트에서 원면을 재배하여 들여왔다. 또 1800년대에 들어가서는 미국 남부에서 영국으로 이주해 온 유대인들이 흑인 노예를 이용하여 대규모의 면화 플랜테이션들을 조성하기 시작했다. 미국 작가 마크 트웨인은 흑인들을 착취하는 유대인의 이러한 행태를 심하게 비난하기도 했다. 하여튼 이렇게 생산량이 늘어나면서 미국은 1820년부터 인도를 제치고 세계 최대의 면화 생산국이 되었고 1830년이 되자 영국 원면 수요량의 4분의 3을 미국이 공급할 수 있었다. 미국은 원면 세계 최대 공급국의 자리를 1971년까지 150년 이상 유지했다. 이런 점에서 영국 면직물산업은 산업혁명에 기인한

✲ 미국 남부의 목화농장

바 크지만 한편으로는 식민주의와 노예제도를 딛고 일어선 것이다.[*]

유대인들은 면직물산업에서도 면화의 생산-수입-제조-수출 등 일련의 독과점 프로세스를 만들어내어 상당 기간 재미를 보았다. 이후 면직물산업은 모직물과 견직물에 그 바통을 넘겨주게 된다. 모직물과 견직물이야말로 중세 북부 이탈리아 도시국가 이래로 유대인들이 독점해오던 산업이었다. 당시 영국은 산업기술의 해외 유출을 막기 위해 1750년에는 모직물과 견직물 산업에서 사용하는 '도구와 연장'의 수출을 금지하는 법령을 제정했다. 1785년에는 아예 모든 종류의 기계 수출을 금지하는 '공구법'이 도입되었다. 그리고 신기술 유출을 막기 위한 숙련기술자 출국금지법과 공구법은 무려 각각 한 세기를 넘어 1825년과 1842년까지 강력하게 존속되었다. 이러한 것들이 기술경쟁, 군비경쟁으로, 그리고 나아가서는 식민지 쟁탈 시대를 불러오는 하나의 요인이 되었다.

유대인, 산업혁명의 2대 토양을 제공하다

경제학자들은 산업혁명이 영국에서 일어난 이유가 많이 있지만, 그 가운데 크게 2가지를 꼽고 있다. 하나는 유대인들이 수공업자조합을 붕괴시켜 억압적인 제도의 틀을 부순 것이다. 곧 창조적인 발명 및 기술 개량이 사회적 신분상승과 부의 획득으로 이어질 수 있는 토양이 마련되었다. 그리고 다른 하나는 네덜란드 유대 자본이 영국에

---

[*] 강철구, 〈강철구의 '세계사 다시 읽기'〉,《프레시안》

건너와 투자되어 저렴한 자본을 쉽게 구할 수 있어 산업혁명 기술이 널리 확산될 수 있었다는 점이다.

이렇게 유대인을 통하여 상업적인 재능뿐 아니라 암스테르담의 부와 금융기술을 받아들인 런던은 세계 최대의 금융도시로 부상했다. 100여 년 사이에 런던 인구는 4배나 급증했다. 17세기 초 인구 15만에 불과하던 런던이 17세기 중엽 유대인들이 건너와 경제가 활성화되자 17세기 말에 이르러 인구 40만으로 급성장했다. 그 뒤 얼마 지나지 않아 인구 60만의 유럽 최대의 도시가 되었다.

그 가운데서도 가장 두드러진 분야가 금융이었다. 1609년에 설립된 암스테르담은행은 17세기 중후반 60~70년 동안 국제금융의 중심으로 기능했다. 그러나 17세기 후반 유대 금융인들이 런던으로 건너오자 18세기 이후의 현대적 은행제도와 신용 업무는 네덜란드가 아니라 영국에서 본격적으로 발전했다. 참으로 무서운 민족이다.

당시 세계 곳곳에서 실시되던 자유방임의 노선에 따라 은행권의 발행은 모든 개인은행의 명백한 권리라고 생각되던 때였다. 1790년 영국에는 약 350개의 개인은행이 영업을 하면서 각자 자신들의 은행권을 발행하고 있었다. 영란은행의 발권 독점이 깨지고 춘추전국시대가 된 것이다. 1792년까지 이들 가운데 100개 이상의 은행이 나폴레옹 전쟁의 영향으로 문을 닫아야만 했다. 그러나 나폴레옹 전쟁은 영국의 화폐·금융제도 발전에 핵심 역할을 하였다. 전쟁 중에 영국 정부는 해외에 자국 군대를 유지하는 한편, 동맹국들에게도 보조금과 금융원조를 제공했다. 이러한 전시자금 조달을 계기로 전쟁이 끝날 무렵 영국은 국제 대부업의 중심지가 되었다.

19세기 산업혁명으로 인한 철도와 전신산업의 발달은 영국 시장

뿐 아니라 세계 시장을 형성하였다. 이렇게 세계 시장이 형성되고 국제무역 또한 급증하자, 영국의 금융시장은 전 세계를 상대로 커졌다. 이 과정에서 가장 큰 역할을 한 유대 금융가문은 유럽 대륙 전체의 글로벌 네트워크를 완성한 로스차일드 가문이었다. 영국은 1816년에 공식적으로 금본위제를 채택하면서 최초로 산업기술에 의한 대량주조 제도를 선보여 화폐가치를 안정시켰다.

유대 금융인들 영국 정부를 돕다

중부 유럽에서는 오펜하이머라는 유대인 부호가 약탈을 당하는 바람에 금융공황의 도화선이 되기도 했지만 이런 위험이 없었던 런던의 유대인은 나라를 도와 금융공황을 사전에 방지할 수 있었다. 메나세 로페스 일족은 앤 여왕의 시절에, 그리고 기데온 일가와 살바도르 일가는 조지 1~3세 시절에 런던의 금융시장을 안정시키는 일에 대단한 역할을 했다.

그들은 남해회사 버블 사건을 미연에 방지하였다. 남해회사 버블 사건은 1711년 영국에서 스페인령 남미와의 무역 독점권을 얻어 설립된 '남해회사'가 국채 인수를 조건으로 대대적인 선전을 해서 투기를 부추겨 주가가 10배로 치솟았으나, 사업 부진이 탄로 나는 바람에 주가가 대폭락한 사건이다. 1745년에는 제임스 2세 지지파인 자코바이트가 대두되어 도시가 혼란에 빠졌을 때, 삼손 기데온은 170만 파운드라는 막대한 재원을 염출해 정부가 사태를 진정시키는 일을 도왔다. 그 뒤 기데온은 유대교를 버리고 상원에 들어갔다.

영국, 세계 제일의 무역대국이 되다

영국은 산업혁명으로 면직물산업이 발전하자 수출을 본격화했다. 당시의 첨단산업이었던 면직물은 1760년에는 전체 생산량의 50%를 아프리카와 카리브 지역으로 수출했다. 특히 식민지 수출에 주력하여 수출액의 3분의 1을 식민지에 팔 수 있었다. 이것이 확대되어 1770년에는 맨체스터에서 생산한 공산품의 4분의 3을 아메리카로 수출했다. 이렇듯 산업혁명의 새로운 산업은 해외시장을 기반으로 성장할 수 있었다. 그 뒤 직물이나 농기구, 염료, 총기·화약류, 각종 금속제품, 담배, 술 같은 공산품들이 아프리카와 북미와 중남미 지역으로 수출되었다. 유대인들은 수출품목의 다양화뿐 아니라 수출 지역의 다변화와 사업의 다각화를 꾀했다. 호주와 최초로 대규모 무역을 했던 유대인은 몬테피오레였다. 사순 가문은 봄베이에 최초의 직물공장을 건립했다. 유대인들은 사방팔방으로 진출했다. 희망봉 식민지에서도 제조업을 시작하였으며, 남극과 북극에서 포경산업도 하였다.

그러나 이보다 더 중요한 사실은, 유대인들은 특유의 추진력으로 현대 상업의 주요 품목인 밀, 모직, 아마, 직물, 주류, 설탕, 담배 등에 대한 새로운 세계시장 개척뿐 아니라 해외투자로 글로벌 경영을 시작했다는 것이다. 그들은 커다란 위험을 감수하면서 새로운 지역으로 이주하였다. 그곳에서 다양한 상품을 취급하였으며 커다란 주식시장을 열었다. 이렇게 세계시장을 경영하는 유대인들에 의해 영국은 18세기에 네덜란드를 뛰어넘어 마침내 유럽 제일의 무역대국이 되었다. 위기 다음이 기회라고, 유대인들은 '항해조례'의 어려움을 기회로 승화시킨 것이다.

나폴레옹, 유대인의 자유를 선포하다

1790년부터 1814년 사이의 유럽사는 프랑스의 역사라 할 수 있다. 이 시기가 바로 나폴레옹 시대이다. 나폴레옹이 끼친 영향은 무엇보다 '평등·자유·박애'라는 1789년 프랑스혁명 정신을 세계로 전파한 데 있다. 유럽 여러 나라에서 나폴레옹의 진격으로 수천 년간 유지되어 온 봉건주의, 곧 불평등한 신분체제가 순식간에 무너졌다. 당시 세계적 철학자인 칸트나 헤겔조차도 나폴레옹의 침략을 인류 해방이자 세계사의 발전이라며 칭송했다.

이러한 나폴레옹이 황제에 즉위하자 "앞으로 프랑스에 들어와 사는 모든 유대인에게는 이유를 묻지 않고 프랑스 시민으로서의 자유와 권리를 주겠다"고 폭탄선언을 했다. 유대인들로서는 실로 깊은 감회에 젖어 눈물을 흘리지 않을 수 없는 기쁜 소식이었다. 그 후 나폴레옹의 군대에는 유대인들의 헌납금과 무기가 산더미처럼 쌓여갔다. 비록 유대 자본을 활용한 나폴레옹의 유럽 정복계획은 무산되고 말았지만 유대인의 능력이 또한 번 검증되자 훗날 이탈리아 등지에서 유대인을 환영

∴ 나폴레옹

하는 정책의 계기가 되었다. 서구의 근대화가 유대인에게 가져다준 가장 큰 변혁은 종교의 자유와 시민권의 획득이었다. 1789년 미국에서 종교의 자유가 선포되고, 이어 1791년 프랑스에서, 그 뒤 1796년 네덜란드, 1812년 프러시아 등에서 유대인은 시민권을 획득했다. 유대인에게 남들과 똑같은 평등권이 부여된 것이다.

1815년, 유대 자본이 영국을 사다

영국은 오랜 기간 나폴레옹과 전쟁을 했다. 나폴레옹과의 전쟁이 끝나자 심하게 말해 어느덧 영국은 유대인의 소유가 되어 있었다. 전쟁 기간에 유대인들은 양쪽에 군수 보급품을 대고 또 군자금까지 빌려주었다. 이것이 생각보다 규모가 클 뿐 아니라 안전한 장사였다. 예나 제나 군수산업은 큰 이윤이 보장된 사업이었다. 게다가 전쟁터의 군자금은 현금처럼 쓸 수 있는 만국 화폐 격인 금이어야 했다. 이 과정에서 로스차일드 가문은 세계의 금을 독점적으로 주도하게 된다. 이후 세계의 금 시세는 네이선 로스차일드의 영향력 아래 놓이게 되었다. 그리고 전쟁 기간 중 대륙봉쇄령을 뚫고 양쪽을 오가며 장사할 수 있는 사람은 유대인들뿐이 없었다. 잘 훈련된 유대 커뮤니티 간의 협조를 통해 밀수로도 많은 재미를 보았다.

결정적인 것은 1815년 6월 20일 워털

❖ 네이선 로스차일드

루 전쟁이 끝난 다음 날 런던 증권시장에서 일어났다. 영국 채권과 증권의 62%가 네이선 로스차일드의 손아귀에 떨어진 것이다. 나라 밖 전쟁터에선 영국이 이겼지만 나라 안 증권시장에서는 영국이 유대인 한 명에게 패배한 것이다. 이후 영국의 금융산업은 로스차일드의 영향력 아래 놓이게 된다. 이때부터 영국은 유독 유대인에게 약하다. 1992년 외환위기 시에는 조지 소로스 한 명을 당해내지 못했다.

영국의 군사대국화, 금융혁명의 토대 위에서 이루어지다

영국과 프랑스는 1689년에서 1815년 사이에 8번의 전쟁을 치렀는데 전체 127년 가운데 반 이상인 65년 동안이나 전쟁을 하였다. 이렇게 18~19세기 영국은 전쟁에 대처하는 과정에서 강력한 국가로 발전했다. 사실 전쟁은 원래부터 의도되었던 것이라기보다는 해외시장 개척이나 기존 식민지의 기득권을 유지하기 위한 일환으로 벌어졌다. 그 때문에 주된 전장은 아메리카나 인도와 같은 해외 식민지나 유럽 대륙이었다. 영국은 점차로 강력한 해군과 육군을 유지하기 위해 재정 지출을 늘렸다. 특히 해상에서의 우위를 유지하기 위해서는 해군력이 매우 중요하여 많을 때는 국가 예산의 거의 70~80%가 이에 투입되었다. 그리고 이를 부담하기 위해 조세 부담률 증가와 물품세 부과, 그리고 일련의 국채 발행이라는 수단에 의존했다. 이 시기의 국가는 일종의 효율적인 전쟁기구였다. 따라서 그 성격은 한마디로 '재정-군사국가'라고 할 수 있다.

여기에서 무엇보다 중요한 것은 재정-군사국가가 이른바 금융혁명의 토대 위에서 발전할 수 있었다는 사실이다. 역사가들에 따르면, 일반적으로 이 시기의 금융혁명은 1694년 영란은행의 설립과 물품세 부과 그리고 국채 발행으로 요약된다. 동시대 사람들은 이러한 제도들이 모두 네덜란드에서 도입되었다고 믿었다. 특히 윌리엄 3세 즉위와 함께 영국 사회에 건너온 네덜란드 유대인 때문이라고 생각했다.

자본주의의 그늘, 노동자들이 폭발하다

나폴레옹 전쟁의 후유증은 있는 자보다는 없는 사람들을 더 괴롭혔다. 또 산업혁명이 진행됨에 따라 노동자들의 생활은 더욱 피폐해져 갔다. 그 무렵 영국의 지주들은 의회를 조종해 곡물 수입을 법으로 금했다. 곡물 가격은 치솟았고 빵값은 2배로 비싸졌다. 게다가 주급 60실링을 받던 면직공장 반숙련노동자의 임금이 24실링으로 떨어졌다. 마침내 노동자들의 분노가 폭발했다. 1819년 8월 16일, 분노한 시민들은 세인트 피터스 광장에 몰려들었다. 시위대 숫자는 순식간에 6만 명으로 늘었고 미처 집회장 안으로 들어오지 못한 노동자 3만여 명은 광장의 외곽을 돌았다.

민중봉기를 두려워했던 영국 정부는 병력을 동원했다. 6000명의 일반 병사와 1500명의 왕립 포병대가 이들을 포위하며 무력으로 시위대를 진압했다. 광장은 시민들의 피로 붉게 물들었다. 현장을 지켰던 기자들은 사건을 '피털루의 학살Peterloo Massacre'이라고 보도했

다. 그러나 다행히 이 사건 이후 영국에서는 노동자들이 자기 권리를 찾는 운동이 벌어진다. 1824년에 악법인 '단결금지법'이 폐지되고 참정권 획득 운동에 불이 붙는다. 1846년에는 곡물법도 폐지되어 식량 가격이 싸졌다. 오늘날 영국 노동당의 기원을 피털루 학살로 보는 시각도 있다.

로스차일드, 영란은행의 발권을 독점하다

워털루 전쟁 이후 사실상 영란은행을 장악한 로스차일드 가문은 정치권과 손잡고 또 하나의 변화를 주도한다. 그간 은행권 발행을 독점했던 영란은행에 맞서 지방은행들이 설립되어 우후죽순으로 은행권을 남발한 것이다. 그러다 공황이 들이닥치자 도산하는 지방은행들이 속출했다. 1844년 당시 수상이던 로버트 필 경이 후원한 '은행허가법'으로 이러한 금융 상황은 일시에 달라졌다.

골자는 지방은행권 발행을 제한하고 영란은행에 돈 찍는 권한을 몰아주는 것이었다. 이 법은 영란은행의 은행권이 법정화폐이므로 누구든지 대금결제에 이것을 사용해야만 한다고 선포했다. 그리고 발행할 수 있는 은행권의 수량에 대하여 나름대로 엄격한 규칙을 정해놓았다. 화폐의 총량은 국가가 보유하고 있는 금의 양과 정비례해야 한다는 '금본위제'를 명시한 법안이다. 금 준비금 없이 발행할 수 있는 한도를 1400만 파운드로 묶었다. 이로써 영란은행은 발권을 독점하고 금 준비를 집중하는 명실상부한 '은행의 은행'이 되었다. 입법 제안자인 로버트 필 수상의 이름을 따 '필 은행법'으로도 불리는 이 법은 그 뒤 전 세계로 퍼졌다.

이 법의 도입 배경은 지방은행의 지폐 남발이었다. 1716년 브리스톨에서 첫선을 보인 이래 1821년 609개로 불어난 지방은행이 산업혁명의 자금줄 역할을 수행한 것까지는 좋았지만 공황에는 속수무책이라는 반성에서 비롯되었다. 자금수요가 줄어든 1809년부터 1830년까지 파산한 지방은행만 331개였다. 은행이 흔들리는 통에 공황이 더욱 깊어지자 이 법이 나왔다.

1870년대 초까지만 해도 은본위제나 금은복본위제를 채택한 국가가 많았다. 그 무렵 금본위제를 택한 영국이 오히려 예외에 속했다. 그러나 1870년대부터 독일과 미국이 영국을 쫓아 금본위제를 채택하였다. 다른 비유럽 국가들도 금본위제를 채택하기 시작했다. 왜냐하면 당시 영국이 세계 최대 무역국일 뿐 아니라 가장 많은 자본을 세계로 수출하는 '세계의 은행' 역할을 하여 파운드화가 가장 중요한 국제적 지불수단이자 금과 동일시되었기 때문이다.

그런데 발권의 남발을 억제하는 이러한 금본위제에도 문제는 있었다. 금의 수량이 성장하는 경제규모를 따라가지 못했다. 필 은행법 제정 이후, 영국은 10년마다 금융공황에 시달렸다. 유대인들에게 공황은 부를 늘릴 수 있는 또 다른 기회였다. 유대인들은 그 뒤 제2차 세계대전까지 세계 금융의 중심지였던 런던 금융시장을 장악하게 된다. 한편 유대인들은 전쟁에 개입하면서 막대한 이권을 챙겼다.

그 뒤 세계에는 성공한 영란은행의 모델을 쫓아 민간 소유 중앙은행들이 줄을 이었다. 1800년 중엽 프랑스에서도 민간 소유 중앙은행인 프랑스은행이 설립되었다. 영국과 프랑스 중앙은행의 최대 주주는 양쪽 모두 당시 유럽 최대의 금융재벌인 유대계 로스차일드 가문이었다. 1886년 밀라노에 신용협동조합을 세웠던 루이기 루자티라는 유대인은 최초로 로마에 은행을 세운 공로로 5번씩이나 이탈리아의 재무대신을 역임한 후 수상에 올랐다. 그 뒤 1913년 유대인 제이피 모건이 주축이 되어 설립된 미 연방준비은행도 민간 소유의 중앙은행이다. 이렇게 1844년 영국의 은행허가법은 전 세계 중앙은행의 모델로 자리 잡았다. 법 제정 후 166년이 지나도록 중앙은행의 발권독점을 대체할 금융 시스템은 나타나지 않고 있다.◈

◈ 권홍우 편집위원,《서울경제》

정보 활용에 강한 유대 사회

영원한 방랑민족, 유대인

유대인이 이렇게 상업적으로 강한 데는 이유가 있다. 유대인은 영
원한 유목민이기 때문이다. 그들의 역사 자체가 유목민이었던 아브
라함의 떠남에서 시작되었다. 그 뒤 방랑과 이산의 역사는 유대인의
운명이자 상징이다. 정주민족은 절대로 이 유목민들을 이길 수 없다.
정착사회에서 곱게 태어나 편하게 자란 민족이 사막과 황야의 시련
에 단련되고 생존을 위해 물불을 가리지 않는 유목민을 이길 수는
없는 법이다. 역사가 이를 증명하고 있다.

유대인은 설사 정주민족 내에 들어와 살더라도 영원한 이방인이
자 아웃라이어다. 아웃라이어란 흔히 표본집단에서 동떨어진 존재
를 이야기한다. 소외된 자, 그늘에 가려진 자, 사회에서 매장된 자, 그
들이 유대인이다. 그런데 역사는 이러한 아웃라이어들에게 뜻하지
않은 기회를 준다. 그것도 황금 기회를. 그들은 농경사회에서 축출되

어 상업에 눈뜨게 된다. 그리고 나라를 잃고 뿔뿔이 흩어지게 되는데, 이것이 오히려 글로벌한 민족이 되는 단초가 된다. 역사의 아이러니다. 아니, 이것이 역사의 이치다.

유대인, 세계적 정보 네트워크를 구축하다

유대인은 다른 민족 대부분이 문맹이었을 때부터 성경을 읽고 써야 하는 종교적 의무를 다하기 위해 기원전부터 모든 성인 남자들이 글을 깨우쳤다. 이것이 시대를 초월하여 항시 엄청난 경쟁력이었다. 이는 지식의 함양으로 연결되어 그들이 학자가 되고 의사가 되며 상인이 될 수 있는 재산이었다.

또 유대인은 뿔뿔이 흩어져 그들만의 공동체를 이루며 살다 보니 공동체 간의 편지 왕래를 통하여 종교적 의문점을 물어보고 답하며, 더불어 상업 정보를 수집하거나 이를 활용하는 일에 매우 능했다. 정보가 시장의 모든 거래를 좌우했다. 이것이 유대인이 통상과 금융으로 성공한 최대의 이유이다. 그들이 각국 각 지역의 환시세를 꿰뚫고 특정 상품의 수요와 공급의 흐름을 알 수 있는 것도 모두 정보의 힘이었다. 이를 이용해 항상 남보다 먼저 돈을 벌 수 있었다.

산업혁명이 일어날 때까지 유대인은 혈연을 기초로 하는 통상 네트워크와 수송 네트워크를 구축해놓고 있었다. 그들은 열심히 편지를 썼다. 리보르노·프라하·빈·프랑크푸르트·함부르크·암스테르담에서, 후에는 보르도·런던·뉴욕·필라델피아에서, 그리고 이들 중심지의 사이사이에서 유대인은 고속 정보망을 활용했다.

덕분에 그들은 정치와 군사의 동향을 재빨리 포착하고, 끊임없이 변동하는 지역시장, 국내시장, 국제시장의 요구에 재빨리 대응할 수가 있었다. 보르도의 로페스가와 멘데스가, 함부르크의 카르케레가, 바그다드의 사순가, 여러 도시에 지부를 차려놓고 활동하고 있던 페레이라가, 다코스타가, 코넬랴노가, 알하디브가는 세계에서 가장 앞선 정보통들이었다. 로스차일드 가문이 독자적인 상업 디아스포라를 구축하는 것은 훨씬 뒤의 일이다.

주말에 중요 정보를 취합하고 분석해 행동지침을 마련하다

게다가 유대인에게는 독특하고도 유용한 관습이 있다. 유대인의 안식일은 금요일 일몰부터 시작하기 때문에 기독교의 주일보다 하루 이상 빠르다. 그렇기에 그들은 안식일이 끝나는 토요일 일몰 시부터는 일을 시작할 수 있다. 토요일 저녁에 그 주간의 일을 정리하고 그것을 토대로 일요일 날, 곧 한 주간이 시작되는 날 본격적으로 업무를 개시한다. 그리고 이날 각국에 흩어져 있는 유대인 커뮤니티인 디아스포라 간에 중요한 정보를 교환한다. 일요일 날 오후에는 랍비나 그 분야의 전문가를 중심으로 디아스포라들로부터 모인 정보를 분석하여 그 주간의 중요한 행동지침을 정한다.

이를 정리, 작성하여 일요일 저녁에 다시 디아스포라 간에 서로 정해진 행동지침이나 정보를 교환한다. 월요일 아침에야 일을 시작하며 정보를 수집하는 일반인에 비해 매주 하루 이상을 일찍 시작하는 셈이다. 이러니 정보전쟁에서 항상 앞서나가는 것이다. 구조적으로 유대인들이 기독교 상인이나 비즈니스맨보다 정보전에서 앞서나갈 수밖에 없는 이유이자 특히 정보가 생명줄인 금융 부문에서 유대인들이 강한 이유이기도 하다. 이러한 관습은 현재에 더욱 빛을 발하고 있다. 정보가 그 어느 시대보다 더 중요해졌기 때문이다. 그들의 유용한 장점이자 특기다.

'유대 계몽운동'을 전개한 모세 멘델스존

근대 들어 영국과 네덜란드에서는 종교적 관용 덕분에 유대인들이 기를 펴고 살 수 있었지만 다른 유럽 나라들에서는 아직 여명이 밝아오지 않았다. 그때 유럽 유대인 사회에 큰 변화가 일어난다. 게토에서의 해방이 그 하나요, 나폴레옹에 의한 유대인의 자유 선포가 또 다른 하나였다. 이 모두가 홉스, 로크, 몽테스키외, 볼테르, 루소와 같은 사상가들이 주도하는 계몽주의 영향을 받은 것이다. 그 무렵 17~18세기 유럽 내 유대인 공동체의 학문활동은 참으로 미약한 상태였다. 유대인 대부분이 게토에 갇혀 있었던 원인도 컸다. 특히 18세기는 유럽 역사에 있어서 합리주의가 꽃을 피운 시대였으나, 유대민족은 정신사에서 밑바닥 지점에 있었다. 많은 유대인이 신비주의에 빠져 있었고, 학문의 열기도 식었고, 지도력도 빈약했다.

당시 계몽주의 시대 사상가들은 소수집단에게도 평등권을 줄 것을 주장했다. 실제로 인간 이성의 힘과 진보 그리고 자유와 평등을 외친 계몽주의 정신에 힘입어 대부분의 서유럽 국가에서는 18세기 말엽에 게토로부터 유대인들이 해방되었다. 여기서 유대인의 계몽주의에 해당하는 하스칼라 운동의 선구자인 철학자 모세 멘델스존을 주목할 필요가 있다. 그는 폐쇄적인 유대인 사회를 서구 사회에 접목시키기 위해 노력한 계몽주의자였다. 더 나아가 그는 조상 전래의 유대교 신앙과 서구 계몽사상의 융합을 시도했다.

모세 멘델스존Moses Mendelssohn은 1729년 독일의 데사우에서 유대인 율

♣ 모세 멘델스존

법학자 메나헴 멘델 데사우의 아들로 태어났다. 당시 유대인들은 자기가 살고 있는 지역의 이름을 성으로 쓰는 경우가 많았다. 원래 유대인들은 성이 없었다. 성경에 보면 성대신 '누구의 아들 누구' 또는 '어느 지방의 누구'라는 식으로 성을 대신해왔었다. 그는 유대인 사회에서는 모세 데사우라는 이름으로 통했지만, 글을 발표할 때에는 히브리어로 벤 멘델('멘델의 아들'이라는 뜻)에서 나온 멘델스존이라는 성을 썼다. 히브리어 대신 독일어 멘델스존을 선택한 것은 그가 다른 유대인에게 요구했듯이 독일 문화를 받아들였음을 보여준다.

모세 멘델스존은 천재였다. 5세 때 고등학교에 다닐 정도로 뛰어났다. 그는 어려서부터 너무 지나치게 공부에 열중한 나머지 몸이 허약해 곱사등이 되었다. 그럼에도 멘델스존의 학문에 대한 열정은 식을 줄 몰랐다. 그 무렵 라틴어는 유대인에게 반유대적인 기독교 언어이자 유대교를 파괴하려는 언어로 받아들여져 있었다. 그럼에도 어린 나이의 멘델스존은 서구 사회의 학문을 익혀 두 세계의 가교 역할을 해야겠다고 생각하여 몰래 라틴어뿐 아니라 독일어, 프랑스어, 그리스어를 배우고 수학, 과학, 철학 등을 익혔다. 그리고 성인식이 지난 14세 때에는 유대인들에게 금지된 베를린으로 유학을 가서 영국의 철학자 존 로크와 독일의 사상가 고트프리트 빌헬름 폰 라이프니츠, 크리스티안 폰 볼프의 사상을 공부했다.

그의 나이 26세인 1755년에 발표된 멘델스존의 미美 철학에 관한 작품은 독일 미학 비평의 고전이 되었다. 모세 멘델스존은 신의 존재와 영혼불멸을 증명하는 데 힘을 쏟았고, 이런 문제야말로 철학의 궁극적 과제라고 여겼다. 베를린 아카데미가 1763년에 '형이상학적 진리의 판명성'에 관한 논문을 모집했는데 그가 칸트를 누르고 최고점을 땄다. 이 일로 그는 전국적으로 유명한 명사가 되어 '슈츠유대'의 특권이 주어졌다. 이는 유대인들에게 부과된 모든 제한 사항에서 해방되는 유대인을 가리킨다. 그 뒤 1767년 멘델스존은 플라톤의 유명한 《대화》를 모델로 삼아 《패돈》을 저술했다. 불멸에 대하여 다루고 있는 이 저작에서 멘델스존은 당시 유행하던 견유犬儒학파와 물질주의를 신랄하게 공격했다. 이 책은 많은 언어로 번역되고 판을 무수히 거듭해 찍을 정도로 유럽 전체에 커다란 영향을 끼친 책이다. 이 책으로 인해 멘델스존은 '독일의 플라톤'이라는 별칭을 듣게 된다.

멘델스존은 유대인들에게 독일어를 가르칠 필요성을 절감하고는, 1783년 토라(모세오경)를 독일어로 번역했다. 당시 보수적인 유대인들은 그들의 거룩한 책이 다른 언어로 번역되는 것을 싫어했다. 그러나 유대인이 독일어를 배우면 독일 문학이나 과학 서적도 읽게 될 것이라는 그의 생각이 적중하여 게토의 젊은 유대인들이 서유럽의 학문을 받아들였다. 게토와 바깥세상이 소통을 시작한 것이다. 멘델스존은 게토 내에 바깥 문화를 소개시켜 이를 유대주의와 유대 문화 안에서 받아들이도록 하였으며 한편으로 바깥세상에 대하여는 외부인들이 유대인을 이해할 수 있도록 하는 데 진력했다.

1783년에 멘델스존은 《예루살렘》이란 책을 출판하여 여러 나라에 큰 영향을 주었다. 이 책에서 그는 모든 민족에게 양심의 자유를 호소했다.

아울러 어느 종교도 진리를 독점한 것으로 자만할 수 없으며, 참종교의 시금석은 종교가 그 신봉자의 행동에 미치는 선한 영향이라고 지적하였다. 그의 노력이 먹혀들기 시작했다. 이로 인해 각 나라에서 유대인의 대우에 대한 법률들이 개정되었다. 그리고 세속 학문을 유대 교육과정으로 채택하였다.

멘델스존의 주장에 따르면, "유대인들은 스스로 물리적 게토 못지않은 정신적 게토를 구축했다. 유대인들은 스스로를 주변 문명으로부터 분리시키고, 자신들의 문화유산만을 고집한다. 유대인들은 이 정신적인 게토를 벗어나 넓은 세계의 일반 문화로 나와야 한다. 그렇게 한다고 해서 유대교의 고유 문화를 해치는 것은 결코 아니다." 이러한 주장 아래 멘델스존은 토라를 독일어로 번역했다. 그는 토라의 히브리어 원문 옆에 히브리어 문자로 음역한 독일어 번역문을 나란히 두어 편찬함으로써 유대인들로 하여금 쉽게 독일어를 배우도록 했다.

이외에도 그는 유대인들에게 일반 문화를 소개하고 가르치는 데 힘썼다. 당시 보수적인 유대인들은 그가 유대교를 파괴하고 있다고 보았다. 양심의 자유를 신봉하고 종교적 강요를 그릇된 것으로 간주했던 멘델스존은 비록 정통파 유대교로부터 배척을 받았으나, 뒤따라올 자유 시대를 위해 유대인들을 준비시킨 개혁 사상가였다. 멘델스존은 동족에게 자부심을 심어주고, 그들을 지성적이고 심미적인 삶으로 인도했을 뿐만 아니라, 기독교 문화권의 사람들에게도 영향을 미쳤다.

이렇게 게토 해방 이전에 이미 유대 계몽운동을 전개한 선구적 인물이 바로 모세 멘델스존이다. 그는 유대인이 계속 게토에 그대로 눌러앉아 있으면 결국 시들고 말 것이며, 계몽주의적 정신무장 없이 게토에서

나가면 기독교 세력에 흡수되고 말 것이라고 판단했다. 멘델스존은 유대교와 계몽주의 사상의 조화를 추구했다. 그는 양자의 정신세계를 소개하는 데 진력하여 서로를 이해시키려고 노력하였다.

필자가 경제사에서 멘델스존에게 주목하는 것은, 그는 학자의 영역에만 머무르지 않고 유대인답게 스스로 노력하여 가난의 고리를 깨고 더 나아가 굴지의 금융가문을 일구는 데 성공했다는 점이다. 그는 베를린에서 고학하며 공부하였다. 그러다 '보호유대인' 자격을 갖고 있는 부유한 비단공장 주인인 이작 베른하르트 집의 가정교사로 들어갔다. 그 뒤 자녀 교육뿐 아니라 비단공장의 회계를 도와주다 능력을 인정받아 나중에는 동업자가 되었다. 그리고 그의 나이 32세인 1761년에는 독자적으로 회사를 경영했다. 경영인이 되었어도 그의 학문에 대한 열정과 관심은 여전하였다. 그 무렵 모세 멘델스존은 당대의 문학과 철학을 대표하던 괴테와 레싱, 칸트 등과 깊은 교제를 나누며 계몽주의 철학자로 입지를 굳혔다. 그는 명석하면서도 마음이 따뜻한 사람으로, 지식인들의 연회에서 날카로운 재치로 주변 분위기를 흥겹게 만들곤 했다. 당시 서구 엘리트 사회에서는 이러한 멘델스존을 높이 평가했다. 단적으로 레싱의《현자 나탄》에 나오는 현자 나탄의 모델이 바로 '독일의 플라톤', '독일의 소크라테스'라는 별명을 얻을 만큼 지혜로운 멘델스존이었다. 그 뒤에도 그는 경영과 학문의 길을 병행하며 금융가로 우뚝 서 사업과 학문 양쪽 분야에서 모두 큰 발자취를 남겼다. 이후에도 멘델스존 가문은 자식과 손자대로 넘어가면서도 이러한 전통이 유지되어 큰 금융가문으로 성장하는 동시에 꾸준히 학자와 예술가들을 배출하였다. 그러면서도 독일의 3대 금융가문의 하나로 큰 멘델스존가는 로스차일드, 오펜하임, 블라이

흐뢰더, 바르부르크, 에어랑거와 같은 동대의 유대 금융가들과 함께 근대 독일의 경제 발전에 크게 기여하였다.

이런 모세 멘델스존에 대한 유명한 일화가 있다. 모세 멘델스존은 체구도 작은 데다 꼽추였다. 어느 날 모세 멘델스존은 함부르크에 있는 한 상인의 집을 방문했다가 그 집의 아름다운 딸 프룸체를 알게 되었다. 첫눈에 그는 그녀를 향한 절망적인 사랑에 빠지고 말았다. 하지만 그의 외모 때문에 프룸체는 그에게 눈길조차 주려고 하지 않았다. 그는 깊은 슬픔을 느꼈다. 집으로 돌아가야 할 시간이 되었을 때 용기를 내어 몇 차례 담소를 시도했지만 프룸체는 대꾸조차 하지 않았다. 마침내 모세 멘델스존은 부끄러워하며 물었다.

"당신은 결혼할 배우자를 하늘이 정해준다는 말을 믿나요?" 프룸체는 여전히 창밖으로 고개를 돌린 채 차갑게 대답했다. "그래요. 그러는 당신도 그 말을 믿나요?" 모세 멘델스존이 말했다. "그렇습니다. 한 남자가 이 세상에 태어나는 순간, 신은 그에게 장차 그의 신부가 될 여자를 정해주지요. 내가 태어날 때에도 내게 미래의 신부가 정해졌습니다. 그런데 신은 이렇게 덧붙이는 것이었습니다. '하지만 너의 아내는 곱사등이 될 것이다.' 나는 놀라서 신에게 소리쳤습니다. '안 됩니다. 신이여! 여인이 곱사등이가 되는 것은 비극입니다. 차라리 나를 꼽추로 만드시고 나의 신부에게는 아름다움을 주십시오.' 그렇게 해서 나는 곱사등이로 태어나게 된 것입니다."

그 순간 프룸체는 고개를 돌려 모세 멘델스존의 눈을 바라보았다. 그 순수한 눈빛을 통해 어떤 희미한 기억이 떠오르는 듯했다. 프룸체는 그에게로 다가가 가만히 그의 손을 잡았다. 훗날 그녀는 모세 멘델스존의 헌신적인 아내가 되었다. 소설 같은 한여름 밤의 꿈이 현실에서 이루어진 것이다.

지금도 예식을 마친 신랑 신부가 희망찬 미래를 향해 발걸음을 옮기기 시작할 때 연주되는 행진곡인 〈한여름 밤의 꿈〉을 작곡한 펠릭스 멘델스존의 할머니는 이렇게 아름다운 영혼을 갖고 있었다.

유대인 이야기를 쓰고 보니, 1990년대 초 밀턴 프리드먼과《흥망 세계 경제》를 쓴 일본의 가나모리 히사오가 벌였던 논쟁이 생각난다. 이들 사이의 논쟁은 국가경제의 흥망과 성쇠를 가져오는 원인이 '제도'에 기인하는 것인지, 아니면 '인간'에 기인하는 것인지에 대한 설전이었다. 프리드먼은 제도가 중요하다고 보았고, 히사오는 인간이 중요하다고 보았다. 프리드먼은 1980년대의 중국과 대만의 예를 들어 같은 민족이지만 제도적 차이로 경제력의 차이가 벌어졌다고 주장하였다. 결국 경제의 성공과 실패를 만드는 것은 인간이 아니라 제도라고 프리드먼은 보았던 것이다. 프리드먼은 진 적이 없다는 뛰어난 논쟁력으로 유명하다. 결국 이 논쟁에서도 프리드먼이 이겼다. 그러나 유대인 이야기를 쓰고 보니 경제는 인간이 주인공이었다. 세계 경제사의 주역은 유대인이었다.

사실은 유대인 이야기보다는 좀 더 현실감 있는 국제금융에 관한 글을 쓰고 싶었다. 여기에 우리 서비스 수지 적자의 근본 요인인 관광산업, 교육산업, 의료산업 등을 덧붙여 금융산업을 포함한 서비스산업의 중요성에 대하여 알리고 싶었다. 특히 요사이 국제금융시장이 얼마나 현란하게 돌아가고 있는지, 금융자본은 얼마나 빨리 팽창하고 있는지, 월스트리트와 런던 금융시장의 깊숙한 내부의 메커니즘은 어떻게 돌아가고 있는지 이야기해주고 싶었다.

파생상품이 만들어진 시대적 배경과 아울러 그 해악, 주식시장과 파생상품의 거래가 사람의 손을 떠나 치밀한 컴퓨터 프로그램들끼리 부딪치는 현장, 과학적 투자기법의 원리, 자본주의의 극을 달리는 국제금융시장의 실체, 첨단 금융기법 등을 욕심껏 파헤쳐 전달하고 싶었다. 너무 무분별하게 달리다 비록 신용위기가 터졌지만, 이는 감추어진 축복일 수 있다. 자본주의가 살아 있는 한 자본의 위력은 그 스스로가 다시 이야기를 시작할 것이다.

게다가 창의력과 의지로 키울 수 있는 관광산업, 미래의 궁극적 승부처인 교육산업, 가장 우수한 인재들이 모여 있는 의료산업을 비롯하여 이들 서비스산업을 키워낼 인재 양성에 관하여 이야기하고 싶었다. 그리고 그 무엇보다도 서비스산업의 '중요성'을 알리고 싶었다. 그냥 중요하다고만 외쳐서는 피부에 와 닿을 것 같지 않았다. 그래서 유대인을 통해 본 서비스산업의 경제사적 의미를 도입하여, 독자가 그 중요성을 피부로 느끼게 하고 싶었다. 그래서 고대부터의 유대인의 발자취를 추적하였다. 그런데 그만 너무 길어져 대하 드라마가 되어버렸다. 자그마치 책이 10권이다.

그간 쓴 내용을 다시 들여다보니 필자의 능력을 넘어서는 분야가 많았다. 한마디로 욕심이었다. 필자가 도전하기에는 역부족임을 자인한다. 게다가 소송을 무기로 유대인 연구를 감시하는 '유대인비방대응기구Anti Defamation League: ADL' 때문에 서구에는 유대인에 관한 자료를 구하기 어려웠다. 특히 비유대인이 쓴 책은 거의 없었다. 그럼에도 부족한 글을 모아 '유대인, 그들은 과연 누구인가?'라는 화두를 던지는 데 그쳤다. 그러나 누군가는, 또는 어느 조직에선가는 해야 할 일이다. 개인이 아닌 시스템을 갖춘 조직이 앞장서야 할 것 같다. 능력 있는 단체의 관심과 후학들의 정진이 있기를 바랄 뿐이다.

부끄러움으로 펜을 놓으며
KOTRA 연구위원실에서

참고문헌

가나모리 히사오 지음, 정재철 옮김,《홍망 세계경제》, 매일경제신문사, 1995

강영수 지음,《유태인 오천년사》, 청년정신, 2003

갤브레이스 지음, 장상환 옮김,《경제학의 역사》, 책벌레, 2009

공병호 지음,《인생은 경제학이다》, 해냄, 2006

권홍우 지음,《부의 역사》, 인물과사상사, 2008

기 소르망 지음, 김정은 옮김,《자본주의 종말과 새 세기》, 한국경제신문사, 1995

김경묵 · 우종익 지음,《이야기 세계사》, 청아출판사, 2006

김욱 지음,《세계를 움직이는 유대인의 모든 것》, 지훈, 2005

김욱 지음,《유대인 기적의 성공비밀》, 지훈, 2006

김종빈 지음,《갈등의 핵, 유태인》, 효형출판, 2001

니얼 퍼거슨 지음, 김선영 옮김,《금융의 지배》, 민음사, 2010

데릭 윌슨 지음, 신상성 옮김,《가난한 아빠 부자 아들 3》, 동서문화사, 2002

마빈 토케이어 지음, 이찬일 옮김,《성경 탈무드》, 선영사, 1990

막스 디몬트 지음, 이희영 옮김,《세계 최강성공집단 유대인》, 동서문화사, 2002

머니투데이 국제부 지음,《월가 제대로 알기》, 아카넷, 2005

문미화 · 민병훈 지음,《유태인 경제교육의 비밀》, 달과소, 2005

미야자키 마사카츠 지음, 오근영 옮김,《하룻밤에 읽는 세계사 2》, 알에이치코리
아, 2012

박윤명 지음,《상식 밖의 동양사》, 새길, 1995

박은봉 지음,《세계사 100장면》, 실천문학사, 1998

박재선 지음,《세계사의 주역, 유태인》, 모아드림, 1999

박재선 지음,《유태인의 미국》, 해누리, 2002

브라이언 랭커스터 지음, 문정희 옮김,《유대교 입문》, 김영사, 1999

비토리오 주디치 지음, 최영순 옮김,《경제의 역사》, 사계절, 2005

사카키바라 에이스케 지음, 삼정 KPMG경제연구소 옮김,《경제의 세계세력도》, 현암사, 2005

사토 다다유키 지음, 여용준 옮김,《미국 경제의 유태인 파워》, 가야넷, 2002

새뮤얼 애드셰드 지음, 박영준 옮김,《소금과 문명》, 지호, 2001

시오노 나나미 지음, 김석희 옮김,《로마인 이야기》, 한길사, 2007

쑹훙빙 지음, 차혜정·홍순도 옮김,《화폐전쟁 1, 3》, 알에이치코리아, 2014

안효상 지음,《상식 밖의 세계사》, 새길, 1997

애디슨 위긴 지음, 이수정 옮김,《달러의 경제학》, 비즈니스북스, 2006

에른스트 곰브리치 지음, 이내금 옮김,《곰브리치 세계사 1, 2》, 자작나무, 1997

에이미 추아 지음, 이순희 옮김,《제국의 미래》, 비아북, 2008

오오타류 지음, 양병준 옮김,《유태7대 재벌의 세계전략》, 크라운출판사, 2006

우태희 지음,《세계 경제를 뒤흔든 월스트리트 사람들》, 새로운제안, 2005

우태희 지음,《월스트리트 사람들》, 새로운제안, 2005

윌리엄 번스타인 지음, 김현구 옮김,《부의 탄생》, 시아출판사, 2005

육동인 지음,《0.25의 힘》, 아카넷, 2009

윤승준 지음,《하룻밤에 읽는 유럽사》, 알에이치코리아, 2004

이강혁 지음,《스페인 역사 100장면》, 가람기획, 2006

이라유카바 최 지음,《그림자 정부 (경제편)》, 해냄, 2005

이시다 미키노스케 지음, 이동철 옮김,《장안의 봄》, 이산, 2004

이원복,《먼 나라 이웃 나라》, 김영사, 2013

자크 아탈리 지음, 양영란 옮김,《미래의 물결》, 위즈덤하우스, 2007

정성호 지음,《유대인》, 살림, 2003

존 스틸 고든 지음, 김남규 옮김,《월스트리트 제국》, 참솔, 2002

찰스 가이스트 지음, 권치오 옮김,《월스트리트 100년》, 좋은책만들기, 2001

찰스 킨들버거 지음, 주경철 옮김,《경제강대국 흥망사》, 까치, 2005

최영순 지음,《경제사 오디세이》, 부키, 2002

최영순 지음,《성서 이후의 유대인》, 매일경제신문사, 2005

최용식 지음,《돈 버는 경제학》, 알에이치코리아, 2008

최용식 지음,《환율전쟁》, 새빛에듀넷, 2010

최재호 지음,《유대인을 알면 경제가 보인다》, 한마음사, 2001

최창모 지음,《이스라엘사》, 대한교과서, 2005

최한구 지음,《유대인은 EQ로 시작하여 IQ로 승리한다》, 한글, 1998

코스톨라니 지음, 김재경 옮김,《돈, 뜨겁게 사랑하고 차갑게 다루어라》, 미래의창, 2005

쿠사카리 류우헤이 지음, 지탄현 옮김,《소로스의 모의는 끝났는가》, 원미디어, 2000

폴 존슨 지음, 김한성 옮김,《유대인의 역사》, 살림, 2014

프레더릭 모턴 지음, 이은종 옮김,《로스차일드 가문》, 주영사, 2009

피터 번스타인 지음, 안진환·김성우 옮김,《신을 거역한 사람들》, 한국경제신문사, 2008

홍성국 지음,《세계 경제의 그림자 미국》, 해냄, 2005

후지다 덴 지음, 진웅기 옮김,《유태인의 상술》, 범우사, 2008

성서(대한성서공회, 공동번역 개정판)

강철구, 〈강철구의 '세계사 다시 읽기'〉,《프레시안》

권홍우,《서울경제》

김동욱, 〈김동욱 기자의 역사책 읽기〉,《한경닷컴》 블로그

《난두南都주간》

데니, 〈인류의 100대 과학사건〉

박문환, 〈고수 투자 데일리〉,《한경와우넷》

아리엘, 〈독일 용병 란츠크네히트〉

우광호, 〈유대인 이야기〉,《가톨릭신문》

로취, 〈아이작 뉴턴〉

이지훈,《국제신문》, 2008년 5월 1일

정선욱,《매경이코노미》, 2004년 7월

홍익희의
유대인 경제사 5
중상주의를 꽃피운 유대인들
근대 유럽 경제사 上

1판 1쇄 발행 | 2016년 6월 3일
1판 4쇄 발행 | 2023년 12월 1일

지은이 홍익희
펴낸이 김기옥

경제경영팀장 모민원
기획 편집 변호이, 박지선
마케팅 박진모
경영지원 고광현, 임민진
제작 김형식

디자인 푸른나무디자인

인쇄 · 제본 민언프린텍

펴낸곳 한스미디어(한즈미디어(주))
주소 121-839 서울시 마포구 양화로 11길 13(서교동, 강원빌딩 5층)
전화 02-707-0337 | 팩스 02-707-0198 | 홈페이지 www.hansmedia.com
출판신고번호 제 313-2003-227호 | 신고일자 2003년 6월 25일

ISBN 979-11-6007-005-7 14320
ISBN 978-89-5975-861-6(세트)